Nachkriegsmoderne

Positionen der Gegenwart

kontrovers

jovis

Nachkriegsmoderne

Positionen der Gegenwart

kontrovers

Olaf Gisbertz (Hg.)
für das Netzwerk
Braunschweiger Schule

jovis

Zum Geleit   7
Jürgen Hesselbach

Vorwort   9
Philip Kurz

Einleitung   11
Olaf Gisbertz

„res publica" –   20
Nachkriegsmoderne und Architekturkritik
Olaf Gisbertz

Alles sollte anders werden –   40
Die 1968er Jahre und die Architektur
Wolfgang Pehnt

Umbruch, Abbruch, Aufbruch? –   56
Universitätsbauten der Nachkriegsmoderne
im Rahmen aktueller städtebaulicher Überlegungen
Ira Mazzoni

„Mut zur Selbsterziehung" –   68
Das Hochschulforum von F. W. Kraemer
als programmatische Stadtraumfigur
Karin Wilhelm

Detail und Bild –   84
Das Hochhaus der TH Braunschweig von Dieter Oesterlen
Frederik Siekmann

Nachkriegsmoderne –   96
Das geliebte, ungeliebte Erbe aus Sicht
der Universitätsbauverwaltung
Martin Schwacke

„Nachkriegsmoderne" weiterdenken!   110
Carl Zillich

4

Neufert – neu!   118
As Found – Modernisierung und Fassadensanierung
der Eternit-Hauptverwaltung in Heidelberg
Astrid Bornheim / Andreas Oevermann

Transform Postwar-Modernism –   128
Konzepte zur Revitalisierung der Nachkriegsmoderne
Jürgen Engel

Bauen ohne Vorbild?   142
Bautechnologien der Nachkriegsarchitektur
Berthold Burkhardt

Substanz und Erscheinungsbild –   152
Chancen eines denkmalgerechten
Umgangs mit der Nachkriegsmoderne
Astrid Hansen

Fassaden der Nachkriegsmoderne –   166
Konstruktion und Sanierung
Bernhard Weller / Sven Jakubetz / Marc-Steffen Fahrion

K I, K II – Sanierungskonzepte für die „neue Stuttgarter Schule"   178
Monika Horn

Die Gebäude verstehen –   186
Denkmal- und Klimaschutz
mit transdisziplinären Konzepten vereinen
Oskar Spital-Frenking

Danksagung   198

Autorenverzeichnis   201

Bildnachweis   206

Impressum   207

Zum Geleit

Eine Reihe herausragender Architekten, die seit dem 19. Jahrhundert als Hochschullehrer in Braunschweig gewirkt haben, prägen mit ihren Bauten noch heute das Bild unserer Technischen Universität Braunschweig. Die Architektur der „Braunschweiger Schule", für die kreative und namhafte Persönlichkeiten wie Friedrich Wilhelm Kraemer, Walter Henn und Dieter Oesterlen besonders beim Wiederaufbau der Hochschule nach 1945 eine unverwechselbare Architektursprache fanden, birgt Potenziale für Erinnerung und Identifikation gegenwärtiger und zukünftiger Generationen von Professorinnen, Professoren und Studierenden, die in diesen Gebäuden forschen, lehren und studieren.

Gleichwohl sind Bauten für Wissenschaft und Forschung – auch wenn sie unter Denkmalschutz stehen – keine musealen Artefakte. Sie werden im tagtäglichen Universitätsbetrieb von rund 14.500 Studierenden und 3750 Mitarbeiterinnen und Mitarbeitern enormen Belastungen unterzogen und müssen zugleich der Wissenschaft Entwicklungsmöglichkeiten bieten. Vor diesem Hintergrund stellt sich nach rund einem halben Jahrhundert die Frage, ob es gelingt, das architektonische Erbe der Carolo-Wilhelmina in die Zukunft zu überführen? Oder ob wir im Zuge ständig anfallender Sanierungsmaßnahmen – bei denen der Austausch maroder Bausubstanz notwendig ist – ein neues Verhältnis zur Nachkriegsmoderne als Teil unserer Identität aufbauen müssen?

Diese zentralen, für das Selbstverständnis unserer Universität relevanten Fragen ziehen sich wie ein roter Faden durch das vorliegende Buch. Es entstand auf Initiative von Mitarbeiterinnen und Mitarbeitern des Departments Architektur der TU Braunschweig und spiegelt die seit Jahren an vielen Orten geführte Kontroverse um die Sanierung von architektonischen Zeugnissen der Nachkriegsmoderne wider. Dabei wird nicht nur die Theoriegeschichte der Architektur beleuchtet, sondern es werden auch Planungskonzepte für die Erhaltung und das Weiterbauen der Nachkriegsmoderne aus dem Blickwinkel der Praxis erläutert. Seinem Herausgeber Dr. Olaf Gisbertz vom Institut für Bau- und Stadtbaugeschichte der TU Braunschweig danke ich besonders. Ohne sein Engagement wäre die vorliegende Publikation nicht möglich gewesen.

Prof. Dr.-Ing. Dr. h.c. Jürgen Hesselbach
Präsident der Technischen Universität Braunschweig

Vorwort

Architektur der Nachkriegsmoderne ist Teil unseres kulturellen Erbes. Welche Gebäude und Ensembles dieser Zeit aber erhaltenswert sind, darüber wird auf vielen Ebenen der Gesellschaft gestritten. Auch weil die meisten Menschen mit ihnen gestalterische und funktionale Defizite verbinden. Besonders bei Bauten der 1960er und 70er Jahre stellt sich oft die Frage, welche banal, mittelmäßig und welche tatsächlich meisterhaft sind.

Was können wir tun, wenn die Gebrauchstauglichkeit eine Weiterentwicklung der erhaltenswerten Bauten fordert, wenn saniert werden muss, wenn neue technische und energetische Anforderungen erfüllt werden müssen? Wenn nicht Kreativität, sondern Bauvorschriften und Verordnungen eine Sanierung prägen, wenn Strategien für den Umgang mit Material und Konstruktion fehlen? Anders gesagt: Wie transformieren wir dieses kulturelle Erbe verantwortungsvoll in Gegenwart und Zukunft?

Zum Glück kümmert sich die Fachwelt um diese Themen, wie die Veranstaltungen des „Netzwerks Braunschweiger Schule" zu Fragen zukunftsweisender Sanierungen von Hochschulbauten der frühen Bundesrepublik und auch dieser von Olaf Gisbertz herausgegebene Band eindrücklich zeigen. Solche Bemühungen tragen in herausragender Weise dazu bei, dass die Qualitäten dieser Bauten bei Eigentümern und Nutzern besser erkannt und geschätzt werden. Denn ohne Wertschätzung können Schutz, Pflege und auch Weiterentwicklung erhaltenswerter Architektur nicht wirklich gelingen.

Die Wüstenrot Stiftung kümmert sich um die Bewahrung von Kulturwerten und gibt Anstöße und Unterstützung bei Entwicklungen, die in guter Weise unsere Gesellschaft voranbringen und reicher machen. In diesem Sinne entwickelt die Wüstenrot Stiftung Projekte aus den Bereichen Denkmalpflege, Kunst und Kultur, Wissenschaft und Forschung, Lehre, Bildung und Erziehung.

Die Entstehung dieser Publikation war uns sehr wichtig und wir sind froh, dass wir sie unterstützen durften. Wir wünschen uns, dass sie auch über die Betrachtung von Hochschulbauten hinaus einen Beitrag leistet, Architektur der 1960er und 70er Jahre besser zu verstehen und ihre Qualitäten zu erkennen – bevor sie als Zeugnisse ihrer Zeit in ihrem Wesen verloren gehen.

Philip Kurz
Wüstenrot Stiftung

1 Braunschweig,
Telegraphenamt, Abriss 2010

1

Einleitung

Olaf Gisbertz

„Betrachtet man die vergangenen 10 Jahre kritisch im Rückblick, so lässt sich unschwer ein Katalog versäumter Gelegenheiten aufstellen."[1] Es war Rudolf Hilleberecht, Stadtbaurat von Hannover, der mit diesen Worten 1957 – einer Selbstdiagnose gleich – Architekten und Städtebauer des Wiederaufbaus auf den Prüfstand seiner Zeit stellte. Sein damaliges Fazit einer „verpassten Chance" beschreibt unter anderen Vorzeichen noch heute den aktuellen Diskurs um die *Nachkriegsmoderne* in Deutschland. Ging es damals im Zuge bodenreformerischer Überlegungen um ungenutzte Planungspotenziale für den „Neuaufbau der Städte", ist die Nachkriegsmoderne heute zum „Sanierungsfall" geworden, ohne dass ein breiterer Konsens über geeignete Erhaltungsstrategien erzielt worden wäre. Unterdessen entwirft die von Theorie und Praxis seit Jahren kontrovers geführte Debatte unterschiedliche Dramaturgien um Vergangenheit, Gegenwart und Zukunft dieser verdrängten Bauepoche.

Trotz früher Arbeiten zur Architektur der 1950er Jahre[2] lag die Baukultur der Nachkriegsmoderne – mit wenigen Ausnahmen[3] – als „ausgeschlagenes Erbe" über Jahrzehnte außerhalb des allgemeinen Bewusstseins. Jüngst wiederentdeckt, erscheint sie nicht weniger streitbar als früher.[4] Von den einen verdammt – einst sogar von Denkmalpflegern bekämpft – bemühen sich die anderen heute um ihre Rehabilitation. In Zeiten, in denen sich Konzepte zur „Rekonstruktion der (historischen) europäischen Stadt" etabliert haben, nimmt der Disput um eine zeitgemäße Baukultur eine neue Wendung.

In den Feuilletons deutscher Gazetten wird einer Garde von Architekten und Städtebauern, Publizisten und Korrespondenten immer wieder Raum geboten, ihre Argumente um das Für und Wider der Moderne und Nachkriegsmoderne auszutauschen.[5] Dabei werden die Nietzscheanischen Kategorien von „Neu- und Altgier" gegeneinander ausgespielt: Schon Blockrand, Traufhöhen und Rustikafassaden gelten vielen als gesellschaftsfähige Merkmale einer durch den Geschichtsverweis legitimierten Architektur. Bisweilen wird auch die Architekturtheorie bemüht, um die frühe Moderne und Nachkriegsmoderne als Projektionsfläche des „Unzeitgemäßen" zu diskreditieren.[6] Dieses medial allgegenwärtige Szenario erregt die Gemüter und hat in den vergangenen Jahren durch Abbruch, Neubau und Rekonstruktion in vielen deutschen Städten – Berlin, Braunschweig, Frankfurt, München – unter manchem Verlust von Bauten der Nachkriegsmoderne bereits reale Spuren ins

1 Stadtbild gezeichnet.

Nachkriegsmoderne als Déjà vu

Die Debatte der Gegenwart erinnert an die Auseinandersetzungen, die schon einmal vor 30 Jahren geführt wurden. Heinrich Klotz hatte mit langem Vorlauf bis zur Gründung des Deutschen Architekturmuseums (DAM) eine „Revision der Moderne"[7] vehement eingefordert, um der Postmoderne in Deutschland den Weg zu bahnen. Autoren wie Tom Wolfe, der mit seinem 1981 erschienenen Buch *From Bauhaus to Our House*[8] auch in Deutschland breite Kreise erreichen konnte, haben die Tonart verschärft. Vielen gilt Wolfes Abrechnung mit der „Weißen Moderne" des Bauhauses noch heute als Rechtfertigung, auch mit der Nachkriegsmoderne ins Gericht zu gehen. Die Wurzeln dieser polemischen Pauschalkritik liegen jedoch in den Gründungsjahren des Neuen Bauens zur Zeit der Weimarer Republik. Denn schon das Neue Bauen, dessen Hauptwerke in den ausgehenden 1920er Jahren ins Schussfeld öffentlicher Kritik in Deutschland gerieten, war voller Widersprüche. Sogar Adolf Behne, einst glühender Verehrer der modernen Architekturbewegung, wandte sich angesichts der zu „Wohnmaschinen" degradierten Wohnzeilen

2 in der Siedlung Dammerstock bei Karlsruhe – entworfen von Bauhausgründer Walter Gropius und anderen – gegen die Radikalität architektonischer Ideale, die das Wohnen nach dem Sonnenstand propagierten und die Organisation des Lebens allein nach betriebswirtschaftlichen Gesichtspunkten determinierten.[9] Der gegenwärtige Diskurs knüpft wie bei einem Déjà vu offenkundig dort an, wo er gegen Ende der 20er Jahre kulminiert war, weit bevor die Gesellschaftskritik der 60er Jahre ihre katalysatorische Wirkung auch auf die Bereiche von Architektur und Städtebau entfaltete.

Neues Terrain für die Denkmalpflege

Tiefe Verunsicherung im Umgang mit der „alten, aber noch nicht historisch"[10] empfundenen Nachkriegsmoderne – besonders der 1960er und 70er Jahre – bestimmt gegenwärtig die denkmalpflegerische Debatte: zu vielfältig waren die Einflüsse, zu unterschiedlich die planerischen Konzepte der Architekten. Dabei zeugen die Bauten der Nachkriegszeit – selbst an Orten, die sich nach Ende des Krieges einem traditionalistischen Wiederaufbau verpflichtet hatten – vom Aufbruch in neue Gesellschaftsordnungen in einer in West und Ost, in Demokratie und Sozialismus zweigeteilten Welt: in der Bundesrepublik vom Ideal einer neuen demokratischen Gesellschaft, in der sich konstituierenden DDR von der Idealisierung des Sozialismus gemäß einer „Erneuerung der lebendigen humanistischen Tradition".[11]

Nach dem Krieg, der weite Teile Deutschlands in Schutt und Asche gelegt hatte, mussten binnen kurzer Zeit neue Infrastrukturen geschaffen werden: vor allem neuer Wohnraum, ergänzt um Schulen und Universitäten, Fabriken

12

2 Karlsruhe Dammerstock,
Luftaufnahme, 1929

und Verkehrsbauten, Kirchen und Krankenhäuser, Theater, Rathäuser und Verwaltungszentren. Dabei bestimmten Wandel und Kontinuität die Planungen für die „Stunde Null" nach der Kapitulation des NS-Regimes. Vieles, was die Nachkriegsmoderne ersann, entstand auf Ideen aus der Zeit vor dem Krieg, anderes wurde auf Grundlage neuer technischer und wissenschaftlicher Innovationen in Entwurfspraxis und Baukonstruktion neu entwickelt: Der enorme Bedarf an neuen Bauaufgaben führte vor allem in den „Boomjahren"[12] der 60er und 70er Jahre zur Entwicklung neuer, industriell gefertigter Bausysteme und Vorfabrikationsverfahren. Zudem veränderte die Optimierung der Bau- und Planungsinstrumente die architektonische Ästhetik. In beiden deutschen Staaten umschrieb die Nachkriegsmoderne eine Zeit der Restitution und Neuorientierung gleichermaßen, gekennzeichnet durch eine öffentliche Debatte mit ethisch-moralischem Impetus. Deren Wortführer – die Politiker, Planer und Architekten des Wiederaufbaus und Wirtschaftswunders – erlangten in Zeiten gravierender politischer, wirtschaftlicher und gesellschaftlicher Veränderungen aufgrund ihrer biografischen Verflechtungen[13] eine enorme Aufmerksamkeit.

Schützenswert mit Identifikationspotenzial?

Für die Konstituierung eines demokratischen Bildungswesens in der frühen Bundesrepublik steht auch das Hochschulforum der Technischen Universität Braunschweig, bestehend aus Audimax, Rektoratsgebäude und Bibliothek, Ende der 1950er Jahre von Friedrich Wilhelm Kraemer mitsamt dem Forumsplatz konzipiert. Vis-à-vis dem Altgebäude von Konstantin Uhde wurde das Nachkriegsensemble nach verschiedenen Planänderungen in mehreren Bauphasen bis 1972 fertiggestellt. Nach rund vier Jahrzehnten stellt sich allerdings die Frage, ob das Braunschweiger Hochschulforum – wie andere herausragende Bauten der Nachkriegsmoderne per se – als schützenswertes Erinnerungsgut mit Identifikationspotenzial für zukünftige Generationen verstanden werden kann.

Die Polarisierung von Meinungen und Überzeugungen im gegenwärtigen Architekturdiskurs steht einer mehr denn je erforderlichen konstruktiven Diskussion um Erinnerungs- und „Denkmal-Werte"[14] der Architektur aus der Nachkriegszeit entgegen. Besonders schwer wiegt das Los der Nachkriegsmoderne angesichts pauschalisierender Urteile, die Klischees gegen die „menschenfeindliche Moderne" bedienen und in verklärenden Gründerzeitszenarien schwelgen. Dabei haben schon die damaligen Zeitgenossen, wie der Schriftsteller Erhard Kästner, das gestalterische Reservoir der Nachkriegsmoderne früh erkannt und bemerkt, dass ihre Architektur nicht im Widerspruch zum Historismus stehen muss. Noch während der Bauzeit schrieb er mit allen schriftstellerischen Freiheiten über das Hochschulforum: „Die neue Baugruppe genießt den Kontrast, der sich aus ihrem Gegenüber zum Altbau ergibt, aber zieht keinen unfairen Vorteil daraus. [...] Der Baumeister des Forums indessen, F. W. Kraemer, hat Takt walten lassen; er gibt dem historisierenden Altbau geradezu eine Ehre, mit der dieser kaum rechnen konnte. [...] Es ehrt den Modernen, dass er das Überlieferte gelten ließ, ja mehr, dass er es sogar zu verwandeln vermochte. Das Achsengerechte des Altbaus ist aufgenommen, aber sehr höflich ganz zur Symmetrie eines lebendigen Körpers gewendet. Alles ist nunmehr auf leichte Nutzung, auf Lösung der Massen und Leugnung der Quantitäten bedacht. So schmilzt die obrigkeitliche Hoheit des Altbaus dahin zur großen und sogar schönen Kulisse."[15]

Mittlerweile ist das denkmalgeschützte Ensemble in Braunschweig – wie die gesamte Nachkriegsmoderne – in die Jahre gekommen, hat im vereinten Deutschland längst die Ideale ihrer Urheber verloren und ist in die „Grauzone" der Architekturgeschichte geraten. Trotzdem oder gerade deshalb hat man sich vielerorts ihrer angenommen. Meist unterstützt durch EU-Fördermittel beginnt man, ihre baulichen Hinterlassenschaften einer umfassenden Modernisierung zu unterziehen. Es gilt, sie den Nutzungsanforderungen von Gegenwart und Zukunft anzupassen und dabei die städtebaulichen und architektonischen Qualitäten der Bauten zu erkennen und zu wahren. Doch auch herausragende Bauten der Nachkriegszeit haben durch mangelnde Baupflege in Zeiten leerer Kassen gelitten. Nicht selten führen Sanierungen im Abgleich mit aktuellen Energie- und Sicherheitsstandards zu gravieren-

3/4 Friedrich Wilhelm Kraemer,
Hochschulforum TH Braunschweig, Entwurf 1957

den Veränderungen an der Bausubstanz. Der Blick auf die architektonischen Besonderheiten der Nachkriegsmoderne scheint dem Laien dadurch allemal verstellt. Zuweilen bringen die Baumaßnahmen aber auch das bisher von der Wissenschaft gewonnene, in Büchern und Plansammlungen archivierte
5 „Bild" von der Nachkriegsmoderne ins Wanken.

5

5 Braunschweig, Okerhoch-
haus Technische Universität, Zustand 2010

Dialog aufnehmen – Diskurse führen

Vor diesem Hintergrund gründeten im September 2009 wissenschaftliche Mitarbeiterinnen und Mitarbeiter verschiedener Institute der Fakultät Architektur, Bauingenieurwesen und Umweltwissenschaften der TU Braunschweig eine Initiative – genannt „Netzwerk Braunschweiger Schule" – mit dem Ziel, auf die hohe Qualität der Nachkriegsmoderne Braunschweiger Provenienz aufmerksam zu machen. Die von dieser Initiative organisierten Diskussionsveranstaltungen haben ein Dilemma offengelegt: Aus einer Gemengelage von Zwängen heutiger Bauvorschriften, Wärme- und Brandschutzverordnungen können sich die Beteiligten einer Sanierung oftmals nicht befreien. Neben dem Bewusstsein für die Besonderheiten der Architektur mangelt es zudem an Möglichkeiten zum Dialog zwischen den einzelnen Interessengruppen und Entscheidungsträgern inner- und außerhalb der Planungsstellen. Zudem fehlen umfassende Strategien für den Umgang mit den Baustoffen, Konstruktionssystemen und -techniken, wenn es um die Sanierung des gefährdeten Gebäudebestandes geht. So wird die Nachkriegsmoderne zum Spielball öffentlicher, meist gegenläufiger Interessen. Unter Missachtung der architektonischen Prinzipien ihrer Urheber werden viele Bauten und Anlagen – sogar wenn sie Eingang in die Denkmallisten gefunden haben – ihrer herausragenden Qualität beraubt, sofern nicht gar ihr Abriss droht.[16]

Positionen aus Theorie und Praxis

Mit dieser Publikation, die von zwei Tagungen zum Thema an der Technischen Universität Braunschweig flankiert wurde, möchte das „Netzwerk Braunschweiger Schule" den Dialog zwischen Fachleuten, Spezialisten und Nutzern der Nachkriegsmoderne sowie der Öffentlichkeit aufnehmen und vertiefen. Wenn es um die Bewertung der Nachkriegsmoderne geht, bemühen die Thesenpapiere der Denkmaltheorie bislang weitestgehend jene Topoi, die sich auch für die Denkmalwerdung von Bauten aus anderen „abgeschlossenen Bauepochen" bewährt haben.[17] Andererseits wird der Nachkriegsmoderne aus zumeist bauphysikalischen Gründen ihre Sanierungsfähigkeit abgesprochen und das bauliche Erbe aus den Wiederaufbaujahren als „Altlast"[18] und gebautes „Paradoxon" deklariert. Deshalb hat sich das „Netzwerk Braunschweiger Schule" zum Ziel gesetzt, verschiedene Positionen aus Theorie und Praxis der Architektur und Denkmalpflege gegenüberzustellen. Die einzelnen Beiträge umschreiben exemplarisch jene Parameter, die für einen qualitätvollen Umgang mit der Nachkriegsmoderne zwischen Bestandsschutz und kreativem Weiterbauen unverhandelbar erscheinen.

Nach einführenden Beiträgen zur Architekturkritik in der frühen Bundesrepublik (vgl. Gisbertz) und den Planungsidealen der Architekten und Städtebauer der 68er-Generation (vgl. Pehnt), widmen sich die Autoren dieses Bandes der Nachkriegsmoderne im Hinblick auf die Beobachtung und Analyse derzeitiger Zustands- und Sanierungsphänomene. Hierbei zeigt sich, dass sich die Ressourcen der Nachkriegsmoderne für Identität und Erinnerung ganz wesentlich auf die Expansionszeiten der politischen Systeme gründen. Symptomatisch stehen hierfür viele Universitätsbauten der frühen Bundesrepublik, die im Zuge aktueller Image- und Werbekampagnen ihre kontextualen Bezüge zu den planerischen Konstanten von Raum, Zeit und Ort zu verlieren drohen (vgl. Mazzoni). Welcher Mühen es bedarf, diese Architektur ohne Vorurteile zu bewerten und architektonische Meisterschaft von Belanglosem zu unterscheiden, offenbart sich für die Bildungsbauten der Nachkriegsmoderne erst in der Rekonstruktion ihrer kontextualen Bezugsfelder politischer und bildungspädagogischer Direktiven (vgl. Wilhelm). Aber auch an den Bauwerken selbst, in der Analyse der ihnen zugrundeliegenden Entwurfskategorien, lassen sich in Detail und Bild Bewertungsmaßstäbe für die Nachkriegsmoderne ableiten, wie der Beitrag über das Okerhochhaus in Braunschweig belegt (vgl. Siekmann).

Dass der Spagat zwischen Bewahren, Erhalten und Erneuern mit dem Effekt einer positiven Imagebildung auch für die Nachkriegsmoderne gelingen kann, unterstreichen die Beiträge, die sich aus Sicht der Praxis mit denkmalgerechten Sanierungskonzepten zu Universitätsbauten in Berlin (vgl. Schwacke) und Stuttgart (vgl. Horn) befassen.

Die Architektur aus den Nachkriegsjahrzehnten birgt auch Potenziale für kreative Konzepte des Weiterbauens (vgl. Zillich). Ein Abriss erweist sich bei Gebäuden aus der Nachkriegszeit, die auch auf den zweiten Blick weniger denkmalwürdig erscheinen, schon aus Gründen der Nachhaltigkeit nicht immer als die beste Option. Im Weiterbauen können Architekten sogar tragbare Konzepte zur Fortschreibung der Moderne erkennen (vgl. Engel), denen unterschiedliche Motive zwischen Corporate Design (vgl. Bornheim/Oevermann), Ökonomie und Ökologie zugrunde liegen.

Die abschließenden Beiträge widmen sich dem schwierigen Verhältnis zwischen den Anforderungen der Denkmalpflege und dem Wunsch vieler Bauherren nach einer nachhaltigen Gebäudesanierung (vgl. Hansen). Die Energiesparverordnung der Bundesregierung von 2001,[19] nachfolgend mehrfach novelliert, und die Anpassung der Bauten an aktuelle Normen und Gesetze des Brandschutzes stellen das Planen und Bauen im Bestand der Nachkriegsmoderne – trotz möglicher Ausnahmeregelungen für unter Schutz gestellte Baudenkmale – vor eine besondere Herausforderung. Die Autoren (vgl. Burkhardt, Weller u.a., Spital-Frenking) stellen deshalb an ausgewählten Beispielen den derzeitigen Wissensstand für integrale Sanierungsprozesse in Bezug auf das „vergessene Erbe" der Nachkriegsmoderne zur Diskussion, sodass ein breites Know-how von Theorie und Praxis für energieeffiziente Maßnahmen am Denkmal gebündelt wird. Im Spannungsfeld von „Klimaschutz und Denkmalpflege" stehen dabei folgende Fragestellungen im Mittelpunkt: Inwieweit ist bei Sanierungen die Originalsubstanz der Nachkriegsmoderne an die „originale" Materialität gebunden? Inwieweit lässt die Nachkriegsmoderne bauliche Veränderungen ohne Verlust an Qualität und Authentizität zu? Oder können Konzepte zum Weiterbauen für die Nachkriegsmoderne sogar einen Qualitätsgewinn bedeuten?

Anmerkungen

1 Hillebrecht, Rudolf: „Neuaufbau der Städte". In: *Handbuch moderner Architektur*. Berlin 1957, S. 447–523, hier 522. Wiederabdruck in: Adrian, Hans u.a. (Hg.): *Städtebau als Herausforderung. Ausgewählte Schriften und Vorträge von Rudolf Hillebrecht*. Köln o.J., S. 76

2 Hackelsberger, Christoph: *Die aufgeschobene Moderne. Ein Versuch zur Einordnung der Architektur der fünfziger Jahre*. München 1985. Hagspiel, Wolfram/Kier, Hiltrud/Krings, Ulrich: *Köln: Architektur der 50er Jahre*. Köln 1986 (=Stadtspuren – Denkmäler in Köln, Bd. 6). Durth, Werner/Gutschow, Niels: *Architektur und Städtebau der Fünfziger Jahre. Ergebnisse einer Fachtagung in Hannover*. Dt. Nationalkomitee für Denkmalpflege (Hg.). Bonn 1990 (=Schriftenreihe des Dt. Nationalkomitee für Denkmalpflege, Bd. 41). Landesamt für Denkmalpflege Rheinland-Pfalz (Hg.): *Denkmalpflege in Rheinland-Pfalz. Architektur und Städtebau der 50er Jahre*. Mainz 1992

3 Schreiber, Mathias: *40 Jahre Moderne in der Bundesrepublik. Deutsche Architektur nach 1945*. Stuttgart 1986

4 Nerdinger, Winfried/Florschütz, Ines: *Architektur der Wunderkinder. Aufbruch und Verdrängung in Bayern 1945–1960*. München 2005. Kirschbaum, Juliane (Red.): *1960+ – ein ausgeschlagenes Erbe?* Dokumentation der Tagung des Deutschen Nationalkomitees für Denkmalschutz am 17./18.04.2007 in Berlin. Deutsches Nationalkomitee für Denkmalschutz (Hg.). Bonn 2008 (=Schriftenreihe des Dt. Nationalkomitee für Denkmalpflege, Bd. 73). Braum, Michael/Welsbacher, Christian: *Nachkriegsmoderne in Deutschland. Eine Epoche weiterdenken*. Basel/Boston/Berlin 2009.

5 Stimmann, Hans: „Kein Denkmalschutz für die Nachkriegsmoderne". In: *Die Welt*. 7.11.2007. Mazzoni, Ira: „Abbruchunternehmen Moderne". In: *Süddeutsche Zeitung*. 18.02.2010. Mosebach, Martin: „Dieser Schrott ist so schön sein?". In: *Frankfurter Allgemeine Zeitung (FAZ)*. 26.06.2010. Posener, Alan: „Bitte abreißen! Nachkriegsarchitektur steht nicht unter Naturschutz". In: *Die Welt*. 16.11.2010

6 „Die Rede ist nicht von Stilarchitektur oder Historismus, sondern von einer Konstante des Architektonischen, die in Traktaten nicht einzufangen ist, weil sie sich starrer Regelhaftigkeit und verbindlichen Normen entzieht. Diese Konstante, deren Grundelement die Tektonik war, reichte, immer wieder verfeinert, bis in die frühe Moderne, ehe sie nach dem Zweiten Weltkrieg insbesondere in Deutschland auf dem Müll landete. Kollhoff, Hans: „Was ist zeitgemäßes Bauen." In: *Frankfurter Allgemeine Zeitung (FAZ)*. 12.05.2011. Vgl. Denk, Andreas: „Zeitgemäßes Bauen" (Editorial). In: *Der Architekt*. 3/2011, S. 1

7 Klotz, Heinrich: *Revision der Moderne. Postmoderne Architektur 1960-80*. München 1984

8 Wolfe, Tom: *From Bauhaus to Our House*. New York u.a. 1981. (Dt. Ausgabe): *Mit dem Bauhaus leben. Die Diktatur des Rechtecks*. Königstein 1982

9 Behne, Adolf: „Dammerstock". In: *Die Form*, Jg. 9, 1930, H. 6, S. 163–166

10 Lange, Ralf: *Architektur und Städtebau der sechziger Jahre. Planen und Bauen in der Bundesrepublik Deutschland und der DDR von 1960 bis 1975*. Deutsches Nationalkomitee für Denkmalschutz (Hg.). Bonn 2003 (=Schriftenreihe des Deutschen Nationalkomitees für Denkmalschutz, Bd. 65). Buttlar, Adrian von/Heuter, Christoph (Hg.): *denkmal!moderne. Architektur der 60er Jahre. Wiederentdeckung einer Epoche*. Berlin 2007

11 Henselmann, Hermann: „Antrittsvorlesung zur Eröffnung der Hochschule für Baukunst und bildende Künste in Weimar". In: Ders.: *Gedanken, Ideen, Bauten, Projekte*. Mit Beiträgen von Wolfgang Heise und Bruno Frierl. Berlin 1978, S. 54–62, hier S. 54

12 Hassler, Uta/Dumont d' Ayot: *Bauten der Boomjahre – Paradoxien der Erhaltung*. Tagungsband des Instituts für Denkmalpflege und Bauforschung (IDB). Zürich 2010

13 Durth, Werner: *Deutsche Architekten. Biografische Verflechtungen 1900–1970*. Braunschweig 1986

14 Meier, Hans-Rudolf/Scheurmann, Ingrid: *Denkmalwerte. Beiträge zur Theorie und Aktualität der Denkmalpflege*. München 2010

15 Schneider, Wolfgang (Hg.): *Die Technische Hochschule Braunschweig. Im Auftrag des Senats der CAROLO-WILHELMINA*. Braunschweig 1963, S.101–104

16 Vgl. z.B. die Debatte um den geplanten Abriss des Niedersächsischen Landtages in Hannover, der binnen kurzem öffentlichen Bürgerprotest hervorrief – siehe Fuchs, Thorsten: „Protest beeindruckt Politiker". In: *Hannoversche Allgemeine*. 10.03.2009 sowie weitere Artikel zum Thema: http://www.haz.de/Hannover/Themen/Landtag-Abriss-oder-Umbau, 01.03.2011 – ebenso die Bemühungen um den Erhalt der Beethovenhalle in Bonn, ausgezeichnet mit dem Deutschen Preis für Denkmalschutz 2010: Bredenbeck, Martin/Moneke, Constanze/Neubacher, Martin: *Beethovenhalle Bonn. Konzertsaal, Festsaal, Denkmal*. Bonn 2010. Vgl. außerdem die Diskussion um den Erhalt der Mensa in Weimar. http://www.mensadebatte.de, 01.03.11

17 Buttlar, Adrian: "Acht Thesen zum Denkmalschutz der Nachkriegsmoderne". In: *denkmal!moderne* 2007, siehe Anm. 10, S. 123–134

18 Petzet, Michael/Hassler, Uta (Hg.): *Das Denkmal als Altlast? Auf dem Weg in die Reparaturgesellschaft*. München 1996 (=ICOMOS Hefte des Deutschen Nationalkomitees XXI).

19 Verordnung über energiesparenden Wärmeschutz und energiesparende Anlagentechnik bei Gebäuden (EnEV) vom 16.11.2001. § 16. Ausnahmen, S. 15, § 8, Abs. 2, S. 8

„res publica" – Nachkriegsmoderne und Architekturkritik

Olaf Gisbertz

Architekturkritik in den Tagesmedien ist die wertende Beurteilung des Faktischen, weniger des Konzeptionellen, noch weniger des Prozesshaften in der Architektur. Wenn Architekturkritik – außerhalb der Fachkreise von Architektur, Städtebau und Denkmalpflege – für die breite Öffentlichkeit bestimmt ist, so mag diese Einschätzung die mangelnde Wertschätzung der *Nachkriegsmoderne* im 21. Jahrhundert ansatzweise erklären. Für die heutige Architekturkritik sind deren architektonische und städtebauliche Qualitäten durch unterlassenen Gebäudeerhalt, entstellende Sanierungen oder gar Abriss ohnehin kaum mehr aufzuspüren. Für „Wahrnehmen, Erkennen, Deuten, Sich-Identifizieren" – jene Kategorien der „geschichtlichen Realität", die Thomas Sieverts einst als individuelle und zeitlich geprägte Variablen „des Bedeutungsgehalts, der symbolischen Dimension, des Zeichencharakters"[1] der Stadt definiert hatte – gibt es somit in Bezug auf die Architektur der Nachkriegsära wenig Spielraum.

In der gegenwärtigen Debatte um die Nachkriegsmoderne stehen die Schlagworte von Abriss und Neubau synonym für die schärfste Form von Architekturkritik. Selten beschäftigt sich die Kritik mit den theoretischen Grundlagen der Nachkriegsmoderne, noch seltener richtet sie den Blick auf ein längst vergessenes Bauerbe, erscheinen Besprechungen in auflagenstarken Tageszeitungen – ob im Feuilleton, im Immobilienteil oder auf den lokalen Seiten – doch in der Regel zeitnah zur Fertigstellung und Eröffnung eines veritablen Neubaus. Gleiches galt indes auch für die Architekturkritik in den ersten drei Jahrzehnten der Nachkriegsmoderne. Es waren vor allem die ausführenden Architekten selbst, die ihre Projekte in Bauzeitschriften und Buchveröffentlichungen vorstellten und damit im besten Sinne „Public Relations" für das eigene Büro betrieben.[2] Wenn es Kritik gab, dann kam sie von außen, von Bürgerinitiativen, Gesellschaftstheoretikern, von politischen Gremien sowie von einigen wenigen Journalisten und Architekturhistorikern. Deren Argumente gegen das zeitgenössische Bauen damals werden noch heute klischeehaft ins Feld geführt, um gegen diese „alt" gewordene Nachkriegsmoderne vorzugehen. Bewusst oder unbewusst werden dabei Sprachmodi benutzt, welche der frühen Funktionalismuskritik zuzurechnen sind.

Kritik am Funktionalismus

Einen tiefgreifenden Einfluss auf die antifunktionalistische Debatte übte im Reflex auf die Metaphorik der frühen Moderne um 1910 der deutsche Philosoph Ernst Bloch aus. Sein Werk *Das Prinzip Hoffnung*, im amerikanischen Exil in den Jahren 1938 bis 1947 verfasst, ist eine frühe Abrechnung mit der „eiskalten Automatenwelt der Warengesellschaft", deren Architektur als

1

„reisefertig" und „seelenlos" gekennzeichnet wird – „eine verchromte Misere" – „so abgehoben […] von wirklichen Menschen, von Heim, Behagen, Heimat"[3].

Unter Architekten blieb solche Kritik nicht ungehört, besonders unter den Mitgliedern des CIAM (Congrès International d' Architecture Moderne), die mit einem Manifest zum CIAM-Kongress in Bridgewater 1947 früh reagierten, als sie die „abstrakte Sterilität der funktionalen Stadt"[4] zu überwinden suchten. Die Kritik am dogmatisch ausgelegten Funktionalismus und das Nachdenken über das Verhältnis von verloren geglaubten ethisch-humanen Werten und technologisch-ästhetischer Innovation stellte den Congrès aber letzten Endes vor eine innere Zerreißprobe.[5]

In den 1960er Jahren sollte sich die Kritik am Funktionalismus in Architektur und Städtebau weit über die Fachkreise hinaus artikulieren. In der Nachfolge Jane Jacobs', deren Buch *The Death and Life of Great American Cities* 1963 in deutscher Sprache erschien[6], erlangten die gesellschaftskritischen Stimmen gegen die Moderne eine große Aufmerksamkeit. Aufsehen erregte in Deutschland 1964 der Bildband des Berliner Journalisten und Publizisten Wolf Jobst Siedler *Die gemordete Stadt*[7]. Darin sah er angesichts der Zerstörung Berliner Gründerzeitviertel durch moderne Wohn- und Zweckbauten Stadtplaner am Werk, die mit der Vergangenheit brachen, insbesondere mit
1 der Geschichte und Tradition der preußischen Baukultur.

Doch es war Alexander Mitscherlich, Neurologe und Leiter des Sigmund-Freud-Instituts, der durch sein 1965 bei suhrkamp veröffentlichtes Büchlein *Die Unwirtlichkeit unserer Städte. Anstiftung zum Unfrieden* der soziologischen Modernekritik das bis heute meistzitierte Motto gab. Es formulierte aus Sicht eines „leidenschaftlichen Städters", wie sich Mitscherlich selbst bezeichnete, den Protest gegen Bodenspekulation und soziale Segregation. Ein inhumaner Städtebau bedrohe durch die „große Landzerstörung"[8] den menschlichen Lebensraum und durch seine ästhetische Wirkung das gesellschaftliche Zusammenleben:

> „Wir suchen nach Einsicht, die uns befähigt und vor allem die Kraft gibt, der großen Stadtverwüstung und Landzerstörung Einhalt zu gebieten. Die Unwirtlichkeit unserer wiedererbauten, unentwegt in die Breite verfließenden statt kühn in die Höhe konstruierten, monoton statt melodisch komponierten Städte drückt sich in deren Zentrum ebenso aus wie an der Peripherie; dort, wo sich der Horizont der Städte immer weiter hinausschiebt und die Landschaft in der Ferne gar nicht mehr erkennen lässt, wo Sicht und Zukunft des Städters gleichermaßen verbaut scheinen."[9]

In den 1960er Jahren, dem „Institutionalisierungsjahrzehnt der Soziologie" (M. Rainer Lepsius) an westdeutschen Hochschulen, wo das Fach inmitten der großen Euphorie für Planungstheorie und -praxis zur „Schlüsseldisziplin"[10] des Städtebaus avancierte, stießen die soziologischen Diskurse um die Zukunftsszenarien des Städtischen auf breite Resonanz. Den Überlegungen war der Begriff „Planung" als Zeitsignatur eingeschrieben worden, um abseits von wirtschaftlichen und politischen Realitäten einen „,Dritten Weg' zwischen Kapitalismus und Sozialismus"[11] zu beschreiten.

1965 befeuerte Theodor W. Adorno mit seinem Vortrag „Funktionalismus heute" vor Städtebauern und Architekten des Deutschen Werkbundes die Denkexperimente mit den bewährten Sprachcodes der Funktionalismuskritik. Zwar nahm Adorno „nichts Trostloseres als die gemäßigte Moderne des deutschen Wiederaufbaustils"[12] ins Visier, doch gründeten seine Thesen auf Bezugsfelder, die in der Vergangenheit lagen. Mit Verweisen auf die Schriften von Adolf Loos und Le Corbusier, die wenige Jahre zuvor neu veröffentlicht worden waren, blieb Adorno seinen Zuhörern eine Analyse der Gegenwartsarchitektur realiter schuldig. Gleichwohl verlagerte sich der analytische Blick der Frankfurter Schule auf „räumliche Makrostrukturen" – wie in einer Arbeitsgruppe am Sigmund-Freud-Institut, der Heide Berndt, Alfred Lorenzer und Klaus Horn angehörten – um das „Unbehagen [am modernen Städtebau] mit den Mitteln wissenschaftlicher Realitätsprüfung in rationale Kritik zu verwandeln."[13] Ihr Sammelband *Architektur als Ideologie*, ebenfalls bei suhrkamp erschienen, gehörte mit hohen Auflagen zu den meist rezipierten Streitschriften der 68er-Bewegung.

Angesichts solcher Debatten – die letztlich auch den „Mythos des Bauhauses"[14] als Projektionsfläche für die Nachkriegsmoderne in Frage stell-

2 „Zukunft verbaut –
Wohnen in Deutschland". Titelbild
Der Spiegel, 23. Jg. 1969. Nr. 6

3 Bonn, Kanzler-
bungalow, Außenansicht, Sep Ruf,
1963–64

2

3

ten – konnten sich die Herausgeber des Nachrichtenmagazins *Der Spiegel* 1969 eines breiten Echos gewiss sein, als sie eine ihrer Ausgaben unter dem Titel „Zukunft verbaut – Wohnen in Deutsch-

2 land"[15] der Generalkritik am sozialen Wohnungsbau widmeten und die Architekten als Übeltäter der Misere – als „Kistenmacher im Bü-ßerhemd"[16] – ausmachten.

Nicht weniger polemisch, aber im Ganzen mehr tagespolitisch motiviert, waren zuvor nur wenige Solitäre der Nachkriegsmoder-ne zu Streitobjekten öffentlicher Kritik erhoben worden. Die 1963

3 einsetzende Pressekampagne[17] gegen Sep Rufs Kanzlerbungalow richtete sich nicht nur gegen die Allianz von Politik und Architektur

– schließlich hatte Kanzler Ludwig Erhard den Auftrag im Alleingang an den befreundeten Architekten vergeben – sondern stellte auch den baulichen Modus der Moderne zur Repräsentation der noch jungen Bundesrepublik zur Disposition: „Erhard wohnt wie ein Maulwurf [...] Der private Wohnteil ist ein Maßhalte-Bunker. Unser Kanzler wird eingemauert."[18] Die internationale Presse hatte nur wenige Jahre zuvor die kubischen Glaspavillons der Bundesrepublik auf der Brüsseler Weltausstellung 1958 – ebenfalls unter Beteiligung Rufs (hier in Zusammenarbeit mit Egon Eiermann) – noch frenetisch gefeiert als das „Eleganteste, wozu Moderne imstande ist."[19] Hohn und Spott ernteten dagegen der Kanzlerbungalow und sein Architekt, besonders nach dem Rücktritt Erhards 1966: Nicht nur bei seinem Amtsnachfolger Kiesinger, der sich mehr „Behaglichkeit" wünschte, sondern auch bei

4 Altkanzler Konrad Adenauer. Seine bissige Schelte gegen den Atriumsbau aus Stahl und Glas anlässlich seines 91. Geburtstages in Bonn – vom deutschen „Boulevard" weit verbreitet – provozierte einen Skandal: „Ich fürchte, der brennt nicht mal, da kann kein Mensch drin wohnen [...]. Ich weiß nicht, welcher Architekt den Bungalow gebaut hat, aber der verdient zehn Jahre."[20] Wütende Proteste der Architektenschaft blieben nicht aus, ebenso wenig der Vergleich zu den Diffamierungen der Moderne während der NS-Diktatur.[21] Was als Politposse begann, mündete in einem Medienspektakel von ungeahnter Reichweite: Alle überregionalen Medien von Print, Funk und Fernsehen waren involviert, ebenso die Lokalzeitungen, entweder auf Seiten von Adenauer und Kiesinger oder auf Seiten der „Architektur": „Wer nicht sieht, dass dieses Haus schön ist, muss schon ein besonders dickes Brett vorm Kopf haben."[22] Doch die Resonanz nutzte dem Architekten und seinem Werk wenig. Sep Ruf geriet trotz seiner Meisterschaft, wie viele Architekten jenseits des Mittelmaßes, lange Zeit in Vergessenheit.[23]

Bei all diesen Einwänden, die gegen ein zeitgemäßes Bauen nach 1945 vorgebracht wurden, bleibt zu bedenken, dass die zeitgenössische Kritik der 1950er, 60er und frühen 70er Jahre – mit prominenten Ausnahmen[24] – weniger einzelne Bauten einer als misslungen erachteten Architektur auf den Prüfstand stellte. Vielmehr standen die faktischen Auswirkungen städtebaulicher Leitbilder, die der gebauten Umwelt zugrunde gelegt worden waren, im Mittelpunkt öffentlicher Diskurse. Durch das „Streiten für die menschliche Stadt"[25] verband sich die Hoffnung, auf das aktuelle Baugeschehen einzuwirken, eine Veränderung des Kritisierbaren in Stadtplanung und Architektur zu bewirken und so nachhaltig einen konstruktiven Einfluss auf die Baukultur auszuüben.

Städtebauliche Leitbilder im Diskurs

Der Begriff „Leitbild" war eine zentrale Kategorie in der städtebaulichen Diskussion der Nachkriegszeit. Mit der Dortmunder Tagung „Der Stadtplan geht uns alle an" (1955) fand die Debatte im Städtebau eine breitere Beachtung – auch in der überregionalen Presse – nicht zuletzt durch die Beteiligung einer Schweizer Delegation um den Schriftsteller Max Frisch, der gemeinsam mit

4 Im Kanzlerbungalow: Konrad Adenauer
im Gespräch mit Ludwig Erhard, 12.11.1964

4

Lucius Burkhard und Markus Kutter für die „Gründung von neuen Städten"
eintrat.[26] Die „konstruktiven Ideen dieser drei Außenseiter, die wohl trotz
des demonstrativen Beifalls von der Fachwelt leicht beargwöhnt wurden,
waren der phantasievollste Beitrag der ganzen Tagung"[27], so Eduard Trier,
späterer Rektor der Kunstakademie in Düsseldorf und Bonner Universitäts-
professor für Kunstgeschichte, der in jungen Jahren als freier Kunstkritiker
für Tageszeitungen und Zeitschriften schrieb. Sein Votum für „das brillante
Schweizer Trio", das zugleich auch eine unabhängige Architekturkritik[28] einforderte, spiegelt den Wunsch nach Politisierung der städtebaulichen Planung
im Sinne einer „res publica" für breite Mitbestimmung von Politik, Architekten und Einwohnern.
Stritt sich die Fachwelt intern, wie auf der Dortmunder Tagung, Mitte der
50er Jahre zumeist noch um die Frage, ob Städtebau eine Kunst oder Wissenschaft sei, wirkten die Medien zunehmend meinungsbildend für die Öffentlichkeit. Nach den Darmstädter Gesprächen,[29] mit denen sich Experten
aus Architektur, Politik und Wirtschaft schon explizit an ein Laienpublikum
gewandt hatten, wagten einzelne westdeutsche Medien dem „Ruf nach Kritik" zu folgen.[30] Rund eine Dekade nach Kriegsende begannen überregional
tätige Redaktionen – wie heute meist nur bestehend aus wenigen einzelnen
Journalisten und freien Autoren[31] – die städtebaulichen Leistungen des Wiederaufbaus zu kommentieren.
Als 1959 der *Spiegel* dem damaligen Stadtbaurat von Hannover, Rudolf Hillebrecht, eine gesamte Ausgabe einschließlich seines Konterfeis auf dem Titelblatt widmete, galt die von einem Netz von Verkehrsstraßen durchmesse-
ne Stadt noch als „Wallfahrtsziel von Architekten, Verkehrsingenieuren und

DER SPIEGEL

13. JAHRGANG · NR. 23
3. JUNI 1959 · 1 DM
AUSGABE BERLIN
POSTVERLAGSORT BERLIN

VERKEHR AN DER LEINE
Hannovers Stadtplaner Rudolf Hillebrecht (siehe „Städtebau")

5 „Das Wunder von Hannover.
Verkehr an der Leine". Titelbild *Der Spiegel*,
13. Jg. 1959. Nr. 23

ganzen Delegationen in- und ausländischer Städtebauer".[32] Doch die Lobes-
hymne auf das „Wunder von Hannover" blieb nicht lange frei von kritischen
Stimmen. Beklagt wurde die Zerstörung der historischen Stadt durch die
konsequente Umsetzung eines städtebaulichen Leitbildes unter dem Diktat
verkehrstechnischer Prognosen. Die Strategie Hillebrechts, städtebauliche
Leitbilder als „Moden" zu deklarieren, klingt paradox. Dabei konnte er sich
jedoch auf Georg Simmel berufen, der in seiner „Philosophie der Mode" kon-
statierte, dass „die Herrschaft der Mode am unerträglichsten auf den Gebie-
ten ist, auf denen nur sachliche Erscheinungen gelten sollten [...]."[33]
Der Leitbildbegriff wurde in den Nachkriegsjahrzehnten von vielen Wissen-
schaftsdisziplinen erörtert und definiert:[34] In der Philosophie bezeichnete
er ein Vorstellungsgebilde zukünftiger Möglichkeiten, ein kollektives, durch
Vorbilder und Erziehung geprägtes Phänomen.[35] Die Theologie erfasste den
Begriff als „bildlich visionäre Verdichtung von Zielen"[36], die der Orientierung
bei akuten Entscheidungen diene. Die Psychologie verstand darunter ein
Sammelbecken „dominierender Ideen einer Epoche" und damit „kollektiv
übergreifender Vorbilder für individuelle Nachahmungen".[37] Für Raumordnung und Ökonomie mahnte Erich Dittrich bereits 1962 eine „Inflation von
Leitbildern"[38] an, definierte den Begriff aber schließlich als Richtschnur für
das eigene Handeln, das auf allgemeinem Konsens beruhe.
Wenige Jahre später war dieser allgemeine Konsens in der Bundesrepublik
infrage gestellt. Inmitten der aufkeimenden Kritik am Funktionalismus in
Deutschland hatte Gerd Albers 1965, wenige Jahre nach seiner Berufung
zum Ordinarius am Lehrstuhl für Städtebau und Regionalplanung der TU

München, vor der Verwendung des Leitbildbegriffs im Städtebau gewarnt. Der Begriff definiere ein „statisches Konzept" des Vollendeten, wobei es doch eher um Zielvorstellungen für städtebauliche Entwicklungen gehe, die einem „Plan des Ganzen" übergeordnet werden.[39]

Dennoch markierte der Leitbildgedanke wesentliche Koordinaten für den „Bau und Überbau" vieler städtebaulicher Planungen im Wiederaufbau der Bundesrepublik und beeinflusste – trotz oder gerade wegen der staatlichen Zensur – in Intervallen auch das zentral gesteuerte Planungsinstrumentarium in der DDR.[40]

Verkehrsgerechte Stadtlandschaft

Als sich am 9. Juli 1945, nur zwei Monate nach der „bedingungslosen Kapitulation", Johannes Göderitz „mit wenig geretteten Sachen auf der Flucht vor der Roten Armee" in Braunschweig um die Leitung des Stadtbauamtes bewarb, geriet er kaum in Verdacht, ein Vertreter doktrinärer Stadtplanungsideologien zu sein. Schließlich war er in der preußischen Bauverwaltung ausgebildet und bei Bruno Taut, dem „Weltbaumeister", dem Initiator einer „Alpinen Architektur" und Drahtzieher der „Gläsernen Kette", in Magdeburg geschult, zu dessen Nachfolger ernannt worden und mit seinen Planungen für die Elbstadt schon Ende der 20er Jahre zum anerkannten Städtebauer avanciert.[41] Seine 1957 erschienene Schrift *Die gegliederte und aufgelockerte Stadt*[42], noch in den letzten Kriegsmonaten gemeinsam mit Hubert Hoffmann und Roland Rainer in der Deutschen Akademie für Reichs- und Landesplanung fertiggestellt, stand nicht allein nur für ein Wiederaufbaukonzept auf Grundlage einer „umfangreichen Forschungsarbeit"[43] im Sinne der NS-Ideologie. Im Rückgriff auf die tradierten Ideale des Neuen Bauens der 20er Jahre basierte sie auch auf utopischen Gedanken eines sozialverträglichen Städtebaus im Einklang mit der Natur nach den Idealen der Gartenstadtbewegung und den Bedürfnissen der Gesellschaft (des Einzelnen) nach verantwortungsvoller Entfaltung in der Gemeinschaft.

Für das begriffliche Gegensatzpaar „Gemeinschaft und Gesellschaft" hatte Ferdinand Tönnies die analytischen Kategorien mit seiner gleichnamigen Schrift festgelegt. Bereits 1887 erschienen, beeinflusste Tönnies' Denkansatz auch die geistigen Eliten des späten Kaiserreiches und der Weimarer Republik nachhaltig: Doch Tönnies' Konstrukt, die Gesellschaft als „absichtsvoll hergestelltes liberales und kapitalistisches" Theorem zu definieren und es einer „historisch gewachsenen Gemeinschaft" als Ausdruck von „Gemeinwohl" gegenüberzustellen,[44] schien sich im Wiederaufbau nach dem Zweiten Weltkrieg ins Gegenteil zu verkehren. Dem Sinn nach Gemeinschaft stand nun offenbar der Wille nach individueller Entfaltung entgegen. Waren die von Göderitz, Hoffmann und Rainer 1957 propagierten Siedlungszellen außerhalb der City nur unter dem Primat eines gesteigerten Individualverkehrs zu bewältigen, bot das Leitbild der „autogerechten Stadt"[45] eines Hans Bernd Reichow die Lösung für die daraus resultierende verkehrstechnische Problematik.

Die Folgen der verhängnisvollen Liaison zweier städtebaulicher Leitbilder sind bekannt: Die rigorose Trennung von Lebensbedürfnissen in verschiedene Funktionsbereiche nach den Maximen der „Charta von Athen" (1933) führte zu einem Anstieg der Pendlerströme im Individualverkehr zulasten von Umweltressourcen und sozialer Integration. Die Verkehrspolitik in der Bundesrepublik stand zwischen 1950 und 1970 ganz im Zeichen des Individualverkehrs,[46] dessen Infrastruktur einen hohen Flächenbedarf für den fließenden und ruhenden Verkehr benötigte. Die überkommenen Stadtbild- und Landschaftsstrukturen wurden durch den Bau von Straßen- und Verkehrsbändern dauerhaft verändert. Die gesellschaftliche Kritik an den Folgen eines solchen Städtebaus sah nicht zuletzt auch das soziale Gefüge in den Städten in Gefahr.

6 Gleichwohl hatten die Planer anderes im Sinn: Göderitz, Hoffmann und Rainer träumten von einer Gliederung der Stadt nach menschlichem Maßstab in überschaubare Einheiten, in Stadtbezirke, Stadtzellen und Nachbarschaften, das Ganze von Grünstreifen (Landwirtschaft und Nutzgärten) durchzogen, mit Gemeinschaftsanlagen an markanten fußläufigen Punkten ausgestattet und durch Schnellbahnen mit den Citybereichen der Städte verbunden. Der so weitgehend ohne Autoverkehr komponierten „Stadtlandschaft" stellte Hans Bernd Reichow ein organisch angelegtes Siedlungsgefüge zur Seite, um aus der Beobachtung „flüssiger Bewegungsvorgänge" in der Natur fließende Formen für den Straßenbau einzufordern.[47]

Dem Ideal einer „verkehrsgerechten Stadtlandschaft", das ohne Kreuzungspunkte den Autoverkehr durch die Stadt lenken wollte, stellten sich in den frühen 60er Jahren erste warnende Stimmen entgegen. Der Deutsche Bundestag berief 1962 eine Sachverständigen-Kommission „Maßnahmen zur Verbesserung der Verkehrsverhältnisse in den Gemeinden" ein. Sie legte 1964 Vorschläge für eine integrierte Verkehrsplanung vor,[48] wonach dem Individualverkehr flächendeckende Netze des öffentlichen Nahverkehrs (ÖPNV) zur Seite zu stellen waren. Zwar beeinflussten diese Überlegungen manche städtebauliche Strategie (vgl. Landesentwicklungsplan II NRW), doch deren bundesweite Durchsetzung scheiterte – trotz staatlicher Subventionspolitik ab 1967 – bei einer rückläufigen Bevölkerungsentwicklung an fehlenden ökonomischen Konstanten.

Angesichts schwieriger Verkehrsverhältnisse und unsicherer Zukunftsprognosen waren die politischen Gremien aber auf allen Ebenen von Bund, Land und Kommune schnell vom Ausbau des Straßen- und Schienennetzes zu überzeugen. Die Fortbewegung im Automobil hatte solange Priorität, bis die Zäsur durch die erste Ölkrise 1973 den Glauben an Fortschritt, Mobilität und Wirtschaftswachstum erstmals grundlegend infrage stellte.

Urbanität durch Dichte

Das „Unbehagen" an der strikten Trennung der Funktionen – Wohnen, Arbeiten, Erholen – und den daraus resultierenden Problemen in der städtebaulichen Praxis nach den Leitbildern der *autogerechten, gegliederten und aufgelockerten Stadt* bewirkte auf der 11. Hauptversammlung des Deut-

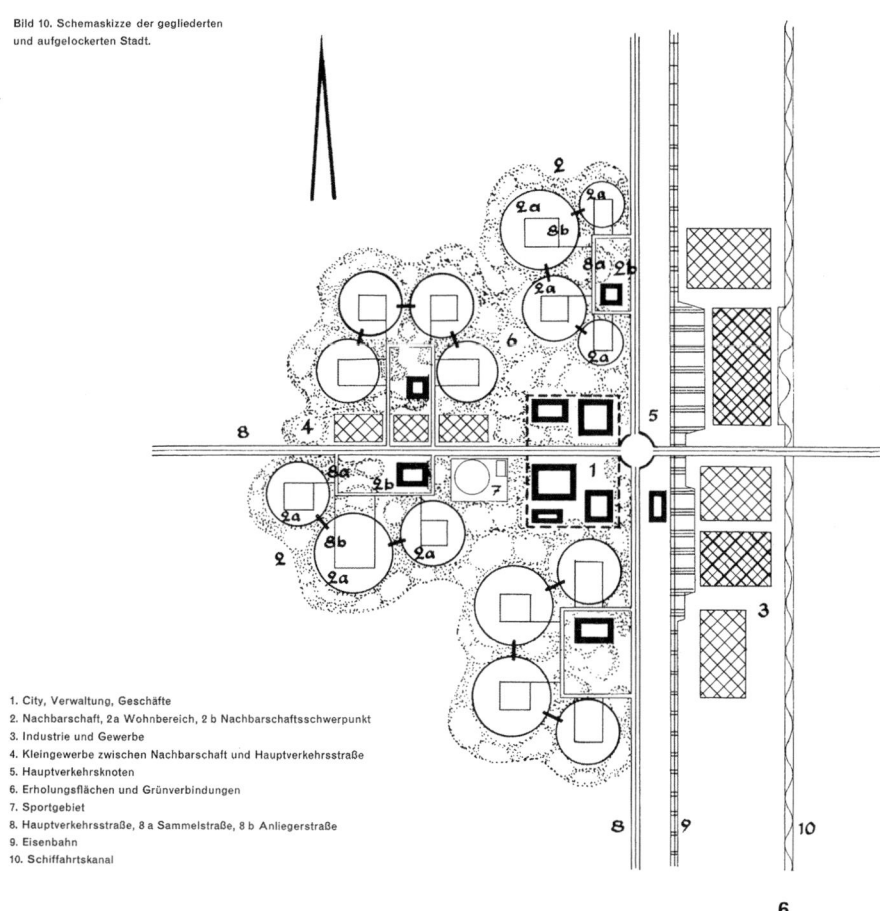

1. City, Verwaltung, Geschäfte
2. Nachbarschaft, 2a Wohnbereich, 2 b Nachbarschaftsschwerpunkt
3. Industrie und Gewerbe
4. Kleingewerbe zwischen Nachbarschaft und Hauptverkehrsstraße
5. Hauptverkehrsknoten
6. Erholungsflächen und Grünverbindungen
7. Sportgebiet
8. Hauptverkehrsstraße, 8 a Sammelstraße, 8 b Anliegerstraße
9. Eisenbahn
10. Schiffahrtskanal

6 Göderitz/Rainer/Hoffmann,
Die gegliederte und aufgelockerte Stadt,
Schema, 1957, S. 26

schen Städtetages in Augsburg 1960 ein erstaunlich frühes, kritisches Umdenken. Noch bevor die amerikanische Stadtkritikerin Jane Jacobs mit ihrem Buch *Tod und Leben amerikanischer Städte* 1963 ein breiteres Publikum in Deutschland erreichen konnte, forderte der Soziologe Edgar Salin auf dem Augsburger Kongress eine „neue, echte Urbanität"[49] ein. Was als Paradigmenwechsel zu einer toleranten Lebensform in den Städten gedacht war, rief jedoch schon nach einem Jahrzehnt Ernüchterung hervor. Salins Äußerungen aus den frühen 70er Jahren belegen die Verbitterung über die Entwicklung, die sein Impuls genommen hatte:

„Die Urbanität ist tot, und es müssen andere Zeiten und Menschen kommen, ehe sie wieder erstehen kann. Die Urbanität ist tot, und es ist Lug und Trug zu meinen, daß sie sich wieder schaffen ließe, wenn das Zeitalter der Massen andauert und wenn den Massen entsprechend Hochhäuser gebaut und Verkehrslinien gezogen werden –, Urbanität ist immer eine Zeit der Wenigen, ist eine Zeit des Bürgertums, Urbanität ist eine Lebensform, die heute nicht und nirgendwo gedeihen kann."[50]

Die Planer hatten auf die Kritik an der Zersiedelung der Landschaft mit der Devise reagiert, fehlende Urbanität – pulsierendes Leben, Ereignisreichtum und Spontaneität – die „Vieldeutigkeit moderner Lebenserfahrung"[51] – durch Verdichtung der gebauten Umwelt (wieder-)zugewinnen. Sie hatten das kleinstädtische Ordnungsprinzip der „Neighborhood Units"[52] vorangegangener Leitbilder außer Kraft und ganz auf Großformen und Megastrukturen gesetzt, die auf dem Höhepunkt des deutschen Wirtschaftswunders als gebaute Manifestationen das unerschütterliche Bekenntnis an industriellen Fortschritt, technische Machbarkeit und wirtschaftliche Prosperität symbolisierten. Die konsequente Anwendung industrieller Fertigungsmethoden ermöglichte der Bauwirtschaft die Entwicklung seriell produzierter Großformen zu Megastrukturen für den Wohnungsbau in den Außenbezirken der Städte. So erschien das neue Leitbild „Urbanität durch Dichte" kalkulierbar und war von den Kommunen in Zeiten wachsender Wirtschaftskraft mit Aussicht auf steigende Steuereinnahmen zunächst begrüßt worden.

Die Folgen offenbarten sich der breiten Architekturkritik erst Anfang der 70er Jahre. Ob durch Darmstadt-Krainichstein, Köln-Chorweiler, ob durch München-Neuperlach oder Berlin-Märkisches Viertel – das „Leben wie im Ameisenhaufen"[53] geriet in die Schlagzeilen, in manchen Medien nicht selten unter drastischer Manipulation der Bild- und Textsequenzen: Vielerorts hatten die realisierten Planungen von hoch verdichteten Wohnquartieren außerhalb der City zu gewaltigen Entflechtungen geführt, zu Monokulturen der Lebensbereiche im städtischen Gefüge. Kritische Stimmen blieben lange ungehört, zumal die soziologische Architekturkritik – nicht ohne taktisches Kalkül der Bauträger – frühzeitig in die Planungsprozesse involviert worden war. So stand Alexander Mitscherlich einem Planungsteam beratend zur Seite. Beim Bau der Siedlung Heidelberg-Emmertsgrund (1967–1973) stellte er sich die Aufgabe, für die soziologischen Parameter des Städtebaus einzustehen, bevor er sich aus dem Planungsstab enttäuscht zurückzog: „Angesichts der eintönigen, formlosen, jedes kulturellen Gestaltungswillens baren Großsiedlungen, die sich allerorten ins Land fressen, fällt es nicht so leicht, sich einzugestehen, daß so und nicht anders die Städte unserer Zeit beschaffen sein müssen. [...] Die Ideenarmut und Lieblosigkeit, mit der in Stadt und Umgebung Häuser gebaut werden, verrät eine tiefe Freudlosigkeit des Besitzes. Zugleich beobachtet man die Flucht in die Raumästhetik, welche die fehlende innere Beziehung zur städtischen Welt ersetzen soll."[54]

Architektur im Stadtraum

Die Prioritäten der Stadtplanung mussten sich auch im Stadtbild artikulieren, vor allem in der Architektur. Der Blick aus dem fahrenden Automobil als „raumzeitliche Integrationsmaschine der immer weiter voranschreitenden Individualisierungs-, Flexibilisierungs- und Pluralisierungsprozesse"[55] verän-

7 „Leben wie im Ameisenhaufen". *Der Stern*, Nr. 30/10.7.1970

8 Berlin, Märkisches
Viertel, Bauten O. M. Ungers, 1964–67

derte sowohl die Wahrnehmung des Einzelnen für Stadt und Landschaft als
auch die stadtplanerischen Prämissen. Der 1964 ins Deutsche übertragene
„Buchanan-Bericht" – eine Studie über die Verkehrsprobleme in England
– kam zu ähnlichen Schlussfolgerungen wie so mancher Städtebauer auf
dem Kontinent. Doch darüber hinaus gab er den Planern anhand ausgewählter Beispiele auch praxisorientierte Empfehlungen für die „autogerechte
Stadt" an die Hand. Neben Hinweisen zur Anlage von Verteiler- und Um-
gehungsstraßen entsprechend der Verkehrsdichte und Trennung von Fuß-
und Fahrwegen findet sich dort die Einforderung einer (auto-)mobilitätsge-
rechten Architektur mit Beziehung zum Verkehr.[56] Die Wahrnehmung der

Umwelt aus der fließenden Bewegung im Raum wird damit auch zu einer ästhetischen Kategorie der Stadtplanung. Schon vor dem Ersten Weltkrieg war man sich der rasenden Perspektivwechsel im Tempo der Großstadt bewusst:

> „Wir empfinden einen anderen Rhythmus in unserer Zeit als in einer der vergangenen. So ist es auch eine rhythmische Auffassung, wenn wir sagen, dass unsere Zeit schneller dahineilt als die unserer Väter. Eine Eile hat sich unserer bemächtigt, die keine Muße gewährt, sich in Einzelheiten zu vertiefen. Wenn wir im überschnellen Gefährt durch die Straßen unserer Großstädte jagen, können wir nicht mehr die Einzelheiten der Gebäude gewahren. Ebenso wenig können vom Schnellzug aus Städtebilder, die wir im schnellen Vorbeifahren streifen, anders wirken als nur durch ihre Silhouette. Die einzelnen Gebäude sprechen nicht mehr für sich. Einer solchen Betrachtungsweise unserer Außenwelt, die uns in jeder Lage bereits zur steten Gewohnheit geworden ist, kommt nur eine Architektur entgegen, die möglichst geschlossene, ruhige Flächen zeigt, die durch ihre Bündigkeit keine Hindernisse bietet."[57]

Hohes Vertrauen in den technischen Fortschritt prägte die gesamte Städtebau- und Architekturdebatte auch zur Zeit der Weimarer Republik. Dass dabei oft die ästhetische Wirkung aus der automobilen Bewegung im Straßenraum mitberücksichtigt wurde, davon zeugen die Planungen Le Corbusiers für die Millionenstadt der „Ville Contemporaine" von 1922 genauso wie die Großstadtvisionen eines Ludwig Hilberseimer von 1924. Unter dem Diktat des Verkehrs hatte sich das Verhältnis zu Straße und Platz gewandelt. Der Stadtraum wurde zum „Luftraum zwischen den Baukörpern" (Ludwig Hilberseimer) erhoben, der Platz als „Haltepunkt für die Konsumkraft und Durchgangspunkt für den Fließverkehr" (Martin Wagner) definiert[58] und der Fußgänger damit bis zur Einrichtung von Fußgängerzonen für lange Zeit aus dem Straßenraum verbannt. Jene Konzepte, die Bewegung und Dynamik des Verkehrs zwischen freistehenden Bauquadern im Stadtraum beschworen, waren es auch, die als Essenzen nach Ende des Krieges rasch Eingang in die Lehrbücher fanden und – wie Vor- oder Gegenbilder in Ost und West publizistisch verbreitet – die städtebaulichen Direktiven des Wieder- und Neuaufbaus beeinflussten.[59]

Nach Ende der nationalsozialistischen Diktatur knüpfte die Architekturdebatte – nicht ohne Seitenblick in die Schweiz, nach Skandinavien und in die USA – an verloren geglaubte Traditionen der Moderne um das „Sehen der Dinge im Raum"[60] an. Dabei mussten Möglichkeiten und Grenzen der ästhetischen Wirkung von Skelettbauten alsbald in den Blickpunkt geraten. Den Kritikern erschienen deren Fassaden, sofern sie nur der strengen Konstruktionslogik des Stahlbetongerüsts folgten, austauschbar. Dies war den Verfechtern der modernen Architektur freilich bewusst: „Die Schmucklosigkeit der Fassaden, die Größe der Bauten und ihr starres Ordnungsbild lasten drückend auf dem Empfinden dessen, der noch keine innere Beziehung zur technischen Komponente in der neuen Architektur gefunden hat. [...] Die Bezeichnung ‚Raster' wird gern polemisch bei der Bezeichnung schlechter Skelettbauten gebraucht. Mit dem Raster verbindet sich die Vorstellung von lebloser, unorganischer und eintöniger Aufteilung einer Sache ohne Bezug zu ihrem inneren Gehalt. Man spricht von ‚Rasteritis' und wertet damit etwas ab, was dem Ursprung nach nur Ordnung ist und was nur durch falsche Anwendung und irrige Deutung zum toten Schematismus wird."[61] Zu Beginn der 60er Jahre stand neben dem Rasterbau auch die Curtain-Wall-Bauweise trotz des Verdikts über perfekt proportionierte Vorhangsysteme aus Stahl und Glas in der Kritik, „einer gestalterischen Monotonie zu erliegen."[62]

Unter den Architekten der *Nachkriegsmoderne* wirkte die Adaption amerikanischer Solitäre des „International Style" als „Symbiose aus technisch-amerikanischem und ästhetisch-europäischem Know-how"[63] dennoch vorbildhaft für Europa, ebenso die an amerikanischen Hochschulen früh einsetzende Kritik am Funktionalismus. Die Frage nach dessen Legitimation beeinflusste unmittelbar Bild und Selbstbild führender Architekten, wenn nicht gar einer ganzen Architektengeneration, die in den 1960er Jahren ausgebildet wurde.

Friedrich Wilhelm Kraemer, einflussreicher Hochschullehrer der „Braunschweiger Schule", vollzog diesen Paradigmenwechsel unmittelbar nach

9 Curt Siegel, *Strukturformen moderner Architektur*, München 1960, S. 39: Verschiedene Formen der Eckausbildung

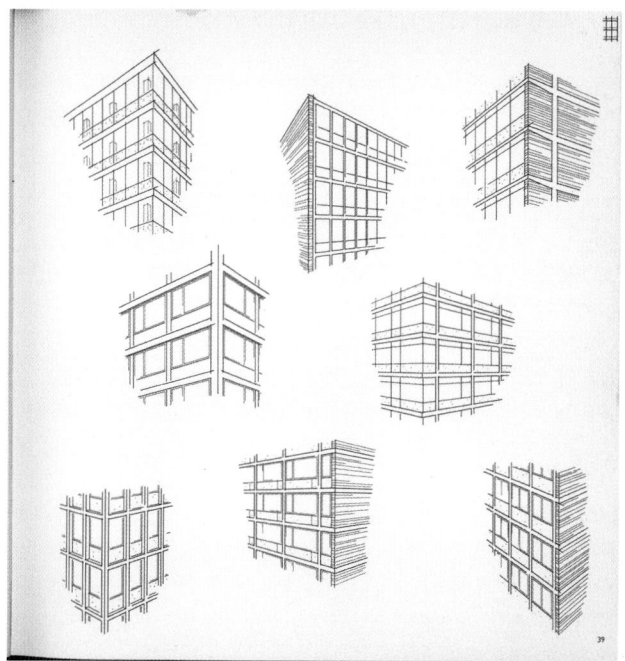

10 Braunschweig, Autohaus
Voets, Friedrich Wilhelm Kraemer, 1951–56

Reisen in die Vereinigten Staaten. Bereits im Sommersemester 1960 bot
er Lehrveranstaltungen an, die flankierend zu alternierenden Vorlesungen
zum Verhältnis von „Körper", „Raum" und „Fläche" neuen Wirkungsfeldern
der Entwurfslehre gewidmet waren, darunter erstmals Vorlesungen zum
Thema „Nichtrechtwinkelige Körper" (SS 1960) und „Neue Strömungen in
der Architektur" (SS 1962).[64] Dabei wurde er unterstützt durch Gastvorle-
sungen, welche die einflussreiche amerikanische Architekturkritikerin Sibyl
Moholy-Nagy im Januar 1965 in Braunschweig hielt, lange bevor sie ihre in
Deutschland viel gelesene Schrift *Die Stadt als Schicksal*[65] veröffentlichte.
Sie kann heute als Verteidigung historischer Stadtkonzepte „in modernen
Formen und Materialien"[66] gelesen werden. Vermutlich anders, aber ähnlich
sah das Lehrangebot in den 60er Jahren an den mit Braunschweig kon-
kurrierenden Architekturschulen aus: in Stuttgart, München, Karlsruhe oder
Aachen.[67]
Obwohl die Architekturkritik in den frühen 60er Jahren der Entwurfsplanung
einen Impuls zu neuen Möglichkeiten geliefert hatte, beurteilten Architekten
wie Friedrich Wilhelm Kraemer voller Misstrauen die Architekturkritik unter
damals wie heute immer noch virulenten Vorbehalten:

„Die Entwicklung der Architektur in den vergangenen zehn Jahren ist dank-
bar ausgeschlachtetes Studienobjekt für die zeitgenössischen Architekturhistoriker, die in Wirklichkeit nichts anderes sind als Kritiker, (d.h., daß sie an
den Erscheinungen der zeitgenössischen Baukunst herumkritteln, denn die
Überschau des Histori[(schen) handschr.] ist ja noch nicht möglich.) Es ver-
geht wohl kein Jahr, in dem sie nicht die Nomenklatur der Stile durch einen
neuen -ismus erweitern. […]

Im Grunde verraten diese so sehr aus den Äußerlichkeiten der Bauten ge-
schöpften Katalogisierungen ihre unsachverständige Herkunft; nämlich von
Architekturkritikern, denen an schnell erkennbaren Merkmalseinteilungen
gelegen ist, damit alle Erscheinungen – die ihre erstaunten Augen registrie-
ren – sich auch hübsch inventarisieren lassen. Sie entsprechen der Erlebnis-
skala der Schreiber.

Wer aber baut – und also von den wirklich bestimmenden Ausdruckskräften
der Kunst [(und) handschr.] Architektur, nämlich von den Ausdrucksmöglich-
keiten mit Körper und Raum weiß – der wird solchen Einteilungen nur geringe Bedeutung einräumen und nach wichtigeren Merkmalen suchen."[68]

Pathos der Funktionalismuskritik – Rückblick und Ausblick

Mit der Bundestagswahl 1957 erlangten die Unionsparteien die absolute
Mehrheit. Die Wähler hatten den von Konrad Adenauer und Ludwig Erhard
eingeschlagenen Kurs „Keine Experimente – Wohlstand für alle" mit der ab-
soluten Mehrheit für die Unionsparteien honoriert: Konrad Adenauer wurde
in West-Berlin zum dritten Mal in Folge zum Bundeskanzler gewählt. In der
DDR gelang es Walter Ulbricht – den „revisionistischen Auffassungen" zum
Trotz – die Macht der SED-Führung zu konsolidieren und die Partei wieder
auf Kurs der Führungsriege zu bringen. In Ost und West festigte die Politik
somit ihre Machtstrukturen.

Gleichwohl hatte in den Jahren zuvor ein „internationaler Ideentransfer ohne
ideologische Tabus" zwischen Ost und West eingesetzt, der sich für Architektur und Städtebau nicht mehr aufhalten ließ. 1957, im Jahr der Interbau-
Ausstellung im Hansaviertel und des Wettbewerbs zur Neugestaltung des
Breitscheidplatzes in West-Berlin, schien sich – trotz aller ideologischer Ab-
grenzungsversuche der politischen Systeme – ein Konsens für die städtebaulichen Leitbilder der Moderne in Ost und West abzuzeichnen.[69] Göderitz, Rainer und Hoffmann veröffentlichten ihre Ideen für eine moderne „Stadtlandschaft" in Buchform, auf der Interbau wurde die Sonderschau „Deutscher
Städtebau 1945–57" der Deutschen Akademie für Städtebau und Landesplanung präsentiert, während die Ost-Berliner Zeitschrift *Deutsche Architektur*
einen ausführlichen Bericht über die bereits realisierten Planungen Rudolf
Hillebrechts für den autogerechten (Wieder-)Aufbau in Hannover abdruckte.[70]
Eine kritische Auseinandersetzung mit den von den Stadtplanern favorisier-
ten Leitbildern konstituierte sich erst im nachfolgenden Jahrzehnt. Während
der Diskurs in der DDR – wenn überhaupt – im Verborgenen geführt wurde, eröffnete die soziologische Gesellschaftskritik im Westen eine öffent-

liche Debatte um die architektonischen und städtebaulichen Leistungen der Nachkriegsmoderne. Dabei richtete sich die Kritik an der modernen Architektur vor allem gegen den Massenwohnungsbau als Resultat einer als bedrohlich empfundenen Synthese von Idealen der klassischen Moderne und der Bauökonomie: „Die Neustädte und Trabantenstädte der Gegenwart sind die Konkretisierung der von Hilbersheimer 1924 in Form gebrachten Utopie, Wohnstädte in Brasilia und Chicago [Taylor Housing], in Amsterdam und Hongkong sind direkte Folge eines Funktionalismus, der Architektur auf die Bereitstellung von nackten Gehäusen herunterrationalisiert."[71] Die Leitbilder, die dieser Allianz zugrunde gelegt worden waren, hatten sich für die Kritiker somit als inhuman erwiesen. Die Realität des Faktischen in einer breit geführten öffentlichen Debatte forderte die Stadtplaner zum Nachdenken auf. Die 68er-Generation erwies sich dabei als „Schrittmacher und Wegbereiter" einer gegenläufigen Bewegung im Städtebau, die sich der Verbesserung von Stadtgestalt und Wohnumfeld annahm. Um 1970 kam es zur politischen und öffentlichen Diskussion über die Formen des Wohnens in Megastrukturen. Hochhäuser galten nun – wie in der Ausstellung „Profitopolis" 1971 – als „stadtzerstörerische Symbole rücksichtslosen Profitstrebens".[72] Heftige Studenten- und Bürgerproteste schlugen sich auch im Motto des Deutschen Städtetages „Rettet unsere Städte jetzt" 1969 nieder und formierten wenige Jahre später auch den Widerstand gegen das zeitgenössische Bauen in Reihen der Denkmalpflege.[73] 1976 wurde zwar das Bundesbaugesetz novelliert und eine breitere, frühzeitige Mitwirkung der Bevölkerung zu einem integralen Bestandteil der Planungsprozesse – doch was bis heute blieb, ist die Kritik an der Nachkriegsmoderne. 1974 hat Heinrich Klotz, späterer Gründungsdirektor des Deutschen Architekturmuseums, die bis heute geschürte Argumentation für deren Diskreditierung auf der für die deutsche Architekturdebatte wegweisenden Berliner Tagung „Pathos des Funktionalismus" eloquent gleichsam in Stein gemeißelt: „Der weiße Quader war schön, solange sich mit ihm ein Wunschbild verband und solange er exemplarisch gegen Traditionen stand. [...] Aber der weiße Quader wurde zum Kasten, sobald ihn profitable Rechnung zum Zweckgehäuse machte, sobald der neuernde Angriff vergessen und allein das Wirtschaftlichkeitskalkül zum Argument geworden war. Die ‚Moderne' wurde zum ‚Funktionalismus', als die Bauwirtschaft in diese Ästhetik zu investieren begann. Die Einfachheit wurde Billigkeit. Diese Avantgarde bekämpfte, was wir heute nach der ausgebrochenen Monotonie wieder verteidigen, was heute, zum bloßen Formrelikt verharmlost, in einer zunehmend verödenden Stadt zum Anhaltspunkt des Wiedererkennens geworden ist: die Säulen und Rustikasockel der neobarocken Paläste."[74]

Das Plädoyer für die Postmoderne bürdete der Fachwelt und öffentlichen Meinung – trotz mancher späterer Dementis[75] – eine schwere Hypothek auf. Nachkriegsmoderne und Architekturkritik befinden sich bis heute im Zwiespalt.

Anmerkungen

1 Sieverts, Thomas: „Die Stadt als Erlebnisgegenstand". In: Pehnt, Wolfgang: *Die Stadt in der Bundesrepublik. Lebensbedingungen, Aufgaben, Planung.* Stuttgart 1974, S. 31–44, hier S. 33–32/34

2 1964 beklagte der Architekt Christian Fahrenholtz in der Wochenzeitung *Die Zeit* den Mangel von Architekturkritik im öffentlichen Bewusstsein. Fahrenholtz, Christian: „Verschmelzung von Stadt und Land". In: *Die Zeit.* 29.05.1964. Vgl. Schlitt, Gerhard: *Die Betrachtung und Würdigung einzelner Bauwerke in deutschen Zeitungen und Zeitschriften. (Untersuchung zur Frage der Architekturkritik).* Diss. Hannover 1965, S. 13–14. Rex, Herbert: *Architekturkritik in Zeitungen und Zeitschriften der Bundesrepublik, in Fallstudien untersucht an Düsseldorfer Bauprojekten der sechziger und siebziger Jahre.* Institut für Architektur- und Stadtforschung IAS der TU Hannover (Hg.). Hannover 1981, S. 78ff. Viele namhafte Architekten waren in den Redaktionsgremien von Fachzeitschriften vertreten.

3 Bloch, Ernst: „Neue Häuser und wirkliche Klarheit". In: *Das Prinzip Hoffnung.* Bd. 2. Frankfurt a.M.1959, S. 860ff., S. 869

4 Frampton, Kenneth: *Die Architektur der Moderne. Eine kritische Baugeschichte.* 4. Aufl. Stuttgart 1991, S. 230

5 1959 mündete diese Debatte in der Auflösung des CIAM auf dem 11. CIAM-Kongress in Otterlo. Vgl. hierzu: Mumford, Eric Paul/Frampton, Kenneth: *The CIAM Discourse on Urbanism, 1928–1960.* Cambridge (Mass.) 2000, S. 168–179

6 Jacobs, Jane: *Tod und Leben großer amerikanischer Großstädte,* Berlin/Frankfurt a.M./ Wien 1963 (=Bauwelt-Fundamente 4, hrsg. von Ulrich Conrads unter Mitarbeit von Gerd Albers, Adolf Arndt u.a.)

7 Siedler, Wolf Jobst: *Die gemordete Stadt. Abgesang auf Putte und Straße, Platz und Baum.* Berlin 1964

8 Im Vorfeld wirkte der Werkbund-Kongress „Die große Landzerstörung" von 1959 für die Argumentation richtungsweisend. Vgl. Durth, Werner: „Positionswechsel – Neue Orientierungen". In: Nerdinger, Winfried (Hg.): *100 Jahre Deutscher Werkbund.* München 2007, S. 292–297.

9 Mitscherlich, Alexander: *Die Unwirtlichkeit unserer Städte. Anstiftung zum Unfrieden.* Frankfurt a.M. 1965, S. 9/84, hier S. 11

10 Schäfers, Bernhard: „Soziologie der 1960er und 1970er Jahre im Zusammenhang ihrer gesellschaftspolitischen Aktualität und Institutionalisierung. Festvortrag zum 40-jährigen Jubiläum Institut für Soziologie der TU Darmstadt". Vortragsmanuskript. S. 2f. (abrufbar unter: http://www.ifs.tu-darmstadt.de/fileadmin/ soziologie/sudheimer/Schaefers-DarmstadtTextfinal_071126..pdf, 14.08.2011)

11 Ebd. S. 3

12 Adorno, Theodor W.: „Funktionalismus heute". In: Ders.: *Ohne Leitbild. Parva Aesthetica.* Frankfurt a.M. 1967, S. 114

13 Berndt, Heide: „Ist der Funktionalismus eine funktionale Architektur? Soziologische Betrachtungen einer architektonischen Kategorie". In: Berndt, Heide/Lorenzer, Alfred/Horn, Klaus: *Architektur als Ideologie.* Frankfurt a.M. 1968, S. 10

14 Schwartz, Frederic J.: „‚Funktionalismus heute': Adorno, Bloch und das Erbe des Modernismus in der BRD". In: Baumhoff, Anja/ Magdalena Droste: *Mythos Bauhaus. Zwischen Selbstfindung und Enthistorisierung.* München 2009, S. 315–335

15 „Zukunft verbaut – Wohnen in Deutschland". In: *Der Spiegel.* 23. Jg. 1969. Nr. 6. S. 38–63

16 Krüger, Karl-Heinz: „Architekten – Kistenmacher im Büßerhemd". In: *Der Spiegel.* Jg. 31. 1977. H. 39, S. 206–223

17 Vgl. Koppetsch, Judith: „Der Kanzlerbungalow in der öffentlichen Diskussion". In: Wüstenrot Stiftung (Hg.): *Kanzlerbungalow.* Redaktion: Bettina Citron. München 2009, S. 50–63

18 *Bildzeitung.* 21.05.1964

19 *The Times.* Zit. nach Dieter Bartetzko: „Wir Deutsche bauten ganz anders. Die Bauwerke Sep Rufs".http://www.faz.net/-01tp3v, 6.05.2011

20 „Kanzler-Bungalow. Brennt nicht mal". In: *Der Spiegel.* 23. Jg. 1967. Nr. 3, S. 20f. *Süddeutsche Zeitung* 7./8.1.1967

21 Rossow, Walter: „Lieber Sep Ruf!" In: *Werk und Zeit.* 16. 1967. H. 2. S. 1f.

22 Hermann Funke, (Architekt, Hamburg). Zit. nach „Mit dem Latein am Ende. Spiegel-Serie über Krise und Zukunft der deutschen Hochschulen (Architekten)." In: *Der Spiegel.* 23. Jg. 1969. H. 37, S. 74

23 Nerdinger, Winfried: „Sep Ruf. Moderne mit Tradition". In: Ders. (Hg.) in Zusammenarbeit mit Irene Meissner: *Sep Ruf. Moderne mit Tradition.* Ausstellungskatalog. München 2008, S. 26

24 Gemeint sind die öffentlichen Auseinandersetzungen um Finanzierung und Gestaltungsfragen einzelner Solitäre, darunter der „Steglitzer Kreisel" (Berlin), das Bonner Stadthaus oder das Essener Rathaus aus den 1970er Jahren

25 Flagge, Ingeborg: *Streiten für die menschliche Stadt. Texte zur Architekturkritik.* Hamburg 1997

26 Vgl. Hagen, Petra: *Städtebau im Kreuzverhör. Max Frisch zum Städtebau der fünfziger Jahre.* CH-Baden 1986, S. 32

27 Tier, Eduard: „Wer bestimmt, wie Städte aussehen. Architekten, Politiker, Einwohner – Streitgespräch in Dortmund". In: *Die Zeit.* 3.3.1955

28 „Warum haben wir übrigens keine Architekturkritik?" In: *achtung. Die Schweiz.* Basel/ Zürich *1955.* Hier zit. nach *Bauwelt. 19/1955,* S. *447*

29 Bartning, Otto (Hg.): *Mensch und Raum. Darmstädter Gespräch 1951.* Darmstadt 1952

30 Zum Beispiel *Baurundschau.* 1954, S. 401; *Baumeister* 1954, H. 7, S. 460; *Bauwelt* 1955, H. 45, S. 915; *Bauen und Wohnen.* H. 9,1954, S. 453–454

31 1959 wurde Manfred Sack, später auch als Doyen der deutschen Architekturkritik bezeichnet, in die Redaktion *Der Zeit* berufen. Vgl. ders: *Götter und Schafe. Über Häuser, Städte, Architekten – Kritiken und Reportagen.* Basel/Berlin/

Boston 2000. Zu dieser Zeit versuchte Joachim Besser, Redakteur für *Die Welt*, eine Bestandsaufnahme des Wiederaufbaus westdeutscher Metropolen. 1952 wurde Ulrich Conrads Redakteur von *baukunst und werkform*, später jahrzehntelang Chefredakteur von *Bauwelt* und *Stadtbauwelt*. 1964 begründete er die *Ullstein Bauwelt Fundamente*, worin er 1964 u.a. Adolf Behnes zuerst 1926 erschienenes Buch *Der moderne Zweckbau* (geschrieben 1923) ungekürzt edierte. 1963 erhielt Eberhard Schulz, Redakteur der *Frankfurter Allgemeine Zeitung*, den erstmals ausgelobten BDA-Preis für Architekturkritik. Vgl. Schlitt, 1965, S. 115f. Im selben Jahr wurde Wolfgang Pehnt Redakteur, später bis 1995 Leiter des Ressorts Literatur und Kunst beim *Deutschlandfunk*. Vgl. seinen Beitrag in diesem Band.

32 „Das Wunder von Hannover. Verkehr an der Leine". In: *Der Spiegel*. Jg. 13. 1959. H. 23. S. 56–66, hier S. 56

33 Simmel, Georg: „Philosophie der Mode"(1905). In: Rammstedt, Otthein: *Georg Simmel Gesamtausgabe*. Bd. 10. Michael Behr, Volkhard Krech und Gert Schmidt (Hg.). Frankfurt a.M. 1995, S. 13

34 Zum Leitbildbegriff: Borchard, Klaus: „Städtebauliche Entwicklungen und städtebauliche Leitbilder". In: *Vermessungswesen und Raumordnung*. 41. Jg. 1979. H. 7. S. 339–345. Ders.: „Städtebauliche Leitbilder". In: *Deutsche Bauzeitung*. 10/1989, S. 1317–1326. Ders.: „Zum Wandel städtebaulicher Leitbilder und Planungsinstrumente". In: *Forschungsbericht 1987-89*. Rektor der Rheinischen Friedrich-Wilhelms-Universität (Hg.). Bonn 1991, S. 152–164. Vgl. Müller-Raemisch, Hans Reiner: *Leitbilder und Mythen der Stadtplanung 1945–1985*. Frankfurt a.M. 1990; S. 11ff.

35 Picht, Georg: *Mut zur Utopie*. München 1969, S. 11ff.

36 Thielicke, Helmut: *Brauchen wir Leitbilder?* Hamburg 1961, S. 42

37 Hippius, Rudolf (Prager Sozialpädagoge), 1943. Zit. nach Borchard 1991, S. 152. (s. Anm. 34)

38 Dittrich, Erich: *Raumordnung und Leitbild*. Wien 1962 (=Schriftenreihe des Instituts für Städtebau, Raumplanung und Raumordnung der TU Wien, H. 2)

39 Albers, Gerd: *Städtebau zwischen Trend und Leitbild*. Dortmund 1966, S. 11-27, hier S. 1, 25

40 Zugleich erlangten die Kontakte durch Reisen ins westliche Ausland für die leitenden Planer und Architekten der DDR einen hohen Stellenwert. Vgl. hierzu Wiesemann, Gabriele: *Hanns Hoop (1890-1971). Königsberg. Dresden. Halle. Ost-Berlin. Eine biographische Studie zur modernen Architektur*. Schwerin 2000, S 166. Zu den städtebaulichen Debatten in der DDR siehe: 7. Hermann-Henselmann-Kolloquium in Zusammenarbeit mit der Bauhaus-Universität Weimar und dem Leibniz-Institut für Regionalentwicklung und Strukturplanung: *Stadtplanungsgeschichte als Gesellschaftsgeschichte – der verborgene Reformdiskurs in der Städtebaudebatte der DDR*. Bauhaus-Universität Weimar, 8.4.2011. Tagungsband in Vorbereitung.

41 Gisbertz, Olaf: *Bruno Taut und Johannes Göderitz in Magdeburg. Architektur und Städtebau in der Weimarer Republik*. Berlin 2000

42 Göderitz, Johannes/Rainer, Roland/Hoffmann, Hubert: *Die gegliederte und aufgelockerte Stadt*. Tübingen 1957

43 Schreiben von Johannes Göderitz an den Braunschweiger Oberbürgermeister Böhme, 7. August 1945, StaBS, E 13, Nr. 9

44 Clausen, Lars/Deichsel, Alexander u.a.: *Ferdinand Tönnies, Gesamtausgabe (TG)*. Im Auftrag der Ferdinand Tönnies-Gesellschaft e.V. New York/Berlin 2000, S. 1

45 Reichow, Hans-Bernd: *Die autogerechte Stadt. Ein Weg aus dem Verkehrs-Chaos*. Ravensburg 1959

46 *Schriftenreihe des Bundesministers für Verkehr*. Bd. 22. 1961, S. 259

47 Diese Idee hatte er bereits 1941 im Hinblick auf den „Städtebau im Altreich und im neuen deutschen Osten" konzipiert. Zu Werk und Wirkung Hans Bernd Reichows, vgl. Durth, Werner/Gutschow, Niels: *Träume in Trümmern*. München 1993, S. 254ff.

48 Sachverständigen-Kommission (SKV) im Deutschen Bundestag: „Bericht über eine Untersuchung von Maßnahmen zur Verbesserung der Verkehrsverhältnisse in den Gemeinden". *Bundestagsdrucksache*, IV/2661, 1965. Vgl. Steigerwald, Gerd/Künne, Hans-Dieter/Vogt, Walter: *Stadtverkehrsplanung. Grundlagen. Methoden. Ziele*. 2. Aufl. Berlin-Heidelberg 2005, S. 6

49 Salin, Edgar: „Urbanität". In: *Erneuerung unserer Städte. Vorträge, Aussprachen und Ergebnisse der 11. Hauptversammlung des Deutschen Städtetages*, Augsburg, 1.–3. Juni 1960. Bonn 1960, S. 9–34, hier S. 34. Vgl. auch: Sieverts, Thomas: *Zwischenstadt zwischen Ort und Welt, Raum und Zeit, Stadt und Land*. Braunschweig/Wiesbaden 1997 (=Bauwelt-Fundamente 118), S. 32f.

50 Salin, Edgar: „Von der Urbanität zur ‚Urbanistik'". In: *Der Aufbau. Bürger und Stadt*. 25. Jg. 1971, H. 2. S. 48. Vgl. ders. In: *Kykolos. Internationale Zeitschrift für Sozialwissenschaften*. XXIII/1970, S. 869–881, hier S. 874

51 Venturi, Robert: *Complexity and Contradiction in Architecture*. New York 1966. In deutscher Übersetzung: Komplexität und Widerspruch in der Architektur. Heinrich Klotz (Hg.). Braunschweig 1978, S. 23

52 Perry, Clarence Arthur: *The Neighborhood Unit, Monograph One. Vol. 7, Regional Survey of New York and Its Environs, Neighborhood and Community Planning*. New York 1929

53 „Leben wie im Ameisenhaufen". In: *Stern*. Nr. 30, 10. Juli 1970. Vgl. zur Reaktion von O.M. Ungers. In: Jacob, Brigitte/Schäche, Wolfgang: *40 Jahre Märkisches Viertel, Geschichte und Gegenwart einer Großsiedlung*. Berlin 2004, S. 183/184

54 Mitscherlich, Alexander: „Sozialpsychologische Anmerkungen zum Bauvorhaben Heidelberg-Emmertsgrund". In: Ders.: *Thesen zur Stadt der Zukunft*. Frankfurt a.M. 1971, S. 20–136, hier S. 3. Erstabdruck in: *architekturwettbewerbe*. 59/1969. Vgl. Sieverts, Thomas/Irion, Irene: *Neue Städte. Experimentierfelder*

der Moderne. Stuttgart 1991, S. 77–101

55 Rammler, Stephan: "Die Neuerfindung der Mobilität. Mobilitätspolitik als Weltdesign". In: Zinsmeister, Annett (Hg.): *Gestalt der Bewegung*. Berlin 2011, S. 160-177, hier: S. 163

56 Buchanan, Colin: *Verkehr in Städten*. Übersetzt von Dr. Hinrich Lehmann-Grube. Essen 1964, S. 46

57 Behrens, Peter: „Einfluss von Zeit- und Raumnutzung auf die moderne Formentwicklung". In: *Jahrbuch des Deutschen Werkbunds*. Jena 1914, S. 7ff.

58 Pehnt, Wolfgang: „Platz-Angst und Bauflucht". In: Ders.: *Der Anfang der Bescheidenheit. Kritische Aufsätze zur Architektur des 20. Jahrhunderts*. München 1983, S. 12f.

59 In den frühen, in der SBZ/DDR erschienenen Lehrbüchern fungierten sie zunächst als Gegenbilder: Rauda, Wolfgang: *Raumprobleme im europäischen Städtebau. Das Herz der Stadt. Idee und Gestaltung*. München 1956, S. 66: „Bei dieser metrischen Bildungsidee entsteht ähnlich dem Plan Voisin 1925, kein rhythmisch erlebbarer Raum, keine greifbare Raumspannung und damit auch keine menschliche Begegnung [...].Vgl. Ders.: *Lebendige städtebauliche Raumbildung. Asymmetrie und Rhythmus in der deutschen Stadt*. Berlin-Ost, 1957

60 Giedion, Siegfried: *Space, Time and Architecture. The Growth of a New Tradition*. Cambrigde 1941. Dt. Erstausgabe: *Raum, Zeit, Architektur. Die Entstehung einer neuen Tradition*. Zürich 1976, S. 24

61 Siegel, Curt: *Strukturformen der modernen Architektur*. München 1960, S. 13f. Vgl. Hart, Franz: *Skelettbauten*. München 1956, S. 20.

62 Danforth, John Edson: „Amerikanische Curtain-Wall-Bauweise". In: *Der Architekt und der Bauingenieur* (Sonderdruck), 3, 1961, S. 11. Vgl. Schaal, Rolf: *Vorhangwände. Curtain-Walls. Typen Konstruktionsarten Gestaltung*. München. 1961.

63 Wilhelm, Karin: „Atmosphären aus Übersee." In: Dies./Gisbertz, Olaf u.a. (Hg.): *Gesetz und Freiheit. Der Architekt Friedrich Wilhelm Kraemer*. Berlin 2007, S. 85

64 Vorlesungsskripte Friedrich Wilhelm Kraemer, Archivmaterial, o. Sign., heute: SAIB TU Braunschweig

65 Moholy-Nagy; Sibyl: *Die Stadt als Schicksal. Geschichte der urbanen Welt*. München 1970

66 Vgl. Philipp, Klaus Jan: „Die große Euphorie. Machbarkeitswahn und Freiheitsversprechungen im Städtebau der 1960er und 1970er Jahre". In: Hassler, Uta/Dumont d' Ayot (Hg.): *Bauten der Boomjahre. Paradoxien der Erhaltung*. Zürich 2009, S. 56-71. Wiederabdruck in *Arch+*. 203/Juni 2011, S. 42–45.

67 Eine vergleichende Studie zur Architektenausbildung an deutschen Hochschulen in den 1960er Jahren steht noch aus. Zu den Architekturschulen s. *Architekturschulen – Programm, Pragmatik, Propaganda*. Symposium an der Universität Stuttgart anlässlich des Jubiläums 100 Jahre ifag, Institut für Architekturgeschichte (8.7.-9.7.2011, Tagungsband in Vorbereitung). Vgl. zu den Inhalten der Lehre in München. Nerdinger, Winfried: „Leitmotive der Boomjahre. Verdichtung, Zentren, Metastadt". In: Hassler, Uta/ Dumont d'Ayot: *Bauten der Boomjahre. Paradoxien der Erhaltung*. S. 184–193

68 Kraemer, Friedrich Wilhelm: Vorlesungsskript „Neue Strömungen in der Architektur". SS 1962, S. 1–3. Archivmaterial, o. Sign. heute: SAIB TU Braunschweig. Vgl. zur Architekturkritik unter Architekten: Dechau, Winfried: *Zur Gegenwart der Architekturkritik*. In: Philipp, Klaus Jan: *Vom Dilettantismus zur Zensur. Zur Geschichte der Architekturkritik*. Stuttgart 1996. S. 7–8

69 Schätzke, Andreas: *Zwischen Bauhaus und Stalinallee. Architekturdiskussion im östlichen Deutschland 1945-1955*. Braunschweig/Wiesbaden 1991 (=Bauwelt Fundamente 95.), S. 68–72/75. Vgl. Jörn Düwel: *Zur Entstehung von Architektur und Städtebau im ersten Nachkriegsjahrzehnt in der SBZ/DDR. Voraussetzungen, Rahmenbedingungen und Leitbilder im Wiederaufbau ausgewählter nordostdeutscher Städte*. Diss. Greifswald 1994

70 Deutsche Akademie für Städtebau und Landesplanung: *Deutscher Städtebau nach 1945*. Bearb. von E. Wedepohl. Essen 1961, o.S. / Hillebrecht, Rudolf: „Über den Aufbau von Hannover zur Darstellung städtebaulicher Planungen in der Deutschen Bundesrepublik". In: *Deutsche Architektur* (DDR). Jg. 6. 1957. H. 2. S. 90–97

71 Klotz, Heinrich: *Das Pathos des Funktionalismus, Berliner Architektur 1920–30*. Eine Veranstaltung des Internationalen Design Zentrums Berlin. Beitrag zu den Berliner Festwochen 1974. S. 10 (IDZ Berlin)

72 Vgl. auch den Beitrag von Wolfgang Pehnt in diesem Band.

73 Vgl. Begleitheft zur Wanderausstellung „Eine Zukunft für unsere Vergangenheit" zum Europäischen Denkmalschutzjahr 1975 mit suggestiven Bildvergleichen zwischen der „guten" alten und „schlechten" neuen Stadt. Im Grußwort von Bundespräsident Walther Scheel heißt es: „Der Europarat hat festgestellt, daß in der Bundesrepublik Deutschland in den Jahren nach 1945 mehr historische Bausubstanz zerstört worden ist als während des Zweiten Weltkrieges. Unsere Städte und Dörfer stehen in Gefahr, gesichts- und geschichtslos zu werden. Sie drohen unorganischer, häßlicher, unpersönlicher zu werden."

Aber nicht nur die Bausubstanz wird zerstört, auch soziale Strukturen, die sich über Jahrhunderte bewährt haben, verschwinden, ohne daß Gleichwertiges an ihre Stelle träte." In: *Eine Zukunft für unsere Vergangenheit. Denkmalpflege und Denkmalschutz in der Bundesrepublik Deutschland*. Wanderausstellung 1975–76. Vorbereitet vom Bayerischen Landesamt für Denkmalpflege. Redaktion: Michael Petzet. München 1975, S. 3.

74 Klotz 1974, S. 8

75 Klotz, Heinrich (Hg.): *Vision der Moderne – Das Prinzip Konstruktion*. Anlässlich des gleichnamigen Ausstellung im DAZ (6.6.-17.9.1986). München 1986, S. 9–26., hier S. 9

Alles sollte anders werden – die 1968er Jahre und die Architektur

Wolfgang Pehnt

Unter den vielen Gründen und Auslösern, die zu Revolutionen führten, war immer auch Architektur dabei. Bei der Französischen Revolution von 1789 gab eine altmodische Festung im Osten von Paris, in der fünf Strafgefangene und zwei Geisteskranke einsaßen, die Bastille, den Anlass zum Sturm. Der berühmteste Revolutionsaufruf der deutschen Literatur bediente sich architektonischer Bilder: „Friede den Hütten, Krieg den Palästen" steht über der „ersten Botschaft" von Georg Büchners *Hessischem Landboten* aus dem Jahre 1834. Auch am plötzlichen Ende der DDR war der drohende Verlust der heruntergewirtschafteten alten Städte mit schuld. Ganz abgesehen davon, dass eine der ersten revolutionären Tätigkeiten fast immer in einer baulichen Leistung bestand: in der Errichtung von Barrikaden.

Kontinuität ohne Zäsur

Die Unruhen von 1968 hatten ebenfalls Gründe, die mit Architektur zusammenhingen. Zwar gingen Studenten mit vielen Parolen auf die Straße. Sie protestierten gegen Schahbesuch und Springer-Presse, gegen Notstandsgesetze und Ordinarien-Universität, gegen autoritäre Erziehung und sexuelle Unterdrückung, gegen Vietnamkrieg und Nachrüstung, gegen Flughafenerweiterungen und überteuerte Straßenbahnpreise. Aber auch und gerade in der Architekturszene hatte sich Zündstoff angesammelt. Eines der zentralen Motive, die am Ende der 60er Jahre die Unruhen der jungen Generation ausgelöst hatten, war die Schweigsamkeit der Älteren über ihre Rolle in der NS-Zeit. Da war auch unter Architekten vieles aufzuklären. Vatermord lag in der Luft.

Denn wie in Politik und Wirtschaft war auch im Planen und Bauen 1945 die Kontinuität nicht unterbrochen worden. Eine „Stunde Null" hatte es auch hier nicht gegeben. Die bewährten Praktiker aus den Baustäben der Waffengattungen, der Deutschen Arbeitsfront, der Organisation Todt und des Generalbauinspektors Albert Speer sowie des gleichfalls von Speer eingerichteten Arbeitsstabs für den Wiederaufbau kriegszerstörter Städte fanden übergangslos Beschäftigung in den Planungsämtern. Sie hatten ja auch ihre Erfahrungen bei jenen Tätigkeiten gesammelt, um die es nach dem Kriege ging: Trümmerbeseitigung, Behelfsheimbau, rationalisierter Wohnungsbau, „zukunftsweisende", da rücksichtslose Stadtplanung. Beamte aus den Reichsministerien fanden sich als Referenten in den neuen Landes- und später Bundesministerien wieder.

In manchen Städten konnten Stadtbauräte, Leiter der Stadtplanungsämter oder deren engste Mitarbeiter über den militärischen und politischen Zusammenbruch hinaus für kürzere oder längere Zeit weiter amtieren, manchmal mit Unterbrechung, manchmal ohne. Wo sie die Amtssessel nicht wieder einnahmen, übten sie zumindest als Berater und Gutachter ihren Einfluss nach 1945 weiter aus.[1] Braunschweigs „Grundplan" vom Mai 1945, der den Wiederaufbau der Stadt bestimmte und an Vorkriegsplanungen anknüpfte, hatte Friedrich Wilhelm Kraemer und Hermann Flesche zu Verfassern; der eine war Vertrauensarchitekt der Deutschen Arbeitsfront gewesen, der andere hatte die im „Dritten Reich" forcierte Altstadtsanierung geleitet. Beide Männer wurden bereits einen Tag vor der Kapitulation am 7. Mai berufen.[2]

In den Nachkriegsjahren sind solche Verflechtungen zuallermeist billigend hingenommen worden. Nur in wenigen Fällen kam es zu offen geäußerten Protesten. Jetzt, 20 Jahre nach Kriegsende, erreichte die Generation der erprobten Macher das Lebensalter, in dem sie bald die Amtssessel, die Chefbüros und die Lehrstühle räumen musste, und hinterließ Fragen, die bisher nur selten gestellt worden waren. Jetzt flackerten auch Auseinandersetzungen auf – gegen Personen, doch ebenso gegen Konzepte, Planfiguren und architektonische Haltungen. Stets lag der Faschismus-Vorwurf nahe. Achse, Raster und Symmetrie galten von vornherein als faschistoid – als hätten nicht auch die scheinbar organisch schwingenden Stadtlandschaften ihre braune Vergangenheit. Gleichgültig, ob die Formen dem historischen Klassizismus, der Moderne oder dem „Dritten Reich" entstammten, sie galten als Transportmittel der jeweils herrschenden Interessen, als ideologische Botschaften, die mehr als nur Botschaften waren: nämlich immer noch wirksame Instrumente der Beeinflussung und Disziplinierung, gerichtet gegen die Emanzipation und Souveränität des Individuums, gegen freie Selbstbestimmung. „Kurz: Architektur wurde als ‚Knecht der herrschenden Klasse' entlarvt."[3]

Kritik am Bauen

Die überwiegend kapitalistische Wohnungsproduktion und -politik der Nach-Adenauer-Zeit lieferte der Kritik dort handgreiflichere Argumente, wo es bis dahin bei der Bewertung und Ablehnung ästhetischer Formen geblieben war. Mieterproteste, Bürgerinitiativen gegen überhöhte Mieten, gegen Sanierungsverdrängung gab es allerorten in Europa. Gegen Ende der 60er Jahre bestand nach wie vor akute Wohnungsknappheit. Gleichzeitig mit der Liberalisierung des Bodenmarkts trugen in der Bundesrepublik die Wohnungsnot und die Umnutzung der Innenstädte zum Anstieg der Mieten und der Bodenpreise bei. Abgefedert wurde dies allenfalls durch Restbestände sozialstaatlicher Regie wie Wohngeld, Aufwendungszuschüsse und Steuernachlass. Dass Spekulationsgewinne, die durch die Wertsteigerung privater Grundstücke dank der Planungsleistungen der Allgemeinheit und der großen Nachfrage zustande kamen, den Eigentümern zufielen und nicht der Allgemeinheit, hat auch liberale Wohnungspolitiker empört. Doch sogar in der sozialliberalen Koalition unter Willy Brandt und Walter Scheel nahm der beabsichtigte sogenannte Planungswertausgleich nicht die parlamentarischen Hürden.

... diese geplanten Slums, die man gemeinhin sozialen Wohnungsbau nennt und die einem in ihrer Monotonie an den Ausfallstraßen der Großstädte die Lektion erteilen, daß alles noch viel schlimmer ist, als man sich einreden möchte... Das Wort „sozial" auf den subventionierten Wohnungsbau nach 1945 anzuwenden, kann nur der Heuchelei erlaubt sein. Er förderte die Ausgliederung des Bürgers aus den städtischen Traditionen, er macht asozial.

Alexander Mitscherlich, Psychologe, Universität Frankfurt

Wir bauen Wohnungen, die ein soziales Leben der wie auch immer gearteten Familie unmöglich machen. Diese Sozialwohnungen stehen bruchlos in der Tradition jener Wohnungsfürsorge, deren Ergebnisse wir heute als abrißreife Mietskasernen beklagen... Die kleinste soziale Gruppe, zwei Menschen, die miteinander leben, ist bereits wahllos einer Verhaltens- und Wohnnorm ausgeliefert, die sich ausschließlich aus ökonomischer Begründung herleitet. Die vielberufene freie Entfaltung der Persönlichkeit – in der Sozialwohnung schon ist sie zunichte.

Ulrich Conrads, Publizist

1 Josef Lehmbrock, Wend Fischer, „Geplante Slums", Tafel aus der Ausstellung „Profitopolis", München 1971

1

Die Auseinandersetzungen gingen einerseits um die neuen Satellitenstädte, die im Umkreis von zehn, zwanzig Kilometern um die großen Städte entstanden – dort, wo das Land noch billig war, aber eine Erschließung mit Massenverkehrsmitteln künftig wirtschaftlich vertretbar schien. In der BRD hießen solche Problemorte Gropiusstadt und Märkisches Viertel in Berlin, Perlach in München, Am Köllnberg und Köln-Chorweiler, Steilshoop in Hamburg. Jahrzehntelang waren sie Baustellen, zunächst mangelhaft mit den notwendigen Folgeeinrichtungen ausgestattet, schlecht erschlossen und mit den sozialen Problemen belastet, die aus der Belegungspolitik der Wohnungsämter entstanden. Erreichten diese Großsiedlungen in der Bundesrepublik 50.000 oder 70.000 Einwohner, so waren Stadtrandsiedlungen in der DDR wie Berlin-Marzahn und -Hellersdorf, Leipzig-Grünau, Rostock-Nordwest, Halle-Neustadt oder das Wohngebiet Fritz Heckert in Chemnitz, der damaligen Karl-Marx-Stadt, auf 100.000 Einwohner oder mehr ausgelegt.

Kritische Orte waren andererseits jene citynahen Stadtquartiere, die zuvor Wohnzwecken gedient hatten und die nun, oft genug unter skandalösen Umständen, von Büronutzungen erobert wurden. Die Bonner Südstadt, das Frankfurter Westend, die Stuttgarter Weststadt, das Münchner Lehel waren solche Einsickerungszonen, wo expandierende Firmen, gewinnwitternde Immobilienmakler, alteingesessene Bewohner und studentische Protestler aufeinander trafen. Es kam zu ungewohnten Allianzen: An den Protestmärschen der sich formierenden Bürgerinitiativen und Aktionsgemeinschaften nahmen neben langmähnigen Studenten auch alte Damen mit onduliertem weißem Haar teil. Einer von ihnen gelang es sogar, in Frankfurt den Bau eines Hochhauses zu verhindern, weil sie nicht in den Verkauf ihres Hauses einwilligte, das den Bauplänen im Wege stand.

Die Studenten besetzten nicht nur Themen, sondern auch Häuser. Die meisten von ihnen wurden im Laufe der Jahre wieder geräumt, doch eine stattliche Zahl – in West-Berlin schätzungsweise ein Drittel – auch in permanente Miet- und Eigentumsverhältnisse überführt. In manchen Stadtteilen bildete sich daraus ein Rhizom alternativer Lebenskulturen. Eine Aufmischung der gesellschaftlichen Verhältnisse bedeutete die Studentenrevolte allemal. Die Republik verdankte ihr den Nachwuchs zahlreicher Manager und Politiker – manchmal mit der Ministerurkunde im Tornister. Auf alternativen Versammlungen hatten sie Stimmtraining und Durchsetzungsvermögen gelernt.

Ihren Ausgang hatten die Protestbewegungen von Hochschulen genommen, von Berkeley oder der Sorbonne. So veränderte sich die Situation an den Hochschulen auch am dramatischsten. Es war das Terrain, wo die Studenten die Spielregeln kannten und infolgedessen wussten, wie man sie bricht. Die Epoche der besetzten Institute und gesprengten Vorlesungen setzte ein, der Gruppenexamen und Selbstbenotungen. In Berliner oder Frankfurter Seminaren wurde die Praxis der Sit-ins, Go-ins, Teach-ins, Love-ins geübt, die dann in die Konfliktzonen der Städte übergriff. Soziologie und Politologie wurden die Leitwissenschaften. Wer als Dozent berufen werden wollte, musste sich in Kapitalismuskritik und Klassenkampftheorie auskennen.

Die geforderte Demokratisierung der Planungsprozesse schien zunächst eine Verwissenschaftlichung der Methoden nicht auszuschließen. Betroffenen- und Beteiligtenverhältnisse gingen in Diagramme ein, deren Komplikationsgrade Schnittmusterbögen glichen. Wettbewerbe wurden mit Hilfe elaborierter Punktsysteme entschieden, die den Subjektivismus allen Urteilens hinter einer Serie scheinbar rationaler Ja-Nein-Entscheidungen zu verstecken suchten. Sogar ästhetische Eindrücke glaubte man – dank der von Max Bense handhabbar gemachten Informationsästhetik – rechnerisch erfassen und quantifizieren zu können. Eine rational-empirische, objektiv-materiale Ästhetik sollte das „allgemeine spekulative Kunstgeschwätz der Kritik beseitigen und den pädagogischen Irrationalismus unserer Akademien zum Verschwinden bringen."[4] Die Beurteilung von Gebäuden, ihr Informationsgehalt, ihr Maß an Ordnung oder Unordnung, Stimulation oder Monotonie ließ sich nun auf Zahlenreihen bringen. Das Ergebnis war vorhersehbar: Befriedigende Wahrnehmungsergebnisse müssten wohl irgendwo zwischen zu geringer und zu hoher Komplexität liegen.

Für das Berufsbild des Architekten bedeuteten die Quantifizierung von Gestaltkriterien und die Veränderungen im Lehrangebot überhaupt, dass der souveräne Künstlerarchitekt nicht mehr erwünscht war oder für möglich gehalten wurde. Planer galten jetzt als „intellektuelle Lohnarbeiter", die über ihre Produktionsmittel so wenig verfügten wie die Fabrikarbeiter. Das latent Subversive, das in jeder Kunstleistung steckt, weil sie sich der puren Zweck- und Funktionserfüllung entzieht, wurde nicht mehr gesehen. Der rüde Umgangston, der die akademischen Demontagen begleitete, widersprach allen bisherigen Rollenmustern im Lehrbetrieb.[5]

Den Professoren brachte dieser Ton Prestigeverluste, Verunsicherungen und Herzinfarkte ein. Viele gaben vorzeitig auf. Wer sich mit den zornigen jungen Leuten der Roten Zelle Bauwesen oder der Marxistisch-Leninistischen Hochschulgruppe zu arrangieren suchte, machte es ihnen auch nicht recht: Er wurde der „repressiven Toleranz" bezichtigt. In manchen Biografien kam es zu abrupten Brüchen, ja zu emigrationsähnlichem Ortswechsel wie im Falle Oswald Matthias Ungers, bis 1968 Hochschullehrer und Dekan an der TU Berlin.[6] Ungers hatte sich durchaus für die Belange der Studenten verwendet und auf Dialog gesetzt. Das bewahrte ihn nicht vor dem Unmut seiner Hörer und Schüler. Er ging schließlich in die USA; in Deutschland hatte er zehn Jahre lang keinen Auftrag.

Manche akademischen Lehrer nahmen den Weg in die mühevolle deutsche Stadtbaupraxis tatsächlich auf sich. Der Heidelberger Psychosomatiker Alexander Mitscherlich, in den 1960er Jahren einer der meistgelesenen Kritiker des deutschen Städtebaus, ließ sich in eine Planung in seiner Nachbarschaft einbinden, Heidelberg-Emmertsgrund. Mitscherlich arbeitete seit 1968 in einer Gutachterkommission mit. In diesem Modellvorhaben des Wohnungsbauriesen Neue Heimat ist wenig anders als in anderen Satellitenstädten, außer der schönen Lage am Hang des Königsstuhls und einem Fußgängerweg in halber Höhe, bei einigen Ansätzen zu öffentlichen Räumen. Sechs Jahre nach Planungsbeginn zog Mitscherlich resigniert seinen guten Namen zurück. Die Planer hätten mit dem Kopf genickt, wenn er etwas gesagt habe, seien aus der Baubude gegangen, und dann hätten sie genau das getan, was sie schon immer taten.[7]

Die Kritik an jenem Bauen, das die großen Baugesellschaften ungerührt weiter besorgten, war nicht nur fachintern. Sie suchte und fand auch die breite Öffentlichkeit. Im Kulminationsjahr 1968 veranstalteten junge Berliner Architekten eine „Aktion 507", bei der es um die gesellschaftlichen Grundlagen des Bauens ging, um die Verfügung über Grund und Boden, um die Abschreibungsgeschäfte der Bauträger, um die Vergabe- und Wettbewerbspolitik des West-Berliner Senats. In einer kritischen Ausstellung „Diagnose zum Bauen in West-Berlin" geißelten sie den engen Pakt zwischen Spekulanten, Baugesellschaften, Senat und Architekten. Kaum zufällig, dass die ineinander verschränkten Hände auf dem Titelblatt an ein Hakenkreuz erinnern könnten.[8]

„Profitopolis" war der sprechende Titel einer anderen Ausstellung, die Wend Fischer und Josef Lehmbrock 1971 in der Münchner Neuen Sammlung veranstalteten. „Der Mensch braucht eine andere Stadt" lautete die Unterzeile. Die „andere Stadt" sollte vor der „falschen Dominanz" ihrer Funktionäre gerettet werden, der Wirtschaft, der Verwaltung und des Verkehrs, die Diener sein sollten, sich aber zu Herren aufgeworfen hätten. Die positiv gemeinten Collagen, die Lehmbrock unter Verwertung eigener Bauprojekte beisteuerte, lassen den Betrachter allerdings ratlos. Sie unterscheiden sich kaum wahrnehmbar von den kritisierten Negativbeispielen.

Herr, die Not ist gross, die ich rief, die Geister, werd' ich nun nicht los…

"Sind nämlich die Versorgungsquellen des Systems nicht reichlich bemessen, so wird durch Macht-kämpfe darüber entschieden, welche Teile der Gesellschaft bevorzugt versorgt werden." (Heide Berndt) – "Partizipation bedeutet eine Umverteilung der Macht, die es den have-nots ermöglicht, in Zukunft bewußt in den gesellschaftlichen Prozeß einzugreifen, es ist eine Strategie, die sie in die Lage versetzt, mitzubestimmen, wie Information verteilt, Ziele und politische Entschei-dungen gesetzt, Programme durchgeführt und soziale Kosten aufgeteilt werden.." (Arnstein) – "Die etablierten Institutionen fühlen sich durch die neue Macht bedroht..." (Alinsky)

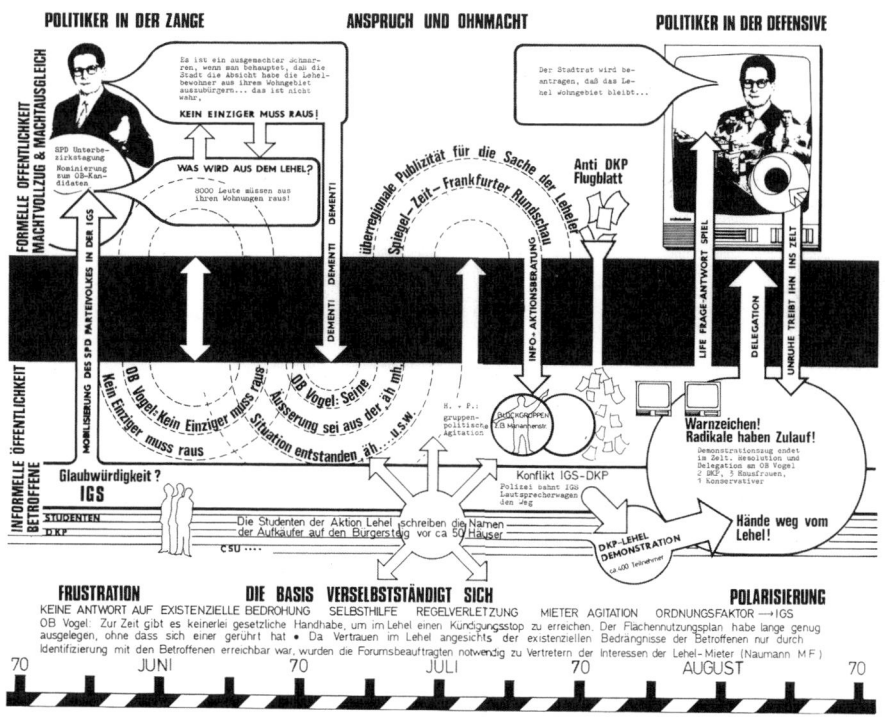

2 Stephan Goerner, Christian Schaller, Bund Deutscher Architekten, „Herr, die Not ist gross, die ich rief, die Geister, werd' ich nun nicht los", Tafel aus der Ausstellung „Partizipation", Bonn 1973

Solchen Auseinandersetzungen konnte sich das Establishment nicht ent-ziehen. Der Bund Deutscher Architekten ließ seine jungen Mitglieder 1973 eine weitere Ausstellung organisieren, die „Partizipation" forderte und auch so hieß. Sie machte Front gegen das herrschende Steuersystem, gegen Profitmaximierung, Grundstücksspekulation, Kahlschlagsanierung, Neubau-ghettos. „Alle Häuser sind schön – hört auf zu bauen": Das klingt nach Kom-plettverweigerung. Die Architektur der 68er sei das Nicht-Bauen gewesen, meinte Dieter Hoffmann-Axthelm.[9] Tatsächlich aber sind in der kritischen Ge-neration auch Konzepte entwickelt oder weiterentwickelt worden, die durch-aus zur Regeneration von Architektur und Planung beigetragen haben oder hätten beitragen können.

3

Auch Arbeiten, die man als gezeichnete Kritik, als Katastrophenszenarien, als anschauliche Gegenstücke zur verbalen Kritik betrachten konnte, wie die **3** vehemente Berlin-Serie von Engelbert Kremser aus dem Jahre 1969, lebten nicht nur aus der Ablehnung des Bestehenden, sondern machten produktive Vorschläge für etwas Neues. Kremser ersetzte auf seinen überarbeiteten Fotografien Berliner Stadtansichten vorhandene Banalarchitektur durch wild-bewegte skulpturale Gebilde. „Born to be wild", den Rocktitel von Steppen-wolf, auch ein Kind von 68, könnte man sich als Soundtrack dazu vorstellen. Realisierbarkeit war aber mitgedacht: Kremser hatte Stockwerkstafeln im Sinne, die in Erdschalungen mit Beton ausgegossen werden, im Lift-Slab-Verfahren emporgeliftet und in tragenden Gebäudekernen verankert werden sollten. In kleinem Maßstab sind solche Gebilde auch realisiert worden, so als Kinderspielhaus im Märkischen Viertel und als Café auf der Bundesgar-tenschau von 1985 in Berlin-Britz.

Tragstruktur und Ausbaustruktur

Doch es gab auch so etwas wie eine subkutane Verbindung, eine geheime Wahlverwandtschaft zu großindustriellen Bauweisen.[10] Bereits Jahre zuvor waren im Umkreis von Yona Friedman in Frankreich, der Archigram-Gruppe in England und der Metabolisten in Japan räumliche Tragwerke ersonnen wor-den, mit denen ganze Landstriche, Meerengen, Eis- und Wüstenregionen und vor allem bestehende Städte überformt werden sollten. Friedman hielt auch in Deutschland Vorträge. Seiner „Groupe d'Etudes d'Architecture Mobile" (GEAM) gehörten deutsche Jungarchitekten wie Eckhard Schulze-Fielitz, Günter Günschel, Werner Ruhnau und andere an. Technisch gab es Voraussetzungen dafür etwa im *Mero-System*, einem vielseitigen Raumfachwerk aus Rohrstäben und Kugelknoten, das Max Mengeringhausen seit 1940 entwickelt hatte. Mit solchen Systemen ließen sich Großgerüste und weitgespannte Dächer bilden, die den übervölkerten Metropolen dieser Erde neue Lebensräume eröffnen sollten.

Doch warum interessierten technologisch avancierte Systeme eine Generation, die sich den großen Bauunternehmen, den Megaplanungen, den Machern und Routiniers im Architekturgewerbe verweigerte? Die Reizworte hießen Mobilität, Veränderbarkeit, Bewohnerfreiheit. Unterschieden wurde zwischen stabilen Obersystemen und flexiblen Ausbausystemen. Die primäre Tragstruktur sollte von der sekundären Ausbaustruktur getrennt sein, das starke, dauerhafte Gerüst von seiner ephemeren, wechselhaften „Besiedlung". Zellen, die sich in den Großgerüsten vorübergehend einnisten sollten, waren austauschbar gedacht. So sollte die Freiheit der Bewohner gesichert werden.

Das Primärgerüst galt als das dauerhafte, zeitüberdauernde Element, während die sekundäre, die Ausbaustruktur dem schnelleren Verschleiß unterworfen und den Bedürfnissen, dem Spieltrieb und dem Geschmack der einzelnen überlassen werden sollte; auf seiner künstlichen Parzelle, zehn oder dreißig Stockwerke hoch, konnte er sich nach Gusto einrichten.[11] So

4

3 Engelbert Kremser, Europa Center, Aus der Serie *Berlin – Gesichter und Gesichte*, Überarbeitetes Foto, 1969

4 Günter Günschel, Kugelgliederturm, 1963

zeichneten auch die von den 1968er-Ideen geprägten Architekten ins Netz der Orthogonalen und Diagonalen oder auf weite Geschossplatten Chaos, wie Architekten es sich vorstellen: als pittoreskes Nebeneinander der verschiedenen Stile, von Barock und Empire, Internationalem Stil und Brutalismus. Le Corbusier hatte schon in den 30er Jahren Skizzen mit endlosen Brückenbauten angefertigt, in denen sich das Leben in Gestalt privater Enklaven einnistet.[12] Für ein paar Kollegen-Utopien war in den Gefachen jeweils auch noch Platz.

Man kann sich wundern, dass die Organisationsbedingungen, unter denen solche Konstruktionen nur denkbar wären, nicht abschreckend auf die 68er gewirkt haben. Große Bauten verlangen große Investoren und einen Verwaltungsapparat, der diese Gebilde auf Jahrzehnte hin hätte betreuen müssen. Jeder, der nur einen Tiefgaragenplatz in einer Eigentümergesellschaft sein eigen nennt, weiß, was das an Zeitaufwand und Konflikten produziert. Für den Bau und die Instandhaltung wäre eine rigorose Administration erforderlich, die von der Freiheit der Bewohner nicht viel übrig ließe. Aber solche Einschränkungen wurden hingenommen; vielleicht, weil für eine Generation, die bei Karl Marx die Vergesellschaftung der Produktionsmittel und der Produktion studieren konnte, der Gedanke einer von der Allgemeinheit, dem Staat oder einer Großagentur verantworteten Megastruktur zunächst nichts Abschreckendes hatte.

Erstaunlich ist, wie Entwerfer, die in solchen Stadtbausystemen dachten, später scheinbar mühelos den Übergang zu einer naturnahen Architektur fanden. Richard J. Dietrich hat ein Stadtbausystem namens *Metastadt* entworfen, ein elementiertes Raumtragwerk, verdichtet, regenerationsfähig, veränderbar gemäß den Nutzungszyklen, offen für unterschiedlichen, auch öffentlichen Gebrauch. Anders als bei Friedman sollte es ohne permanenten Großrahmen, also ohne Primärkonstruktion auskommen. Dietrich gewann für dieses Projekt ein großes Fertigbauunternehmen, Okal, und errichtete mit ihm 1974 einen Musterbau in Wulfen, im nördlichsten Ruhrgebiet, mit 108 Wohneinheiten. Das Experiment ging so schief, wie nur irgendetwas schief gehen kann. Es fiel einer Summe trivialer wie konzeptueller Fehler zum Opfer, rostete, war weder zu vermieten noch zu sanieren und musste nach gerade einmal zwölf Jahren abgerissen werden. Derselbe Architekt war zu diesem Zeitpunkt bereits zur Baubiologie übergewechselt und arbeitete „ganzheitlich", mit natürlichen Materialien, „harmonikal" und „geobiologisch". „Von Metastadt nach Ökostadt" lautete jetzt die Devise.

Ähnlich verlief der Weg Rudolf Doernachs, der bei dem amerikanischen Hightech-Guru Buckminster Fuller gearbeitet hatte. In den frühen 60er Jahren entwickelte er mit Hans-Joachim Lenz und Schulze-Fielitz ein industriell zu fertigendes Stadtbausystem als Stahlgerüst mit einmontierbaren Raumzellen aus Kunststoff. Von Wachstum und Regeneration konnte dabei nur im allermetaphorischsten Sinn die Rede sein. Wenig später war Doernach bereits auf dem Wege zu einer „Biotektur", deren Stoffe aus im wörtlichen Sinn lebendem, gezüchtetem Material bestehen sollten. Das lebende *System Mensch* sollte im lebenden *System Natur* hausen – so wie der Mensch

Neutralsystem

VERSCHIEDENE (POTENTIELL) KONTINUIERLICHE NUTZUNGSNEUTRALE STADTSYSTEME

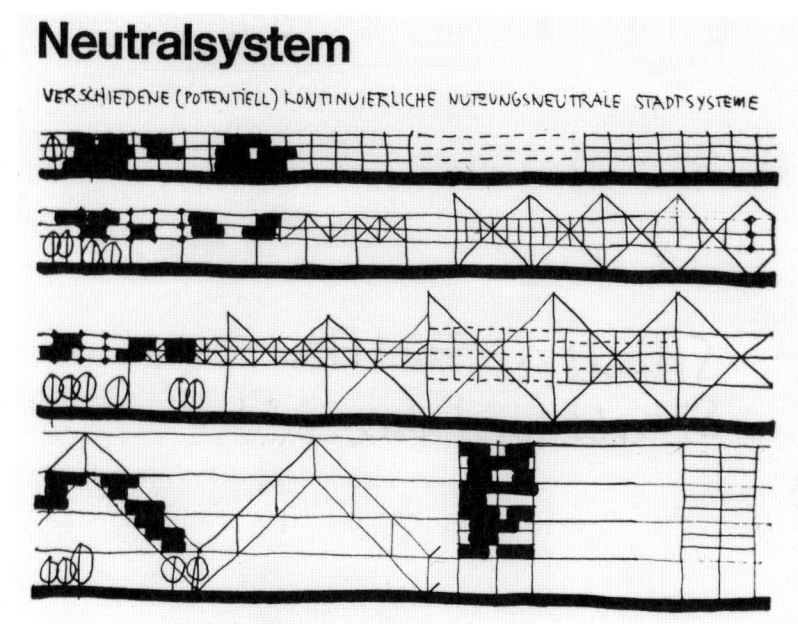

5 Eckhard Schulze-Fielitz,
Stadtbausystem, Anfang 1960er Jahre

seinerseits als Wirtsorganismus zahllosen Organismen zur Wohnung dient. Selbstwachsende, früchtetragende Häuser waren zugleich als Beitrag zur Linderung der Hungersnot in der Dritten Welt gedacht! *Grass roots* wuchsen nicht nur in den Köpfen, sondern auch auf den Dächern.

Ökologisches Bauen sieht heute anders aus. Dessen Anhänger flechten keine Biolauben mehr aus Weidenruten, wie es in Doernachs Seminaren üblich war. Wo sich damals die Behausungen unter dem grünen Pelz von Grassoden-Dächern duckten, sind heute Solarkollektoren montiert. Die enge Bindung, die emanzipatorisches Bauen in Eigenleistung und nachhaltiges Wirtschaften, Selbsthilfe und Nachbarhilfe eingegangen waren, hat sich aufgelöst. Was heute hochspezialisierte Experten beschäftigt, der Umgang mit Energie, Wasser, Luft, Abfallbeseitigung und -verwertung, erschien den Aussteigern und Alternativen damals als ein Verhaltensethos, das sie von jedermann erwarteten. Aber dass der Akzent überhaupt auf den Umgang mit den begrenzten Ressourcen des „Raumschiffs Erde"[13] wanderte, auch daran hat die 68er-Generation Anteil.

Kommunikation als Ästhetik

Das eigene Tun im bewohnernahen Bauen war eine andere Auswirkung der Alternativszene, so widersprüchlich sie mit den Sympathien für großindustrielle Systeme zusammenzugehen scheint. Selbsthilfe, Nachbarschaftshilfe, Partizipation waren große Themen. Da das Berufsbild des omnipotenten Künstlerarchitekten vorübergehend außer Kraft gesetzt worden war, taten sich zwei Wege auf. Der Architekt konnte in die Bauindustrie gehen und versuchen, die Apparate von innen aufzubrechen, Industrialisierung und Rationalisierung voranzutreiben und aus der Vorfertigung ein geschmeidiges Instrument zu machen, dessen sich die Bauherren bei ihren individuellen Wünschen bedienen konnten. Dabei war eine wenig flexible Tafelbauweise wie die DDR-Bauserie *WBS 70* gewiss nicht das, was sich Planer ersehnten. Aber auch die auf dem Markt befindlichen westeuropäischen Systeme waren es nicht.

Architekten machten sich zu Helfern der Beteiligten und Betroffenen. Die 70er Jahre sahen anrührende Versuche von Architekten, sich in die Rolle des Gehilfen kleiner Menschengruppen einzuarbeiten. Sie nahmen treuhänderisch die Interessen Betroffener wahr – „advocacy planner" – , begleiteten die Reparatur und Umnutzung besetzter Wohnungen oder planten Kolonien und Siedlungen nach anderen Regeln als denen der professionellen Wohnungsbaugesellschaften. Vielleicht spielte auch die Sehnsucht nach mitmenschlicher Wärme mit: nicht mehr nur die omnipotenten Macher zu sein, sondern Mensch unter Menschen. „Menschen können nur in kleinen, überschaubaren Gruppen sie selbst sein", schrieb der britische Ökonom E. F. Schumacher, dem die Epoche den Slogan „Small is beautiful" verdankte.[14] Eine Alltagskultur sollte gelingen, in der die Menschen zu selbstbestimmten

6 Sausalito, Pfahlbau- und Hausboot-Siedlung, 1960er Jahre

6

Gestaltern ihrer eigenen Lebenswelt würden. Entscheidungen sollten demokratisch bis in die Einzelheit verlaufen, Bauvorgänge sich als wechselseitige Lernprozesse organisieren.

Einzelne Experimente fanden in den Wüsten Arizonas oder Colorados statt, wo Drop-outs sich ihre *domes*, ihre von Buckminster Fuller angeregten geodätischen Kuppelbauten errichteten, in der Außenseiterkolonie des 1971 in Kopenhagen ausgerufenen „Freistaats Christiania", auf den Hausbooten von Sausaulito, Kalifornien, die von ihren Eignern zu phantastischen Gebilden umgebaut wurden, an Orten also außerhalb oder am Rande der großstädtischen Zivilisation, wo nicht die enge Regelungsdichte der Städte herrschte. Wenn ihre Bewohner auf Produkte zurückgriffen, taten sie es mit der Methodik der Bastler. Die lassen sich nicht in Systeme einbinden, sondern klauben sich das jeweils Geeignete aus dem Vorhandenen heraus. Zahlreiche Handbücher wie die *Dome Books* oder der *Whole Earth Catalog* halfen den Kommunarden dabei, mit Anleitungen, wie man Hanf und Tomaten züchtete oder Strom aus dem eigenen Windrad gewann.[15]

Dass die architektonische Selbstverwirklichung der Bürger aktuelle Bautechnik nicht ausschließen sollte, war die Überzeugung vieler Architekten, die aus der 1968er-Kultur hervorgegangen waren, wie Ralph Erskine in Schweden und Großbritannien, Günther Domenig und Eilfried Huth in der Steiermark, Otto Steidle und Peter Hübner in Deutschland. Hübner entwickelte mit Studenten seines Stuttgarter Lehrstuhls eine kleine, fantastische Wohnkolonie namens „Bauhäusle", mit Schülern, Jugendlichen und Eltern zahlreiche Kindergärten, Schulen, Jugendclubs. Auch bei Hübner gingen solche Arbeiten mit einem aktiven Interesse am elementierten Bauen zusammen, mit energiesparenden Lösungen dank passivem Solarenergie-Gewinn und mit dem Einsatz neuer Computerprogramme, die er mit Softwareherstellern entwickelte. Kommunikation war wichtiger als Ästhetik, aber aus der Kommunikation entstand Ästhetik – eine andere Ästhetik.

Ein großflächiger Versuch, unterschiedliche Bewohnerwünsche auszumitteln und in Bauten zu übersetzen, die in ihrer unvollständigen, fast ruinösen Außenform den Weiterbau zu provozieren schienen, war die Arbeit des belgischen Architekten Lucien Kroll in Frankreich und Belgien. Kroll sah sich in einer geradezu welthistorischen Traditionslinie: nicht in der einer geometrischen, militärischen Zivilisation, wie sie die Römer vertraten – vorgefasste mechanische Schemata, die alles im vorhinein regeln. Das war für ihn die „Söldner-Planung" der Legionslager. Er dagegen plädierte für Entscheidungen von Fall zu Fall, sprach von der Rückkehr der Sioux in die taylorisierten Städte, vom Aufstand der Kelten gegen die Römer.

Bei dem Studentenquartier der medizinischen Fakultät von Woluwé-Saint Lambert, einer Vorstadt von Brüssel – Planungsbeginn im Stichjahr 1968 – arbeitete Kroll mit einer Gruppe aktiver Studenten zusammen, deren unterschiedliche Wünsche sich in einer Architektur der Brüche und Fragmente äußerten. Auch hier spielte der Computer schon eine entwurfsbestimmende Rolle, als andere ihn allenfalls benutzten, um ihre Rechnungen damit zu schreiben. Eine lebendige Alltagskultur des Bauens könne auf die Mittel ihrer

7 Atelier Lucien Kroll, Studentenwohnhäu-
ser der Katholischen Universität, Woluwé-Saint Lambert
bei Brüssel, 1969–77

Zeit nicht verzichten. An die Stelle mechanischer Fließbandfertigung immer
derselben Teile wollte Kroll eine variantenreiche Produktion setzen, die ihm
eine Vielfalt variabel einsetzbarer Komponenten zur Verfügung stellt.[16]

Zurück in die Stadt

Unter den kritischen Auseinandersetzungen im Vorlauf oder im Gefolge der
68er-Bewegung befassten sich viele Autoren mit den Städten und ihrem
Schicksal unter den Auspizien der Radikalmoderne. Als Angriff auf die land-
läufige Stadtplanung und ihr rücksichtsloses Planungsinstrumentarium wurde das Buch der amerikanischen Fachjournalistin Jane Jacobs gelesen, *The
Death and Life of Great American Cities*, im Deutschen erschienen 1963.
Jacobs klagte Dichte, Mannigfaltigkeit, Farbigkeit und Vitalität ein, die sie in
alten, zum Abbruch bestimmten Stadtquartieren fand, aber nicht in den sanierten oder neuen Stadtteilen. Ihr Vertrauen in die Selbstheilungskräfte der
Stadtorganismen hatte für europäische Ohren einen befreienden, vielleicht
auch naiven Optimismus.

Der Berliner Verleger Wolf Jobst Siedler schlug dagegen einen skeptischen
Tenor an und sprach von der „Gemordeten Stadt". In seiner gleichnamigen
Broschüre stellte er Aufnahmen gründerzeitlicher Stiegenhäuser und präch-
tiger Stuckfassaden trostlosen Vorstadtszenarien gegenüber. Wirkung hatte
dieses Essaywerk nicht zuletzt dank der elegant formulierten Elegien seines
großbürgerlichen Autors, dem man gewiss keine Sympathien zu den 68ern

nachsagen kann. Aber an der Wiederentdeckung der Qualitäten historischer Städte, auch ihrer gründerzeitlichen Viertel, hat er mitgewirkt. Für München übernahm 1978 eine schon zehn Jahre zuvor geplante Publikation von Erwin Schleich diese Rolle, mit womöglich noch effektvolleren Gegenüberstellungen des schönen Alten und unheilvollen Neuen: „Maßlose Straßenschneisen, monströse Verkehrsbauwerke, Flächenabbrüche."[17]

Buchtitel wie diese, aber vor allem die niederschmetternden Erfahrungen mit den neuen Satellitenstädten lenkten die Blicke auf das, was man noch hatte, aber was ständig von der Gefahr des Verlustes bedroht war. In der alten Stadt mussten keine kostspieligen neuen Infrastrukturen angelegt werden, keine Bahnen, Leitungen, Kanalisationen, Kläranlagen. Auch die Sozialeinrichtungen waren noch da: Schulen und Kindergärten, Schwimmbäder und Turnhallen, Konsumgeschäfte, Kultur- und Freizeiteinrichtungen. Und vor allem gab es gewachsene Nachbarschaft, Identitätsgefühle, Heimatempfindungen. Alte Bautypologien erwiesen unter den gewandelten Verhältnissen ihre Brauchbarkeit. Wenn die Innenhöfe der Blockbebauungen nicht mehr durch schmutzendes, lautes Gewerbe vollgestellt waren, sondern vorsichtig aufgelockert wurden, ergaben sich Wohnqualitäten aus der Dialektik von öffentlichem Straßenraum und halböffentlichen Hofräumen, von Außen und Innen. Das hatte der moderne Zeilenbau nicht geboten.

Was sich Stadterneuerung nannte, bedeutete bis dahin großflächigen Abriss und großflächigen Neubau – Kahlschlagsanierung. Jetzt begann sich die Einsicht anzudeuten, dass Modernisierung auch ohne Verdrängung möglich war. Exemplarische Sanierungen wie die in Berlin-Charlottenburg durch Hardt-Waltherr Hämer, vereinzelt auch in Ost-Berlin, führten zu Auskernungen und Begrünungen in den Höfen, zur Instandsetzung von Fassaden, zur Installation von Innentoiletten und -bädern. Luxussanierungen waren hier nicht gewollt. Eigentümer und Mieter wurden aktiv beteiligt. Wenn diese Aufwertung der Stadt auch keine ausschließliche Konsequenz von 1968 war, so trug die neu gewonnene kritische Distanz zur offiziellen Baupolitik von Staat, Land und Kommune auf Dauer doch zu Revisionen bei, in der DDR erschwert durch die Abwesenheit privater Bauherren und den Verlust bauhandwerklicher Kenntnisse durch die Massenproduktion in den großen Baukombinaten. Wo bisher geklotzt worden war, sollte nun Feinarbeit geleistet werden. In den bundesrepublikanischen Großstädten waren es nicht zuletzt die Hausbesetzer, die Wohnungsbaupolitiker und Bauunternehmen zu einem anderen Umgang mit der noch vorhandenen Substanz zwangen.

Denkmalgerechte Wiederherstellung war angesichts des Zwanges zu sozialverträglichen Mieten, unter hohem Kostendruck also, kein vorrangiges Ziel. Aber die Denkmalpflege – auf den ersten Blick kein naturgegebener Partner der roten Revolutionäre – profitierte von der Rückkehr in die Stadt, und die Bewohner von der Denkmalpflege. Der Denkmalbegriff erweiterte sich. Er bezog Alltags- und Sozialgeschichte ein und erstreckte sich nun auch auf Industriedenkmäler und städtebauliche Ensembles, darunter die bis dahin schlecht beleumundeten Wohnquartiere des 19. Jahrhunderts. Nichts gab den Stadtbewohnern so sehr das Gefühl, an einen Ort zu gehören, wie der

Anblick dessen, was Eigenart und Unverwechselbarkeit garantiert, was Erinnerungen an sich bindet, kollektive wie individuelle, was Geschichte hat und Kontinuität verspricht.

Das Datum 1968, und was es meint, zog auch in die Denkmalpflege ein und in das Verhältnis der Gesellschaft zu ihr. Sieben Jahre später, 1975, wurde das „Jahr des Europäischen Denkmalschutzes" zu einem großen publizistischen Erfolg. Die letzten Bundesländer erhielten Denkmalschutzgesetze, ebenso die DDR, wo ein republikweites Gesetz Verordnungen des Ministerrats ablöste. Der katastrophale Zustand, in dem sich viele ostdeutsche Städte bei der Wiedervereinigung befanden, darf nicht vergessen lassen, dass Denkmalpfleger in der DDR trotz ihrer ganz und gar unzureichenden Ausstattung bedeutende Einzelleistungen vollbrachten – vor allem an den Prestigeorten der DDR, am Regierungssitz Berlin-Mitte, in der Klassikerstadt Weimar, in der Kunststadt Dresden.

Unerledigte Themen

Die Definition des Bewohners als das eigentliche Subjekt allen Bauens, die Einsicht in die interessengesteuerte Struktur sämtlicher Baugeschäfte, ein nach wie vor diskussionswürdiges Konzept der Bauindustrialisierung, die Anfänge des ökologischen Denkens, der Beginn einer behutsamen Stadterneuerung, die Einsicht, dass menschliche Lebensszenarien vielfältiger sind, als Politik es bis dahin wahrhaben wollte, und dass Architektur berufen ist, diese Vielfalt auszudrücken: für eine Bewegung, die zu bauen aufhören wollte, ist die Bilanz gar nicht so schlecht. Nicht alles davon ging ausschließlich auf die Fraktionen der 68er-Bewegung zurück. Vieles begann früher und wurde nun aktualisiert und ins Tagesbewusstsein gehoben, wie ja auch die übrigen gesellschaftlichen Emanzipationsprozesse nicht erst mit unserem Stichjahr einsetzten. Trotzdem: Es gab Epochen, die uns ein weniger nützliches Erbe hinterlassen haben als dieses.

Von diesen Erfahrungen und Konzepten scheinen manche inzwischen wieder verloren gegangen zu sein. Dass Bewohner sich mit ihren Häusern identifizieren, weil sie an ihnen aktiv mitgewirkt haben, hat in den 70er Jahren viele Köpfe bewegt. Heute reicht der Blick in die Prospekte der Baugesellschaften und die Kataloge der Fertighausproduzenten, und was fehlt, liefert bei entsprechendem Budget der Architekturdesigner, der sich als Fachmann „in der Akkumulation von Aufmerksamkeit"[18] versteht. Bürgerbeteiligung besteht weitgehend in der Auslage von Plänen im Technischen Rathaus, Abteilung Bauaufsichtsamt. Wer Glück hat, bemerkt es im Kleingedruckten der Lokalzeitung. Die Bodenfrage, auch so ein Thema ohne Mainstream-Reize, war für Reformer und progressive Wohnungspolitiker seit der Mitte des 19. Jahrhunderts und erst recht in den Tagen der Studentenrevolte ein Zentralpunkt des Denkens. Heute regen Spekulationsmargen und unabgeschöpfte Planungsgewinne kaum jemanden auf. Erledigen sich Probleme, nur weil niemand nach ihnen fragt?

54

Wie wird der Bürger Bauherr seiner Stadt?   28

8

8 Josef Lehmbrock, Wend Fischer,
„Wird der Bürger Bauherr seiner Stadt?" Tafel
aus der Ausstellung „Profitopolis", München 1971

Anmerkungen

1 Vgl. Durth, Werner: *Deutsche Architekten. Biographische Verflechtungen 1900–1970.* Braunschweig/Wiesbaden 1986, (3. Aufl.) 2001
2 Gisbertz, Olaf: „Städtebau". In: Wilhelm, Karin/Gisbertz, Olaf u.a. (Hg.): *Gesetz und Freiheit. Der Architekt Friedrich Wilhelm Kraemer (1907– 1990).* Berlin 2007, S. 55ff.
3 Tzonis, Alexander/Lefaivre, Liane: „Architektur seit 1968". In: *Arch+*. 139/140, Dezember 1997/Januar 1998, S. 92
4 Bense, Max: *Einführung in die informationsästhetische Ästhetik.* Hamburg 1959, S. 8
5 Vgl. Fezer, Jesko: „Polit-Kybernetik". In: *Arch+*. 186/187, April 2008
6 Vgl. Cepl, Jasper: *Oswald Mathias Ungers. Eine intellektuelle Biographie.* Köln 2007, S. 223ff.
7 Wurm, Theo: „Mitscherlich lässt seine Musterstadt im Stich". In: *Frankfurter Allgemeine Zeitung*, 5.3.1975
8 *Materialien zur Diskussion. Diagnose zum Bauen in West-Berlin,* Berlin 1968
9 „Im Gespräch mit Ulf Meyer". In: *Der Architekt.* 7/1997. Zit. nach: Sewing, Werner: „Die Gesellschaft der Häuser". In: *Arch+*. 139/140, 1998, S. 84
10 Vgl. Projektgruppe Branchenanalyse des Bauhauptgewerbes TU Berlin: „Industrialisierung des Bauens unter den Bedingungen des westdeutschen Kapitalismus". In: *Kursbuch 27*, Berlin Mai 1972, S. 99ff.
11 Vgl. Schulze-Fielitz, Eckhard: [Vortrag, Berlin 29.8.1967] In: *Stadtsysteme I. Projekt 10*, Stuttgart 1971, S. 58
12 Le Corbusier: *Fort l'Empereur, Projet A für Algier.* 1931
13 Fuller, Buckminster: *Operating Manual for Spaceship Earth.* Illinois 1969. – Dt.: *Bedienungsanleitung für das Raumschiff Erde und andere Schriften.* Reinbek bei Hamburg 1973
14 Schumacher, E. F.: *Small is beautiful.* London 1973. – Dt.: *Die Rückkehr zum menschlichen Maß.* Reinbek bei Hamburg 1977, S. 67
15 Brand, Stewart (Hg.): *The Whole Earth Catalog.* Menlo Park (Calif.) 1968
16 Kroll, Lucien: *Composants. Faut-il industrialiser l'architecture?* Brüssel o.J. – Vgl. Pehnt, Wolfgang: „Einleitung". In: Kroll, Lucien: *Bauten und Projekte.* Stuttgart 1987
17 Schleich, Erwin: *Die zweite Zerstörung Münchens.* Stuttgart 1978, S. 7
18 Bruyn, Gerd de/Mauler, Henrik/Trüby, Stephan: „Pop, Ökonomie, Aufmerksamkeit". In: *Arch+*. 171, Juni 2004, S. 18

Umbruch, Abbruch, Aufbruch? – Universitätsbauten der Nachkriegsmoderne im Rahmen aktueller städtebaulicher Überlegungen

Ira Mazzoni

„Weg mit dem hässlichen Koloss", „weg mit dem Rosthaufen", „weg mit der Betonburg!" – Wenn es um Architektur und Städtebau der Nachkriegsmoderne geht, dann herrschen nach wie vor Unverständnis und Misskredit.[1] Über Jahre ungepflegt und rücksichtslos übernutzt, bedarf es schon eines geschulten Blicks, die ästhetischen Werte der ungeliebten öffentlichen Bauwerke zu erkennen und womöglich auch zu vermitteln. Und nicht selten wird dann der Vermittler verhöhnt und diskreditiert. So gerät auch die „akademische" Denkmalpflege ins Schussfeld der Stadtverbesserer. Denn waren es nicht die jetzt verteidigten Neubauten, die nach dem Krieg einen Wiederaufbau der Alten Stadt vereitelten, für die Schönes und Wertvolles spurlos beseitigt wurde? Und so wundert es nicht, dass heute auch denkmalgeschützte Kultur- und Bildungsbauten der Nachkriegsmoderne, deren architektonische Qualität, städtebauliche Integrität, soziale Verantwortung und historische Bedeutung schon längst attestiert sind, „hässlich" gealtert zur Disposition stehen, wenn ihr innerstädtisches Grundstück mit neuer Extravaganz dicht bebaut werden kann. Bevor im Folgenden drei Stadtentwicklungsprojekte in Hochschulquartieren vorgestellt und kritisch bewertet werden, gilt es Grundlegendes zur Konfliktlage festzuhalten:

Konkurrenz und Wettbewerb

Erstens: Hochschulbauämter – so es sie noch gibt – führen ein Eigenleben. Sie sind mächtige Akteure der Stadtentwicklung, doch nicht immer sind sie sich ihrer Verantwortung bewusst, nicht immer funktioniert die Kommunikation zwischen ihnen und städtischen Planungsämtern. Hinzu kommt, dass Hochschulen Landeseinrichtungen sind, das heißt, beim Hochschulbau fließt Landespolitik in die Stadtpolitik ein. Die Zielsetzungen können divergent, bisweilen auch im Sinne einer lebendigen Stadt kontraproduktiv sein.

Zweitens: Die aktuelle Hochschulpolitik spricht von Konkurrenz und Wettbewerb. Exzellenz-Akkreditierung gehört zur Marketingstrategie – gegenüber den Studenten wie auch der Wirtschaft. Neubauten haben Markenwert und gehören zur CI (Corporate Identity) wie bei jeder größeren Firma.

Drittens: Die Hochschulen müssen Geld verdienen. Sie suchen eine enge Anbindung an profitable, gegebenenfalls förderwillige und forschungsabhängige Wirtschaftszweige. Insofern werden die „guten alten" Inseluniversitäten, die sich im Stadtgebiet verteilen, sukzessive auf die grüne Wiese verlagert. Die Naturwissenschaftler und Mathematiker ziehen als erste ab, manchmal sind es auch die Mediziner.

1 München, Chemisches
Laboratorium der Bayerischen Akademie
der Wissenschaften, Hörsaalgebäude,
Albin Steiniger 1953/1960

Viertens: Die Grundstücke vor der Stadt werden preiswerter angeboten und es werden genügend (ehemals landwirtschaftliche oder industriell genutzte) Freiflächen bereitgestellt, damit sich Forschungszentren der Industrie gleich neben den neuen Instituten ansiedeln können. Derweil bleiben in der Stadt Hörsäle, Seminargebäude, Bibliotheken, Mensen, Krankenhäuser, Rechenzentren zurück, die unter dem Betrieb der „Massenuniversität" wahrnehmbar gelitten haben. Sie sind von vielen Experimenten – gesellschaftlichen wie wissenschaftlichen – gezeichnet. Sie sind Gebäude, die so niemand haben will und auch nur schwer umzunutzen sind. In ihrer bewusst offenen, durchlässigen Struktur sperren sie sich grundsätzlich gegen Energiesparverordnungen.

Fünftens: In der Stadt entstehen große „weiße Flecken", die neu beplant werden können. Mittelfristig entsteht in und um diese Quartiere eine gänzlich andere Stadtgesellschaft. Die Cafés merken es als erste: Werden die Neubaupläne umgesetzt, gibt es andere Cafés, andere Geschäfte, andere Mietwohnungen zu anderen Preisen. Oder nichts mehr von alledem. Die Viertel werden homogener, wenn nicht langweiliger.

Privatisierung und Kapitalaufstockung – Technische Universität München

Dass sich in München nach dem Krieg die Technische Universität zwischen der Alten Pinakothek und dem Alten Botanischen Garten, zwischen Königs- und Karolinenplatz ausbreiten konnte, lag auch daran, dass das von den Nazis zum Verwaltungs- und Repräsentationszentrum ausgebaute Viertel gründlich entnazifiziert werden sollte. Jenen düsteren Gebäuden sollte eine bewusst andere (Geistes-)Haltung entgegengesetzt werden.

Am Alten Botanischen Garten befand sich bereits seit 1815 das Chemische Laboratorium der Bayerischen Akademie der Wissenschaften. Bis 1932 war das Institut, das seit Justus von Liebig einen hervorragenden Ruf hatte, suk-zessive ausgebaut worden. Für die kriegsbedingten Neubauten wurde vom Landbauamt Anfang der 1950er Jahre ein Wettbewerb ausgeschrieben. Zwischen 1953 und 1960 wurden auf angestammtem Grund von Albin Stei-ninger fünf um grüne Höfe gruppierte Institute gebaut. Das Hörsaalgebäude erhob sich weiß verputzt über einem dunklen, zurückgesetzten Sockelge-schoss an der Ecke Meiser-/Karlstraße. Der Wandelgang vor dem Hörsaal im Obergeschoss hatte eine auffallende Betonlamellengliederung. Zur Jahr-tausendwende stand eine Generalsanierung an, die sich der Freistaat nicht leisten wollte, zumal der Technikcampus in Garching in Planung war. Das 22.000 Quadratmeter große Grundstück in innerstädtischer Lage – nah zu den Pinakotheken, nah zum Hauptbahnhof – ließ sich bestens vermarkten. Da half es auch nicht, dass der Bezirksausschuss Maxvorstadt an das Ge-dächtnis und Gewissen der Landesregierung appellierte und vorschlug, den Justus-von-Liebig-Hörsaal für das geplante NS-Dokumentationszentrum zu nutzen.

Heute befindet sich in dem Neubau von Steidle Architekten der Condé-Nast-Verlag, der sich auf Hochglanzmagazine wie *Vogue* und *AD* spezialisiert hat. Dort, wo die versifften Laborgebäude standen, erstreckt sich eine der teu-ersten Wohnanlagen der Stadt nebst Luxushotel, gebaut nach den Plänen des Münchner Büros Hilmer und Sattler. Der Quadratmeterpreis soll bei 14.000 Euro gelegen haben. Dafür bekommt man britischen Square-Flair, eine französische Concierge und viel Gesims und Buchs.

Versteht man die Lenbach-Gärten als Modell für die Entwicklung innerstäd-tischer Münchner Hochschulstandorte, dann ist eine Gefährdung der Archi-tektur-Hochschule – nur eine Kreuzung weiter – nicht abzuleugnen. Gebaut 1954–56 anstelle einer Nazi-Verwaltung, wurde der Bau 1968–71 um einen weiteren, strukturell ähnlichen Hörsaaltrakt erweitert. Es kursieren schon längere Zeit Gerüchte, dass der von Rolf ter Haerst, Franz Ruf und Adolf Seifert für die Architekten maßgefertigte Komplex aufgegeben werden soll. Das Ensemble – Sockelgeschoss mit Säulenumgang, viergeschossig na-tursteinverkleidet, landschaftsbezogen ausgreifend mit einzeln stehendem Hörsaal – besitzt sehr plane Fassaden, feingliedrig bis ins Detail; im Zentrum des Hauptbaus jeweils ein viergeschossiges Atrium mit Umgängen, die die außenliegenden Büros und Seminarräume erschließen. Auf dem 60er-Jahre-Trakt eröffnet eine fantastische Cafeteria den Blick über einen kleinen Stadt-

2 München, Architektur-
Hochschule (Staatsbauschule, FH),
Rolf ter Haerst, Franz Ruf und Adolf
Seifert, 1968–71

park hinüber auf Sep Rufs Justizgebäude am Lenbachplatz. Im Wesentlichen wurde das Gebäude gut behandelt und sieht gepflegt „alt" aus, ist aber nicht wärmegedämmt. Und jede herkömmliche Dämmung, jedes Dachpaket würde den Bau entstellen. Immerhin steht die ehemalige FH anders als die Chemie unter Denkmalschutz – das bietet eine gewisse Hemmschwelle – und: Im Architektenteam ist ein bekannter Name dabei – nicht Sep, aber Bruder Franz Ruf. Auch fühlen sich die Architekten in dem Haus wohl. Aber es gibt derzeit in der Professorenschaft wie in der Hochschulleitung einen Generationenwechsel. Eine angebotene Kaserne im Norden der Stadt umzunutzen, könnte den Architekten mit eigener Entwurfsleistung schmackhaft gemacht werden.

3 Frankfurt/M.,
Hauptportal der Johann-Wolfgang-
Goethe-Universität, Zustand 2011

Verdrängung von Geschichte –
Bockenheimer Campus in Frankfurt

Frankfurt macht sich schön! Und da passen die abgewirtschafteten Univer-
sitätsgebäude von Ferdinand Kramer nicht mehr ins Bild. Längst ist ein Aus-
weichquartier gefunden: Das Areal der IG Farben, rund um die gigantischen
Poelzig-Bauten. Brutaler kann man mit der 68er-Geschichte nicht abrechnen,
als die einst so kritischen Fächer Soziologie, Philosophie und die Deutsche
Philologie auf dem so genannten Campus West zu kasernieren. Immerhin:
Ein bedeutendes Denkmal konnte so gerettet werden, aber andere werden
aufgegeben – Denkmale, die keine Monumente sind, sondern von sachli-
cher, spröder Zurückhaltung.

Anders als in München funktioniert aber die Vermarktung des alten Univier-
tels in Bahnhofs- und Messenähe durch die städtische ABG nicht. Bis 2014
soll der Kramer-Campus geräumt sein. Kunst, Musik, außereuropäische
Philologien – Orchideenfächer also – bleiben am alten Standort. Auch gibt
es noch keine neue Universitätsbibliothek. Der banale Masterplan für Büro-
karrees und -mäander hat bisher kein Interesse gefunden. Damit stockt auch
die Weiterentwicklung des Campus West/IG Farben. Die Bankenwirtschaft
hat ein wenig in neue, schicke Wirtschaftsinstitute investiert, aber im Mo-
ment geht nichts vorwärts. Leerstand und Gammel an der Bockenheimer
Landstraße, unvollendet Vielversprechendes auf dem Campus West – das
ist die derzeitige Lage.

Wenn man die Website der Johann-Wolfgang-Goethe-Universität anklickt, dann erfährt man zwar – ungewöhnlich genug – auch etwas von der Geschichte der Universität, aber das ist Vorkriegsgeschichte. Der Name Max Horkheimer fällt nicht. Er war der Gründungsrektor nach dem Krieg. Er brachte seinen Architekten, Ferdinand Kramer, mit aus dem amerikanischen Exil zurück. Kramer hatte seine Wurzeln im Neuen Bauen, war vor dem Krieg ab 1925 bei Ernst May im Team. 1937 mit Berufsverbot belegt, ging er in die USA, wo ihn Horkheimer mit der Planung des Institute of Social Research (New York) betraute. Zurück in Frankfurt hätte Kramer gerne eine amerikanische Campusuniversität errichtet, aber es gab viele Gründe für den alten Unistandort. [2] Es war eine Zeit, die Zeichen setzen wollte. Insofern ließ Kramer das Hauptportal der Johann-Wolfgang-Goethe-Universität

3 aufbrechen und verglasen. Ansonsten blieb das Gebäude unangetastet, opulent historistisch. Schräg gegenüber dem Hauptportal wurde mit Mitteln der Amerikaner von Apel, Letocha, Rohrer und Herdt 1953 ein *Stu-*

4 *dierendenhaus* am Rande des Campus gebaut: demokratisches, studenti-

4 Frankfurt/M., Studierendenhaus, Arch. Apel Letocha, Rohrer und Herdt 1953, Zustand: 2011

5 Frankfurt/M.,
Philosophikum, Ferdinand
Kramer, 1958–60, Ansicht

sches Gemeinschaftsleben und Wohnen als leicht versetztes Gegenüber zur rektoralen Repräsentanz. Das Grundstück des Studentenhauses soll nun laut Masterplan zur Hälfte für einen Neubau und zur anderen Hälfte für eine Grünfläche verwertet werden. Damit wird ein Sinnbild aufgehoben. Das „WEGHABENWOLLEN", egal wie, ist offensichtlich. Inzwischen gibt es studentischen Protest gegen die Abrisspläne. Aber Gebäude, die schon weggedacht wurden, bekommen auch keine weiteren Mittel zum Bauunterhalt. Der zunehmend schlechte Zustand zieht dann das Argument des „NICHTHALTENKÖNNENS" nach sich.

Die Landesdenkmalpflege hält Kramers Hochschulbauten – das Amerika-Institut von 1953–54, das biologische und zoologische Institut von 1954, das Institut für Pharmazie und Lebensmittelchemie von 1954–57, das Philosophikum von 1958–60 und die Universitätsbibliothek von 1959–65[3] – aus „architektonischen, funktionalen und typologischen" Gründen für besonders bedeutend und erhaltenswert. Es geht um das Hauptwerk eines Architekten.

5/6/7

6 Frankfurt/M., Stadt- und Universitätsbibliothek, Ferdinand Kramer 1959–64, Modellaufnahme

7 Frankfurt/M., Stadt- und Universitätsbibliothek, Ferdinand Kramer, 1959–64, Zustand 2011

6

7

Aber lange versuchte der Gebietsreferent vergeblich für die Bauten „auf den zweiten Blick"[4] zu werben. Immerhin hat die Allianz mit einer bürgerlichen Initiative die Stadt zum Nachdenken bewegt, „den Neuanfang in Bockenheim nicht mit Abbruch und tabula rasa"[5] zu beginnen. Zumindest für das Philosophikum stehen die Chancen für eine denkmalverträgliche Umnutzung gut.

Immerhin hat sich für das Institut für Pharmazie ein idealer Nachnutzer gefunden: Die Senckenbergische Gesellschaft, deren Museum seit Gründungstagen mit dem Uni-Hauptgebäude verbunden ist.

Campus: Eine *idée fixe* für Exzellenz-Standorte – Universität Tübingen

2008 hat die Eberhard-Karls-Universität Tübingen einen städtebaulichen Ideenwettbewerb zur Neuordnung des Zentralcampus ausgeschrieben. Anlass: Die Universität Tübingen plant, sich in einem strategischen „Um-Bau" als „Forschungsuniversität mit herausgehobenen Profilbereichen (‚Leuchttürmen') zu positionieren." Die Universität will national zu den „Top Ten" und international zu den „Top Hundred" gehören. Dafür will sie den Universitätsbetrieb konzentrieren, der „Zerhäuselung" in der Stadt ein Ende machen. Herzstück der Entwicklung soll ein neuer Campus in der Wilhelmvorstadt werden, wo eine zentrale Stelle für Einschreibungen, Wohnungsvergabe und ähnliches eingerichtet werden soll. Nun hat sich die Tübinger Universität im 19. und 20. Jahrhundert entlang der schnurgeraden Achse der Wilhelmstraße stadtauswärts entwickelt.[6] Einer klassizistischen städtebaulichen Idee folgend verkettet die Straße kleine Plätze, die aber als solche nicht mehr wahrgenommen werden, weil die Straße zweispurige Einbahnschnell- und Ausfallstraße geworden ist. Statt die alte Struktur, an der auch die Nachkriegsarchitekten Paul Baumgarten und Rolf Gutbrod festgehalten haben, durch verkehrsberuhigende Maßnahmen zu stärken, zwängt der prämierte städtebauliche Entwurf der örtlichen Architekten Hähning und Gemmeke einen Platz an die monotone Seitenflanke der sogenannten Neuen Aula, die aus den Jahren 1841–45 stammt.[7] Dass im Planungsgebiet veritable Denkmale mit Originalausstattung stehen, stört wenig. „Ohne Denkverbot" stellten die Wettbewerbsunterlagen die „einfachen" Denkmale zur Disposition. Das Baden-Württembergische Denkmalgesetz klassifiziert zwischen Denkmalen von herausragender, nationaler Bedeutung und einfacher Bedeutung. Für die erste Garnitur ist noch das Landesamt für Denkmalpflege zuständig, das als unabhängige Fachbehörde jedoch auch nicht mehr existiert. Für den großen Rest die unteren Denkmalschutzbehörden bei den Kommunen und Landkreisen, also die Bürgermeister. In Tübingen soll daher der Hörsaal des Physikalischen Instituts, Baujahr 1910, geopfert werden. Selbstverständlich fehlt im Siegerentwurf auch das Clubhaus von Rolf Gutbrod, der Neuen Aula direkt gegenüber gelegen und mit dieser einen Platz bildend. Das zweigeschossige filigrane Clubhaus war ein Geschenk des amerikanischen Kongresses, um die „studentische Gemeinschaft in der Demokratie" zu fördern.

8 Tübingen,
Clubhaus der Universität,
Rolf Gutbrod, Bernhard Binder
(Projektleitung), 1954–56

9 Tübingen,
Mensa der Universität,
Paul Baumgarten, 1966/68

8

9

Bei äußerer, fast klassizistischer Schlichtheit besitzt das Clubhaus raffiniert

8 verschwenkte, offene Raumdispositionen, die sich zur Gartenseite öffnen. Für den Erhalt kämpft eine Studenteninitiative, die auf dem Dachboden sogar noch einen Originalleuchter aufgestöbert hat und nach den Möbeln fahndet.

9 Zum Abriss war auch die Mensa von Paul Baumgarten[8] freigegeben. Sie befindet sich gegenüber der Universitätsbibliothek von Paul Bonatz aus dem Jahr 1910. Auch die Mensa zieht sich von der Straße in einen Grünraum zurück und ist, über Stelzen und Sockel ruhend, so gestaffelt, dass sich die wahre Größe nicht auf den ersten Blick abschätzen lässt. Da man heute kei-

10

10 Merlin Bauer,
„Liebe deine Stadt," Köln,
Nord-Südfahrt 2009

ne Essensausgabe mehr hat, sondern büffetähnliche Angebote bevorzugt, da die Küche sanierungsbedürftig ist, da eine klimafreundliche Umrüstung angeblich nicht zu bewerkstelligen ist, soll die Mensa fallen. Dabei ist dies ein absolut beglückendes Haus, mit ineinander übergehenden Speisesälen, die nach allen Seiten offen ins Grün der umstehenden Baumkronen laufen, mit relingähnlichen Terrassen, Umgängen und Stegen, die auch als Fluchtwege dienen. Nach Bürgerprotesten lässt die Universität prüfen, ob sich ein Umbau oder eine Umnutzung lohnen. Derweil hat ein Klimaspezialist im Auftrag der Bürgerinitiative nachgewiesen, dass die energetische Ertüchtigung bei diesem Bau kein Problem ist, vor allem wenn man passive Energie bewusst mit einbezieht. Solarpaneele auf dem Dach dürften auch kein Problem sein. Was fehlt, ist der gute Wille, der den Abschied von der *idée fixe* Campus bedeutet.

Die Beispielreihe gefährdeter Universitätsbauten ließe sich beliebig erweitern, etwa um die Philologische Fakultät und die Universitätsbibliothek in Marburg. In jedem Fall gilt es quasi in letzter Minute gegen alte Vorurteile

und den offensichtlichen Tatbestand akuter Vernachlässigung Aufklärungs-
arbeit zu leisten, die nicht nur die Qualitäten der Architektur preist, sondern Verständnis für die soziale Idee dieser Bauten im städtischen Kontext
weckt. „Liebe Deine Stadt" hieß eine sehr erfolgreiche Künstleraktion in
Köln.[9] Die Universitäten mit ihren großen Freiräumen als wichtigen Teil le-
bendiger Städte lieben zu lernen, müsste doch auch gelingen.

10

Anmerkungen

1 Vgl. Mazzoni, Ira: „Abrissunternehmen Moderne". In: *Süddeutsche Zeitung*. 18.2.2010
2 Hansen, Astrid: *Die Frankfurter Universitätsbauten Ferdinand Kramers. Überlegungen zum
Hochschulbau der 50er Jahre*. Diss. Marburg/
Weimar 2001, S. 83–132; 251–254. Vgl. dies.:
„Bauten für die Wissenschaft". In: Lichtenstein,
Claude (Hg.): *Ferdinand Kramer. Der Charme
des Systematischen*. Gießen 1991, S. 82–91
3 Hansen, Astrid: „Die Stadt und Universitätsbibliothek in Frankfurt a.M. – Ferdinand Kramers
Werk weiter gefährdet!" In: Kirschbaum, Juliane
(Red.): *1960+ – ein ausgeschlagenes Erbe?* Dokumentation der Tagung des Deutschen Nationalkomitees für Denkmalschutz am 17./18.04.2007
in Berlin. Hrsg. vom Deutschen Nationalkomitee
für Denkmalschutz. Bonn 2008, S. 43–47
4 Vgl. den Katalog zur gleichnamigen Ausstellung in Dortmund: Hnilica, Sonja/Jager, Markus/
Sonne, Wolfgang (Hg.): *Auf den zweiten Blick.
Architektur der Nachkriegszeit in Nordrhein-
Westfalen*. Bielefeld. 2010

5 *Materialien zum Philosophikum*. Hrsg. von
der Initiative Zukunft Bockenheim und Ratschlag
Campus Bockenheim. Frankfurt a.M. 2010, o.S.
6 Sabine Kraume-Probst/Michael Ruhland: „Die
Wilhelmvorstadt. Ein Tübinger Universitätsquar-
tier". In: *Denkmalpflege in Baden-Württemberg.
Nachrichtenblatt der Landesdenkmalpflege*. 38.
Jg.2/2009, S. 92–99
7 *Neuordnung des Zentralcampus der Eberhard-Karls-Universität Tübingen*. Ein Projekt des
Landes Baden-Württemberg, vertreten durch
Vermögen und Bau Baden-Württemberg, Amt
Tübingen. Broschüre. 2008, S.10–13 (mit zahlreichen Abbildungen)
8 Menting, Annette: *Paul Baumgarten. Schaffen aus dem Charakter der Zeit*. Berlin 1998, S.
10–20. Vgl. Lux, Elisabeth/Wiedemann, Martin:
*Paul Baumgarten. Bauten und Projekte 1924–
1981*. Berlin 1988 (=Schriftenreihe der Akademie
der Künste, 19).
9 Bauer, Merlin: *Liebe deine Stadt. Öffentliche
Angelegenheiten*. Köln 2009

„Mut zur Selbsterziehung"[1] – Das Hochschulforum von Friedrich Wilhelm Kraemer als programmatische Stadtraumfigur

Karin Wilhelm

Neue (verdeckte) Wege (suchen)

Im September 1957 hielt Friedrich Wilhelm Kraemer auf der Jahrestagung des Deutschen Beton- und Bautechnik-Vereins in Berlin einen der programmatischen Vorträge. Das Thema lautete „Die Raumvorstellung unserer Zeit und ihre Auswirkung auf das neue Bauen". Der in Braunschweig lehrende Architekturprofessor begann seine Darlegung mit einer Anekdote, in der er die Begegnung mit einem italienischen Blumenzüchter schilderte, der ihm von erstaunlichen Zuchterfolgen mit schwarzgepunkteten Stiefmütterchen berichtet hatte. Jene Schwärmerei über biologische Experimente hatte Kraemer damals in seinem Sinne weiter gesponnen und dabei seinen Gesprächspartner in einige Verwirrung gebracht: „[...] – er meinte einen Geistesgestörten vor sich zu haben, als ich ihn fragte, ob er denn schon mal den Versuch gemacht habe, die Zuchtfelder in der Blütezeit mit Saxophonmusik überspielen zu lassen. Mir war dieser Gedanke in Erinnerung an eine Schilderung gekommen, in der dergleichen Experimente von dem jungen Darwin berichtet wurden. So erklärte ich meine abwegige Frage und wir erörterten allgemein beobachtete Vibrationseinwirkungen aus Schwingungsimpulsen z.B. auf Beton [...]."[2] Und in Hinsicht auf sein Vortragsthema ergänzte der Referent: „Wozu erzähle ich das? Als Beispiel, wie dem Fachmann [...] mit seinem Fachgebiet Seitenwege unzugänglich bleiben, die vielleicht doch eine neue Richtung eröffnen könnten [...]. Wie gelingt es wohl, [...], uns von der Schablone der Erfahrung zu lösen [...]? Wie bringen wir es fertig, [...] vom geläufig gewordenen Erscheinungsbild durchzustoßen zum Eigentlichen, und somit Bewusstseinshorizonte zu erreichen, die uns an das Wesen von Bau und Raum heranführen?"[3]

Was auf den ersten Blick als launige Einführung in ein komplexes Thema erscheinen konnte, war jedoch Kraemers ernstzunehmender Versuch, Erfahrungshorizonte zu erschließen, die während der NS-Zeit zumindest offiziell aus dem Blick geraten waren. Im Stil einer Parabel hatte er sich dem zentralen Problem im Wiederaufbaudiskurs nach 1945 in der Bundesrepublik Deutschland genähert, um die Frage, wie der Architekt – der sich architekturstilistisch und verbal im NS-Jargon aufgehalten hatte oder aufzuhalten genötigt war – das Verhältnis von Kontinuität und Veränderung im Bauen in der republikanischen Nachkriegsära würde lösen müssen.[4] Die ästhetischen Normen der NS-Zeit, die in ihrer neoklassizistischen, gigantomanischen Spielart das Regelwerk des Klassizismus nachzuempfinden vorgaben, waren desavouiert; dennoch suchte Kraemer nach Möglichkeiten, die Tradition des hochgeschätzten Klassizismus auch künftig zu bewahren und als humanistisch geprägte Entwurfshaltung neu in Szene zu setzen. Seine Suche nach *dem* Wesen der Architektur, nach einem allgemeingültigen, gleichsam ewigen raumkompositionellen Regelwerk, war von dieser Vorstellung getragen. Es galt mithin, die übersehenen „Zukunftswegegabeln"[5] zu entdecken, die den Weg für eine moderne, auf den menschlichen Maßstab bezogene Architektur auf der Basis von Proportions- und klassischen Kompositionssystemen weisen könnte.

Was Kraemer in Berlin zunächst als theoretisch formalisiertes Ordnungsschema für Raumkompositionen vorstellte, hat er dann im Rekurs auf Ludwig Mies van der Rohes Barcelona-Pavillon von 1929 konkretisiert. Mit dem Hinweis auf dieses Raumkonzept zeigte Kraemer einen Gestaltungsansatz, in dem er Modernität und Tradition auf innige Weise und in klarer Schönheit verbunden sah. Unter Verwendung von Stahlrahmenkonstruktionen und großflächigen Verglasungen auf offenen Grundrisskompositionen war in Barcelona und drei Jahre später in der Brünner Tugendhat-Villa ein moderner Raumorganismus entwickelt worden, der ein „neues Maß an Freiheit"[6] zuließ und diese Freiheitsempfindung architektonisch repräsentierte. Die „räumlichen Kompositionen in strengen Gesetzmäßigkeiten kubisch einfacher Formen"[7], die Kraemer an den Werken Mies van der Rohes so schätzte, konnten in der ihnen zugeschriebenen Raumsymbolik der Freiheit daher das ideale Bezugsfeld für eine Architektur werden, in der Kontinuität und Neubeginn zur Deckung kommen sollten.

Wie viele seiner jüngeren Kollegen blickte auch Kraemer nach dem Krieg sehnsuchtsvoll in die neue Welt, wo Mies van der Rohe soeben sein ästhetisches Programm, aus dem „umschließenden Raum" einen nur „behütenden"[8] Raum entstehen zu lassen, in eleganten, lichtdurchlässigen Wohnhochhäusern in großstädtischen Stadtlandschaften realisierte. „[…] in Deutschland", resümierte Kraemer 1966 aus Anlass des 80. Geburtstages Mies van der Rohes, „gestattete die Zeit [tausendjähriger Verworrenheit] nicht, dieses gestalterische Wollen zu verwirklichen."[9] In den Trümmern der kriegszerstörten Städte aber war jene Zeit vergangen und die Zeit für eine Architektur aus *„skin and skeleton"*-Strukturen gereift! Mit der Adaption der Architekturmoderne verband Kraemer nun die Hoffnung, als Architekt in Deutschland wieder Anschluss an die verschütteten internationalen Entwicklungen in der Baukunst zu finden. Zugleich spekulierte dieser Ansatz auf die Chancen einer neu gestalteten Umwelt der „behütenden Räume", in denen die Architektur zum Medium eines zukunftsfrohen (Über-)Lebensgefühls in Friedenszeiten werden sollte. In dieser Erwartung wuchs die Emphase für die Architektur des „International Style" amerikanischer Prägung, den Mies in den Augen seines deutschen Bewunderers soeben brillant vollendete und der inzwischen in Skandinavien durch eigene, europäisch anmutende Motive bereichert worden war.

Die Neuorientierung, die Kraemer zur Zeit seines Berliner Vortrages auf dieser Basis als Architekt vollzog, zeigte sich in den Planungen neuer Verwaltungsbauten für die Technische Hochschule Braunschweig. Hier artikulierte sich eine Spielart der an Mies orientierten Nachkriegsmoderne, die die Architektur des Wiederaufbaus nach 1945 schulbildend geprägt hat.[10] In Kraemers

Gebäuden für das Hochschulforum sind die Feinheiten dieser Nachkriegs-moderne zu studieren, über die seit einigen Jahren in emotionsgeladenen Kontroversen gestritten wird. Um die Bewertung dieser Architektur heute vorurteilsfrei vornehmen zu können, muss man sich einigen Mühen unter-ziehen. Da ist zunächst ein aufmerksamer Blick für Nuancen und Details die-ser Bauten zu entwickeln, für Gelungenes, aber auch Missratenes. Sodann ist ein Sachverstand gefragt, der den historisch-politischen Kontext dieser Nachkriegsmoderne weitgehend rekonstruiert. Um also die architekturhis-torische Bedeutung der Braunschweiger Hochschulbauten aus den späten 1950er Jahren wirklich zu verstehen, muss man vor allem die Funktion ken-nen, die dem pädagogischen Impuls in der politischen Gemengelage der soeben gegründeten Bundesrepublik Deutschland zukam; es sind mithin die Bildungs- und Erziehungsmuster zu befragen, unter denen sich diese Nachkriegsmoderne als „Raumvorstellung" der politischen Neuorientierung entworfen hat.

Mentalitätsprägungen im Nachkriegseuropa

Man wird die Eigenarten der Architekturentwicklung im Nachkriegseuropa nicht verstehen, wenn man die materielle und mentale Verfassung außer Acht lässt, in der die Überlebenden nach 1945 die ersten Schritte zum Wie-deraufbau der zerstörten Städte und erodierten Gesellschaftssysteme wa-gen mussten. Man kann die leidenschaftliche Suche nach neuen Maßstäben in der Architektur nicht nachvollziehen, richtet man den Blick nicht zugleich auf die „Verstörungen", die der Vernichtungskrieg der Nationalsozialisten und dessen Folgen in allen Bereichen des sozialen und individuellen Le-bens auf dem europäischen Kontinent hinterlassen hatte. Denn allein diese unsichtbaren Verformungen psychischer Natur, die Sigmund Freud schon im Ersten Weltkrieg als Erscheinungsformen der „Regression" beschrieben hatte, lassen die Sehnsucht nach dem neuen, zivilisierten, übersichtlichen Leben verständlich werden, das sich im Nachkriegseuropa architektonisch und städtebaulich in einem Bekenntnis zur Modernebewegung des frühen 20. Jahrhunderts niederschlagen sollte. Diese Erbschaft, die in Deutschland und im „angeschlossenen" Österreich in den 1930er und 40er Jahren ver-drängt, exiliert oder in der Öffentlichkeit zumindest beschwiegen worden war, musste für die Wiederaufbaugeneration umso attraktiver erscheinen, als nach dem Kriegsende die Architektur der Moderne in europäischer und amerikanischer Prägung zur Chiffre einer künftigen friedlichen Wohlstands-gesellschaft avancierte. Es dauerte nicht lang, bis die Bilder des angeneh-men Lebens im Film, in illustrierten Zeitschriften und nicht zuletzt in Archi-tekturblättern Verbreitung fanden und schon bald zeigten die deutschspra-chigen Fachgazetten in den neu konstituierten beiden deutschen Staaten wie in Österreich so manchen konstruktiv kühnen Entwurf aus den USA, ja sogar aus fernen Regionen Lateinamerikas, unter die sich die attraktiven Siedlungshäuser und Interieurs skandinavischer Provenienz mischten. In den Architekturzeitschriften Österreichs und der Bundesrepublik jedenfalls

70

1 Umschlag
„Die neue Stadt", Heft 8, 1952

eroberten seit den Vereinbarungen des *Marshallplan-Abkommens* 1948 allmählich die Bilder einer glanzvollen Architekturmoderne die neu gegründeten oder wiederbelebten Architekturfachzeitungen.

Man darf in dieser Praxis das strategische Kalkül zu Recht vermuten, denn
gerade die Architektur hatte im Wiederaufbau neben Aufgaben der sozialen
und politischen Reorganisation auch psychologische Funktionen durch die
Produktion von Optimismus zu erfüllen. Schon nach wenigen Jahrgängen
begann daher die objektbezogene, schöne Architekturfotografie die depri-
mierenden Abbildungen der Ruinen allmählich zu verdrängen. Jetzt wurden
neue, attraktive Gebäude und Modelle präsentiert: Wohnhäuser, Siedlungen
oder repräsentative Geschäfts- und Kulturbauten, häufig aus Ländern, die
wie die Schweiz und Schweden vom Schicksal der Kriegszerstörung ver-
schont geblieben waren. In diesen Projekten betrachteten die Leser, die
häufig in Notunterkünften oder notdürftig instand gesetzten Häusern lebten, nun „wohltemperierte" Lebensräume, mit denen sie als Bewohner der
kriegszerstörten deutschen Städte in jenen Jahre doch erst den Traum von
einer neuen, heilen (Architektur-)Welt teilen konnten. Die Phase jedenfalls,
in der Zeitschriften wie *Die neue Stadt*, die in Berlin und Darmstadt erschien,
oder das vom Stadtbauamt der Stadt Wien herausgegebene Blatt *Der Aufbau* noch Bilder von Trümmerstädten und zerstörten Häusern in schlechten
Reproduktionen auf billigem Papier dokumentiert hatten, mithin die Lebens-
wirklichkeit der Menschen abbildeten, war, aus heutiger Sicht betrachtet,
erstaunlich kurz.

In Städten und Häusern dieser Art aber spielte sich das Leben der meisten
Deutschen in den verschiedenen Besatzungszonen, der banale Alltag der
Überlebenden, der Geflohenen und Vertriebenen oder der zurückgekehrten
Emigranten bis weit in die 50er Jahre hinein ab. Der Film Roberto Rossel-
linis *Deutschland im Jahre Null* aus dem Jahr 1947 hat diese Ruinenräume
in ihrem Schrecken für die Nachwelt am Originalschauplatz Berlin dokumentiert, deren gespenstische Figurationen die Emigrantin, die Schriftstel-
lerin Hilde Spiel, in dem 1946 geführten Tagebuch über ihre Rückkehr nach
Wien gleichfalls festgehalten hat. In Spiels Notaten begegnet man dem
einst glanzvollen Wien in einer traumatisch merkwürdigen Mischung aus
Kriegsbauten wie Hoch- und Kellerbunkern, brüchigen, vernachlässigten
Wohngebäuden, entleerten Schaufenstern und einer „Zerstörung", wie sie
schrieb, „die nicht von Bomben"[11] herrührte. Dass in dieser trostlosen Lebenswelt die neuen Bilder durchgrünter Stadtlandschaften und lichtdurch-
fluteter Gebäude – die ihre formalen Elemente aus dem verdrängten Ide-
enreservoir der fortschrittsorientierten Architekturmoderne der 20er und
30er Jahre übernommen hatten – wie Wunschbilder eines kommenden
Paradieses wirken mussten, macht deren Faszination erst nachvollziehbar.
Für die jüngeren, noch in der Ausbildung stehenden Architekten und Architekturstudenten, die den Wiederaufbau unter den Augen der Besatzungs-
mächte zu projektieren begannen, lieferten derartige Bilder jedenfalls die
entscheidenden Anregungen, um selbst forschend und entwerfend aus
den Spuren der inzwischen zur mythischen Größe avancierten Moderne

die neuen Leitbilder einer unsentimentalen, konstruktiv klaren Architektur zu entwickeln.

Dieser Prozess verlief insofern in (vor-)geordneten Bahnen, als die amerikanischen und englischen Besatzungsstäbe frühzeitig mit dem Aufbau von institutionell abgesicherten Bildungseinrichtungen begannen, die zugleich den „Übergang zu Demokratie und Marktwirtschaft sozusagen unter Aufsicht, unter der Regie und sogar mit materieller Unterstützung der Siegermächte"[12] zu unterstützen hatten.

Reeducation/Reorientation und Architektur

Fragen der Bildungspolitik und die Suche nach einer demokratietauglichen Erziehung wurden daher zentrale Themen der bundesdeutschen Debatten zur Schulorganisation und Universitätsausbildung. In dem vielstimmigen Chor der Diskutanten erhielten gerade jene Hochschullehrer Gewicht, die, wie der Heidelberger Arzt und Philosoph Karl Jaspers, in ihrer Distanz zum Nazismus – Jaspers war 1937 aus dem Universitätsdienst entlassen worden – als besonders geeignet erschienen, die Verfahren einer künftigen demokratischen Pädagogik zu skizzieren; wir wissen allerdings, dass die personellen Kontinuitäten zur nationalsozialistisch geprägten deutschen Universität wesentlich haltbarer waren, als dies die Popularität von Jaspers Schriften oder die Entnazifizierungsprozesse innerhalb der Universitäten zunächst suggerierten. Langfristig sollten es aber diese Positionen des Neubeginns, der Wandlung und Veränderung sein, die sich in den deutschen Universitäten Gehör verschafften. Karl Jaspers hat Themen dieser Art immer wieder in Büchern, Vorträgen und vielgelesenen Aufsätzen behandelt; seine Beweisführung basierte auf der Grundannahme, dass sich die künftige Universität vor allem der Ausbildung frei denkender Menschen zu widmen habe, die dem „Wagnis der Öffentlichkeit", also der kritischen Beurteilung des eigenen Handelns und dem „Mut zur Selbsterziehung", gewachsen sein könnten. Jaspers vertraute dabei auf jene Hochschullehrer, die, wie er selbst, der NS-Doktrin widerstanden hatten. In seiner Rede zur Wiedereröffnung der Medizinischen Kurse an der Heidelberger Universität 1945 hörte sich das folgendermaßen an: „Es gab Professoren und Studenten, die innerlich frei blieben [...]. Es blieb etwas erhalten trotz der massenhaften Entlassungen, trotz der Eingriffe in den Unterricht und in die Forschung, trotz der Zerstörung unserer uralten Verfassung und Selbstverwaltung zugunsten eines weltanschaulich und politisch vergifteten, in seinem Wert ständig sinkenden Schulbetriebs. Weil der wissenschaftliche Geist tatsächlich noch nicht zerstört werden konnte, vermag heute die Universität sogleich wieder zu beginnen, wenn auch nur in einem beschränkten Umfange.

Daß wir wieder arbeiten dürfen, verdanken wir dem Einverständnis der Besatzungsmacht [...]. Daß wir für den Aufbau unserer Universität die Duldung und vielleicht die Hilfe der Sieger finden, ist allein ihrem tätigen Glauben an diese Menschenrechte zu danken, die sie auch uns Besiegten gewähren. Sie haben erklärt: Das deutsche Volk soll nicht vernichtet werden und das deutsche Volk soll erzogen werden [...].

Der Neubeginn unserer Universität kann jedoch kein einfaches Anknüpfen an den Zustand vor 1933 sein. Zuviel ist geschehen, zu eingreifend ist die Katastrophe. Wir selbst sind andere geworden seit 1933."[13] „Wir müssen Abschied nehmen von einer Vergangenheit um uns und in uns [...]. Wir wollen nicht aus dem Nein zum Schlechten, sondern aus dem Ja zum Guten leben, aus der Tiefe unserer eigentlichen Vergangenheit, die uns trägt."[14] So sprach Jaspers denn auch nicht von einem Neubeginn, sondern allenfalls von einer notwendigen Erneuerung der Universität, die sich in der uneingeschränkten „Lehr- und Lernfreiheit als Bedingung verantwortlicher Selbständigkeit aller einzelnen Dozenten und Studenten"[15] zu beweisen habe. Das Ziel der universitären Ausbildung war mithin die Erziehung zum freien, unabhängigen Wahrheitsdenken verantwortungsgeleiteter Wissenschaftler. In Niedersachsen wurde eine ähnliche Haltung durch den Remigranten und Göttinger Philosophieprofessor Helmuth Plessner vertreten, der 1962, zu einem Zeitpunkt, da das Braunschweiger Hochschulforum im Entstehen begriffen war, den Mut zur Selbsterziehung der Studierenden nachdrücklich einforderte: „Es fehlt aber nach meinem Eindruck doch im tieferen Sinne die politische Erziehung der Studenten [...]. Wir wollen das politische Gespräch. Die Studenten sollen zur Initiative gebracht werden, sollen sich selbst überlegen, wen sie dazu bitten [..]. Nur daß Studenten überhaupt wieder einmal dazu gebracht werden, nicht unter bloßem Fachinteresse und nur unter Fachgesichtspunkten die Universität zu betrachten."[16]

Wenn uns heute die Emphase jener Bildungsdiskurse der Nachkriegsära auch nicht mehr in dem Maße berührt wie die Überlebenden des Zweiten Weltkrieges, so müssen wir die Argumente doch in ihren Grundzügen kennen, um zu erkennen, dass darin die Keime zur Distanzierung vom autoritär-patriarchalen Erziehungswesen der nationalsozialistischen Ideologie zu sprießen begannen, die die universitären Ausbildungsstrukturen allmählich verändern konnten, um in der Studentenrevolte von 1968 aufzugehen. Man muss an dieser Stelle an diese Überlegungen erinnern, weil die Architekten der Braunschweiger Schule ihre Planungen für die Technische Universität Braunschweig (Abb. S. 15) unter dem Eindruck solcher Erneuerungsdiskurse entwickelt haben. Wir wollen jedoch nicht verkennen, dass sie dabei im unhinterfragbaren Rahmen einer durch die Siegermächte gesetzten Kulturpolitik projektierten; schließlich waren sie als Hochschullehrer zugleich Betroffene und Ausführende jener Mentalitätserneuerung, die unter dem Begriff der *Reeducation* oder besser der *REORIENTATION* daran mitzuwirken hatten, dass die „Zerstörungen, die nicht von Bomben" herrührten, allmählich ausgebessert werden konnten. Diesen Prozess in Raumstrukturen transformiert zu haben, gibt den Braunschweiger Universitätsbauten die besondere Würde.

Zu diesem Projekt der mentalen Reorientierungsprogramme gehörte die frühzeitige personelle und organisatorische Umstrukturierung der deutschen Universitäten, in deren Rahmen die entnazifizierten deutschen Professoren zu Auslandsreisen ermutigt wurden. Die Architekturprofessoren der Technischen Hochschule Braunschweig haben diese Programme gerne

genutzt. Seit 1951 ermöglichten zunächst ausgedehnte Exkursionen in die skandinavischen Länder die Auseinandersetzung mit den Entwicklungen einer internationalen Architekturmoderne (Konstruktionen und Materialien: Stahl/Glas/Beton/Alufassaden), die später immer häufiger durch Reisen in die Vereinigten Staaten von Amerika vertieft wurde. In diesem Spannungsfeld begannen sich einige Braunschweiger Architekturlehrer, wie Friedrich Wilhelm Kraemer, intensiv mit der modernen Klassizismusrezeption Schwedens auseinanderzusetzen und mit Tendenzen zu befassen, die, wie etwa in Finnland, das Raumrepertoire des „Internationalen Stils" mit regionalen Typologien verschmolzen hatten. Einflüsse dieser Art sind in vielen Entwürfen, die im Büro Kraemer entstanden sind, spürbar: In den Planungen für das Braunschweiger Hochschulforum können wir sie geradezu idealtypisch rekonstruieren. Die Prinzipien derartiger Synthesen aus Regionalität und Modernisierung sind bis in die frühen 60er Jahre hinein gleichsam zu einem Markenzeichen der sogenannten Braunschweiger Schule geworden, wie sie durch Friedrich Wilhelm Kraemer oder Dieter Oesterlen vertreten worden ist. Ihre Eigenwilligkeit besteht eben darin, auf Traditionsbestände leitmotivisch nicht verzichtet, vielmehr Vorgaben des Genius loci motivisch selektiv aufgegriffen und konstruktiv im Sinne des „International Style" modernisiert zu haben. Auf dieser materiellen Basis hat sich im Braunschweiger Hochschulbau die Erneuerung der deutschen Universität ansatzweise architektonisch veranschaulichen können; die Diskurse, die sich um diese Architektur dann entspannen, haben diesen Prozess jedenfalls als Intention der gelungenen *Reorientation* beschworen. Erhart Kästner, zum Zeitpunkt des 1961 eingeweihten Auditorium Maximum (Audimax) Direktor der Wolfenbütteler Bibliothek und Freund Kraemers, hat die besondere kulturpolitische Repräsentationsleistung, die diese neue Universitätsarchitektur im Maßstab der *Reorientation* zu erbringen hatte, literarisch ein wenig überhöht und doch präzise beschrieben: „Wenn man weiter nichts wüsste von einem Land und sähe bloß Bauten wie diese, so müsste man denken: hier hausen freie, ausgeglichene, kühl und klar denkende, unverkrampft lockere, musische, glückliche Menschen […]. Baukunst ist auch Erziehung."[17]
Wodurch aber konnte sich dieser Eindruck, dass man es hier mit einer zum freien Denken erziehenden Baukunst zu tun habe, überhaupt herstellen? Und sollten wir nicht gehalten sein, diese milieutheoretisch konnotierte Lesart der Zeitgenossen heute als Mystifikation zu entschlüsseln? Schließlich hat uns die Postmodernekritik gelehrt, derartigen Analogien gegenüber skeptisch zu sein: Nicht jede moderne, gläsern-kühle Gebäudehülle darf schon als Zeichen freiheitlich-demokratischer Gesellschaftsstrukturen bezeichnet werden und nicht jede transparente Architektur ist schon der Beweis demokratischer Gesinnung! Warum darf hier dennoch behauptet werden, dass man es im Braunschweiger Hochschulforum mit einer programmatischen Stadtraumfigur zu tun hat, deren Programmatik darin besteht, die Vorstellungen vom Mut zur Selbsterziehung nach 1945 architektonisch-räumlich gefasst zu haben?

2 Altgebäude der TH Braunschweig,
Constantin Uhde 1877, im Hintergrund: Okerhochhaus, Dieter Oesterlen, 1954–56

2

Das Forum der Technischen Hochschule Braunschweig:
Ortsbezüge

Um diese Aussage zu untermauern, ist es notwendig, den Blick nicht allein auf die technisch-konstruktive oder die bauhistorische Einordnung der stilistischen Eigenarten des Hochschulforums zu richten. Es ist vielmehr nötig, das konkrete Umfeld der Kraemer-Planungen in die Betrachtung miteinzubeziehen, denn erst aus der topografischen Lagebestimmung, aus den Ortsbezügen des Gebäudeensembles wird die intentionale Stringenz im Raumgefüge des Hochschulforums prägnant.

Der Auftrag zur Errichtung einer Gebäudegruppe für ein Auditorium Maximum samt Physikhörsälen, das Rektorat und Räume für die Fakultät 1 sowie für den Neubau einer Universitätsbibliothek wurde knapp ein Jahr nach Fertigstellung der eleganten Hochhausscheibe Dieter Oesterlens an das Kraemer-Büro (KPS) vergeben. In Oesterlens Hochhaus residierte inzwischen die Fakultät für Bauwesen, die dem Braunschweiger Universitätsareal in der Gebäudetypologie des Hochhauses ein fulminantes Bekenntnis zur Westorientierung der kommenden Architekturlehre und zum kulturellen Amerikanismus eingeprägt hatte. Das Planungsgebiet für ein neues Repräsentationszentrum der Technischen Hochschule lag unweit davon entfernt, dem alten, 1944 zerstörten Altbau Constantin Uhdes an der Pockelsstraße gegenüber. Es handelte sich dabei um ein kriegszerstörtes Trümmergrundstück, das auf Anraten Kraemers durch das Land Niedersachsen aufgekauft worden war, womit sich dem Architekten die Möglichkeit bot, auf den soeben teilrekonstruierten historistischen Identifikationsbau der Braunschweiger Hochschule reagieren und diesen in das Neukonzept eingliedern zu können. Kraemers Planung sollte schließlich ein Straßengeviert besetzen, das nun Sichtbezüge zum Altbau herstellte und zugleich den weiten Raum zwischen der bürgerlichen Stadtvillenbebauung in der Abt-Jerusalem-Straße und der in der Constantin-Uhde-Straße auffüllte. An diesem Straßenzug schob sich das Bebauungsgelände in die Nachbarschaft

3 zur 1934/35 bis 1937 errichteten „Bernhard-Rust-Hochschule" vor, die als pädagogische NS-Kaderschmiede für Volksschullehrer den Auftakt zur forcierten Braunschweiger NS-Hochschulplanung markiert hatte und jetzt als ein hochschulpolitisch kontaminiertes Areal wahrgenommen werden musste.

Es war mithin diese stadträumliche Nähe zum hochschuleigenen NS-Forum mit dem vorgelagerten Platzraum für paramilitärische Übungen der akademischen NS-Jugend, für deren Aufmärsche und Weihefeiern, die als besondere Herausforderung vom Architekten Kraemer intentional zu bearbeiten war. Der neue Braunschweiger Hochschulbau musste sich daher architektonisch klar in Gegenbildern zum bestehenden dumpf-dunklen Neoexpressionismus der „Bernhard-Rust-Hochschule" mit dem dominanten Turmgebäude, das die Aula beherbergte, positionieren, wofür Raumbilder und Symbolsysteme

3

3 Luftbild „Bernhard Rust Hochschule"
Lehrerbildungsanstalt, Braunschweig, Foto nach
1945, Emil Herzig 1934–1937

gewählt wurden, die im Sinne der frühen bundesdeutschen Bildungsdiskurse als „Abschied von einer Vergangenheit um uns und in uns" gelesen werden konnten; die Stillage dieser Mitteilung offerierte die Moderne in Feinheiten des „International Style", die auf Auslandsexkursionen und Reisen studiert worden waren.

Die einzelnen Planungsschritte, die für das Hochschulforum vorliegen, dokumentieren diese Absicht Kraemers in mehreren Varianten. Immer aber ging es ihm darum, die Raumkante zwischen dem NS-Forum und dem neuen, der Selbsterziehung dienenden Forum der Post-NS-Ära optisch herauszuarbeiten, sodass sie als Chronotopos der Zeitenwende sichtbar wäre.

Für diese Sicht der stadträumlich-architektonischen Neudefinition hat Kraemer zwei Varianten durchgespielt. Die eine inszenierte gleichsam idealtypisch die Constantin-Uhde-Straße als Grenzlinie, indem die noch vorhandene Wohnhausbebauung abgeräumt wurde, an deren Stelle ein neues Bibliotheksgebäude mit angehängtem mehrgeschossigen Hochmagazin als Stilvariante des Oesterlen-Hochhauses und Gegenentwurf zum Rust-Hochhaus hätte entstehen sollen. Die zweite Variante, die in gleicher Weise wie im Idealentwurf die Dreiergruppe aus Audimax, Bibliothek und Verwaltung um einen Platzraum herum gruppierte, rechnete sachlich realistisch mit der vorhandenen Wohnhausbebauung an der Konstantin-Uhde-Straße und verzichtete damit auf die direkte optische Konfrontation. Alle Entwürfe haben die Struktur der einzelnen Baukörper an der Quadratur des Altgebäudes orientiert, die im Audimax aufgenommen ist und zunächst für das Bibliotheksgebäude übernommen werden sollte. Dass sich Kraemer schließlich für eine Variante entschied, die im Bibliotheksgebäude einen zylindrisch herausgeschobenen Baukörper präferierte, wird der gemeinsam mit Oesterlen 1959 veranstalteten Skandinavien-Exkursion geschuldet sein. In Stockholm hatten sie die Stadtbibliothek von Gunnar Asplund aus den 1920er Jahren besucht und bewundert. Kraemer schätzte den „asketisch, strengen Ernst dieser Raumkomposition"[18] und war fasziniert von Asplunds „geläutertem Funktionalismus", der massenkompositorisch die Entwicklung der jüngeren, vom „International Style" geprägten Architektur Arne Jacobsens vorbereitet hatte. Der endgültige, häufig publizierte Entwurf für das Hochschulforum entstand unzweifelhaft unter dem Einfluss dieser Exkursion, denn Kraemer veränderte den vorliegenden Entwurf im Bereich der Bibliothek. So entstand eine Kombination aus den stereometrischen Grundfiguren des Würfels, des Quaders und des Zylinders, die das Audimax, das Rektoratsgebäude und die Bibliothek als individuelle und doch systemisch aufeinander bezogene Raumfiguren definierte. Allein auf der Ebene des vom Straßenniveau abgehobenen weiten Platzraumes erhielten die Bauten gleichsam eine gemeinsame Linie, indem die Gebäude von einem umlaufenden Laubengang umzogen wurden, der als abgedunkelte Raumschicht die einzelnen Gebäudezugänge erahnen ließ. Unterhalb des Stoa-ähnlichen Laubenganges – ein Motiv, in dem die antike Forumsfigur durchscheint – betrat man vom Platz aus jetzt die dahinterliegenden, lichtdurchfluteten Foyerbereiche, die mit Sitzgruppen möbliert Möglichkeiten

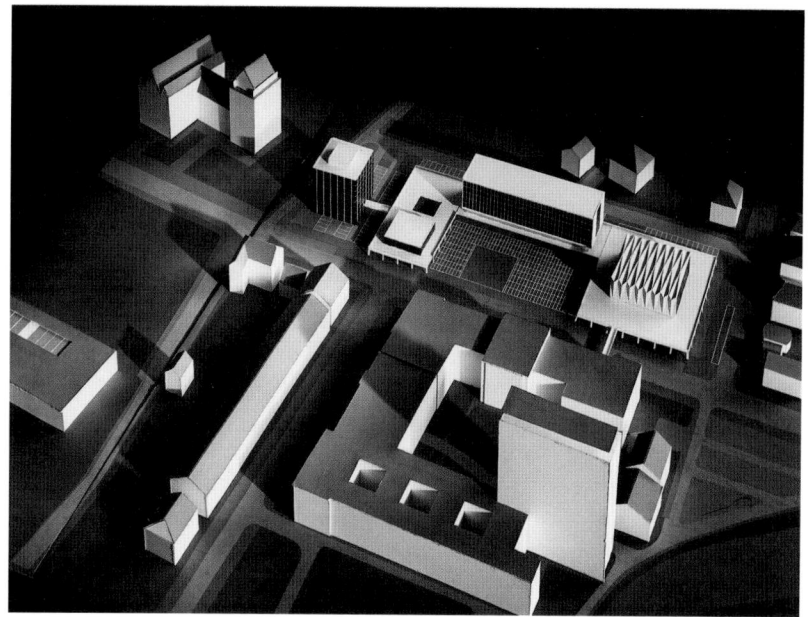

4

4 Modell Hochschulforum
der TH Braunschweig mit geplanten
Hochmagazin der Bibliothek, Friedrich
Wilhelm Kraemer, um 1956

5 Modell Hochschulforum
der TH Braunschweig, Friedrich Wilhelm
Kraemer, 1957

5

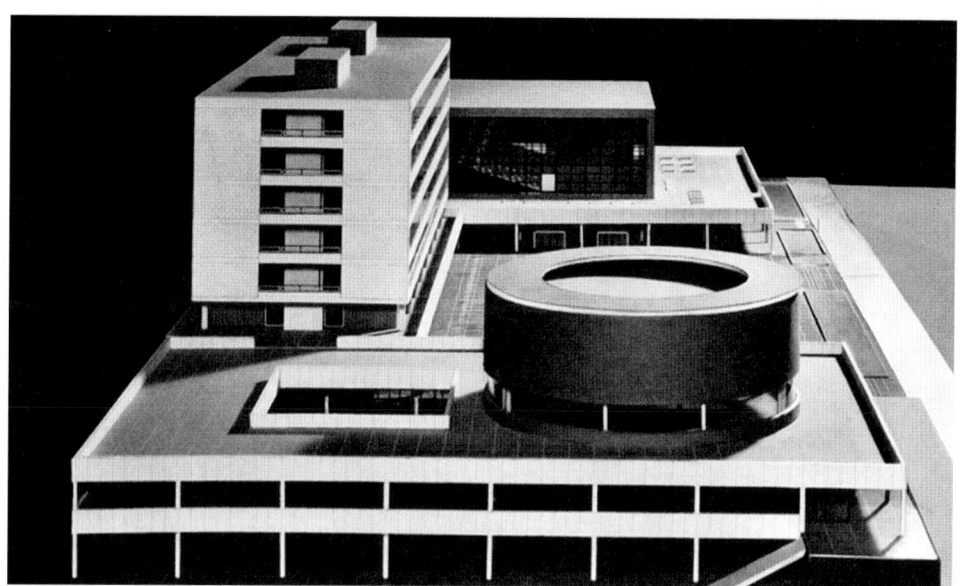

6

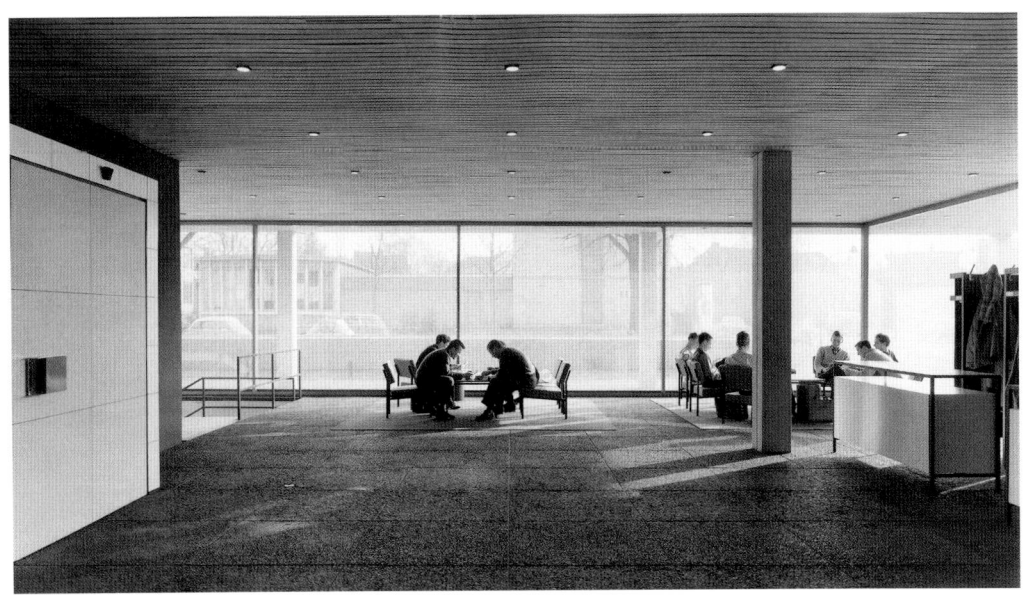

6/7 Foyer und Laubengang, Auditorium Maximum der TH Braunschweig, um 1960

7

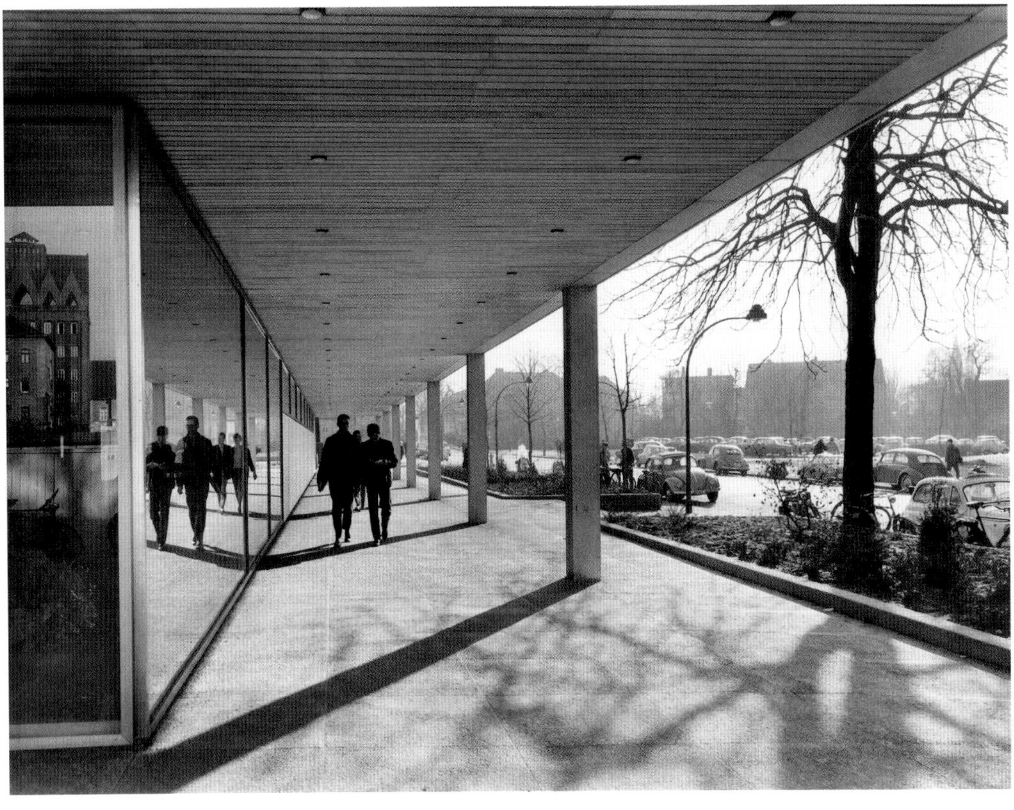

8

8 Auditorium Maximum der TH
Braunschweig, Wolkenplastik von Hans Arp,
Zustand um 1960

zum Selbststudium oder zu debattierenden Gesprächen bot. Kraemer mag
bei der Raumgestaltung an das dialogisch gelehrte Gespräch der platoni-
schen Akademie gedacht haben; auf jeden Fall aber hat er in den Fotografien Heinrich Heidersbergers die Assoziation zum peripatetischen Spazier-
gangswissen nahegelegt. So haben wir seine Hochschulbauten wesentlich
als Foren für das öffentliche, debattierte, gelehrte Gespräch im Sinne einer
6/7 Erziehungsbaukunst zu deuten.

Dass Kraemer sein Gebäudeensemble als Aufenthaltsraum des gelehrten
Geistes gelesen wissen wollte, hat er 1960 betont. In einem Beitrag für
den Berichtsband der Hochschule schrieb er lapidar in Anlehnung an eine
Sentenz des Heidelberger Literaturwissenschaftlers Friedrich Gundolf: „Aus-
druckserscheinung der Idee Technische Hochschule nicht als ein Forum der
Repräsentation, sondern als Ausdruck dessen, was im Forum gewirkt wird
und von dort ausstrahlt: Sichtbarmachung des lebendigen Geistes."[19] Dass
Kraemer das Konzept der „universitas litterarum" offensichtlich mitbedacht
hat, wird hier evident. Tatsächlich wurde 1968 dann die natur- und technik-
wissenschaftliche Ausbildung durch Eingliederung einer geistes- und sozi-
alwissenschaftlichen Fakultät komplettiert und aus der ehemaligen Technischen Hochschule wurde die Technische Universität Braunschweig.

Ortsbezüge heute: ein kurzer Nachtrag

Das Forumsprojekt Kraemers ist in der projektierten Weise von 1957 nicht umgesetzt worden. Nur das Audimax und der Verwaltungsbau sowie das stadträumliche Platzprogramm sind um 1960 entsprechend fertiggestellt worden. Die eindrucksvolle Geometrie des Entwurfes für den Bibliotheksbau (Neubau nach geändertem Entwurf 1969/71) hat Kraemer später offenbar widerstandslos den funktionalen Anforderungen geopfert. In jene Zeit des erlahmenden ästhetischen Engagements der späten 1960er Jahre fällt auch die vollkommen unsensible Veränderung der äußeren Farbgestaltung des Audimax, der Verzicht auf den dunklen Baukörper mit den weißen Wolkenzügen nach Entwürfen Hans Arps.

8

Das ehemalige Rust-Forum, das nach 1945 flugs in Kant-Hochschule umbenannt wurde – ein Akt, den man als Beleidigung des Königsberger Aufklärers empfinden könnte – hat sich grosso modo erhalten und wird inzwischen als „Haus der Wissenschaften" genutzt. Die Spuren der Nutzung als militarisierte NS-Ausbildungsstätte sind aber im Detail noch sichtbar: Die Fassade präsentiert dem Beschauer im zentralen Geschossbau eiserne Fensterbrüstungen, gebildet aus dem Wechsel kleiner, in die Höhe aufragender Schwerter; und im Prunkraum der Aula mäandert im Geländer der Galerie

9

ein stilisiertes Hakenkreuzband durch den Raum. Das martialische Schmuckband hat bis heute seinen Platz behauptet und gibt bei feierlichen Anlässen als verdrängtes Ornament den vielsagenden Hintergrund akademischer Rituale. Und doch: Der ironiebegabte, dialektisch denkende Besucher mag diesen Sachverhalt vielleicht goutieren. Denn subkutan wird er daran erinnert, dass die Idee der selbstbestimmten Erziehung im Nachbarkomplex, im Hochschulforum Kraemers beheimatet ist, in einem Gebäudeensemble der Nachkriegsmoderne, das in Zeiten von Showroom-Effekten für Exzellenz-Universitäten seit Jahren ungeliebt verfällt.

9

9 Aula, Haus der Wissenschaft (ehemals Rust-Hochschule) der TU Braunschweig, Detail, Emporengeländer, Zustand 2010

Anmerkungen

1 Der Titel ist der Rede Karl Jaspers' über *Wahrheit, Freiheit und Friede* aus Anlass der Verleihung des Friedenspreises 1958 entliehen.
2 Kraemer, Friedrich Wilhelm: „Die Raumvorstellungen unserer Zeit und ihre Auswirkung auf das neue Bauen." Vortrag gehalten auf dem *Betontag* am 24./25. September 1957. In: Wilhelm, Karin/Gisbertz, Olaf/Jessen-Klingenberg, Detlef/Schmedding, Anne (Hg.): *Gesetz und Freiheit. Der Architekt Friedrich Wilhelm Kramer (1907–1990)*. Berlin 2007 (im Folgenden *Gesetz und Freiheit)*, S. 114–124, hier S. 114
3 Ebd.
4 Friedrich Wilhelm Kraemer war dem politischen System des Nationalsozialismus im Organisationsverband der *Deutschen Arbeitsfront* und als Kreisreferent des Amtes *Schönheit durch Arbeit* eingegliedert gewesen. Er hat sich intellektuell nach 1945 offensichtlich dem Denken Martin Heideggers oder Arnold Gehlens nahe gefühlt, geprägt durch eine tiefe Religiosität. Weitere Angaben zur Biographie: Wilhelm, Karin: „Gesetz und Freiheit". In: *Gesetz und Freiheit*, 2007, S. 14–21 (wie Anm. 2)
5 *Gesetz und Freiheit* 2007, S. 114 (wie Anm. 2)
6 Neumeyer, Fritz: *Mies van der Rohe. Das kunstlose Wort. Gedanken zur Baukunst*. Berlin 1986, S. 238f.
7 Kraemer, Friedrich Wilhelm: „Zum Achtzigsten Geburtstag Mies van der Rohes". In: *Bauen und Wohnen*. Jg. 21. 1966. H. 5. S. 195. Vgl. *Gesetz und Freiheit* 2007, S. 127 (wie Anm. 2)
8 Mies van der Rohe, Ludwig: „Museum für eine kleine Stadt. 1953". In: Neumeyer 1986, S. 385 (wie Anm. 6)
9 Kraemer 1966 (wie Anm. 7), S. 127. Zur Amerikabegeisterung siehe: Wilhelm, Karin: „Atmosphären aus Übersee". In: *Gesetz und Freiheit* 2007, S. 74–87 (wie Anm. 2)
10 Mit Kraemer, Walter Henn, Dieter Oesterlen und anderen entwickelte sich an der TH Braunschweig eine Entwurfsausbildung, die schon in den 1960er Jahren als „Braunschweiger Schule" bekannt wurde.
11 Spiel, Hilde: *Rückkehr nach Wien. Tagebuch 1946*. München 1968, S. 65. Die Überlegungen basieren auf meinem Artikel: Wilhelm, Karin: „Zurück in die Zukunft. Die arbeitsgruppe 4 im internationalen Kontext". In: Architekturzentrum Wien (Hg.): *arbeitsgruppe 4. Wilhelm Holzbauer, Friedrich Kurrent, Johannes Spalt*. Wien 2010, 160–175
12 Gerhard, Uta: *Soziologie der Stunde Null. Zur Gesellschaftskonzeption des amerikanischen Besatzungsregimes in Deutschland 1944-1945/46*. Frankfurt a.M. 2005, S. 31
13 Jaspers, Karl: „Erneuerung der Universität. Eine Rede". In: *Die Wandlung. Eine Monatsschrift*. 1. Jg., Heft 1, S. 66–74, hier S. 66f.
14 Ebd. S. 68
15 Ebd. S. 74
16 Plessner, Helmuth: „Universität und Erwachsenenbildung (1962)". In: *Gesammelte Schriften X, Schriften zur Soziologie und Sozialphilosophie*. WBG, Darmstadt 2003, S. 250–264, hier S. 264
17 Kästner, Erhart: „Forum der Technischen Hochschule". In: *Braunschweig. Berichte aus dem kulturellen Leben*. Braunschweig 1/1961, S. 5–7, hier S. 7
18 Kraemer, Friedrich Wilhelm/Oesterlen, Dieter: „Skandinavien-Exkursion 1959. Lehrstühle für Gebäudelehre und Entwerfen". In: *Berichte aus Forschung und Hochschulleben 1957-1960 der Technischen Hochschule Carolo-Wilhelmina zu Braunschweig*. Braunschweig 1960, S. 178–184, hier S. 178
19 Kraemer 1960 (wie Anm. 18), S. 47–48, hier S. 48. Kraemer spielte mit dieser Formulierung auf die Widmung am Gebäude der Neuen Universität zu Heidelberg, *Dem lebendigen Geist*, an.

Detail und Bild –
Das Hochhaus der TH Braunschweig von Dieter Oesterlen

Frederik Siekmann

„Man mag es auf den ersten Blick nicht für der Mühe wert halten, die Bürohausfassade zum Gegenstand ästhetischer Betrachtung zu machen und könnte meinen, dieses Thema würde wenig ergiebig sein. Das Gegenteil ist der Fall."
Friedrich Wilhelm Kraemer[1]

Der gegenwärtige Diskurs um die Nachkriegsmoderne bemüht in Analogie zur Funktionalismuskritik der 1960er und 70er Jahre häufig Bilder von gesichtslosen Städten und gleichförmigen Architekturen. Doch erscheinen solche Verallgemeinerungen spätestens dann unzulässig, wenn man sich der Aufgabe unterzieht, die architektonischen Qualitäten exemplarisch an einzelnen Bauwerken dieser Epoche darzustellen. Wert und Bedeutung lassen sich letztendlich nur am Bauwerk selbst ermessen.
Die Architekten der Nachkriegsmoderne haben Bauten von Qualität entstehen lassen, an denen sich diese auch benennen lässt. Wesentliche Bezugspunkte für die architektonische Entwurfsarbeit bezogen sie sowohl aus den für zeitlos gültig erachteten Kategorien früherer Bauepochen als auch aus den theoretischen Diskursen der Zeit um Material, Konstruktion und Detail.
Das Hochhaus der Technischen Hochschule Braunschweig gehört zweifellos zu den Werken der Nachkriegsmoderne, die auf den ersten Blick leicht unterschätzt werden können. Der Bau, 1954–1956 nach Entwürfen von Dieter Oesterlen (1911–1994) – einem der Hauptprotagonisten der sogenannten „Braunschweiger Schule" – entworfen, ersetzte den im Krieg zerstörten südlichen Okertrakt des historischen Hauptgebäudes durch ein schlankes 17-geschossiges Hochhaus für die Lehrstühle und Institute der damaligen Fakultät für Bauwesen.
„In der Stadtsilhouette ist dieser Neubau der Hochschule ein neues Wahrzeichen und bringt sinnfällig die Bedeutung der Carolo-Wilhelmina für die Stadt Braunschweig zum Ausdruck."[2] Die zeitgenössischen Schwarzweiß-Fotografien von Heinrich Heidersberger zeigen den Bau aus unterschiedlichen Blickwinkeln: einerseits im Kontext des 1877 errichteten Altgebäudes der Technischen Hochschule von Constantin Uhde (1836–1905), andererseits von Westen mit einem von 1819 bis 1920 nach Entwürfen von Peter Joseph Krahe (1758–1840) erbauten klassizistischen Wach- und Zollhaus.
Für Dieter Oesterlen bildete der Klassizismus „um 1800" – nicht zuletzt in seinen Studienjahren durch die weit verbreiteten gleichnamigen Schriften von Paul Mebes angeregt – eine wesentliche Grundlage der modernen Architektur: „Da man schwer in die Zukunft sehen kann, wird man auf Spekulationen angewiesen sein. Aber Zurückschauen kann man besser und kann daraus seine Rückschlüsse mit etwas größerer Wahrscheinlichkeit auf Rich-

1

tigkeit ziehen."[3] Er sah in der Ausformulierung der Gegensätze von Altem und Neuem und in der strengen, rationalen Gestaltung ein vom Klassizismus fortgeführtes Entwurfsprinzip, das nur im Zusammenspiel von Bauten verschiedener Entstehungszeiten im „gebundenen Kontrast"[4] zu lösen sei. Mit Bezug auf die in Braunschweig vorgefundenen Verhältnisse auf dem Universitätsgelände schrieb Oesterlen: „Die knappe Fassadengestaltung steht, ebenso wie der Baukörper selbst, in gegensätzlicher Spannung zu dem stark reliefierten und mit Werksteinbossen versehenen historischen Haupttrakt. Beide, Neubau und Altbau, gelangen durch diesen Kontrast zu einer erhöhten Wirkung."[5] Oesterlen favorisierte also ein dialektisches Verhältnis zwischen Alt und Neu.

2

Detail und Bild

Das Erscheinungsbild eines Gebäudes war für Dieter Oesterlen Resultat einer durchgängigen Idee, der er sich nicht nur als entwerfender Architekt, sondern auch in fast 25 Jahren als Hochschullehrer verpflichtet fühlte. Seine Vorlesungsreihe „Das Detail im Gesamtentwurf" umschrieb den Grundgedanken seiner architektonischen Lehrauffassung. Als die Zeitschrift *Baukunst und Werkform* 1958 dem Architekten eine Ausgabe monografisch widmete, lobte sie „sein besonderes Gefühl für Maß und Proportion, welches sich bis zum letzten technischen Detail ausspricht"[6] und führte mit jenem Heft die sogenannten „technischen Ergänzungsblätter" ein. Diese neue Beilage mit maßstäblichen Zeichnungen sollte den „engen Zusammenhang zwischen der charakteristischen technischen Durcharbeitung eines Bauwerkes und der architektonischen Form erhellen [...] "[7], eine Devise, die auch beim Bau des Okerhochhauses zum Tragen kam. Der Wunsch Oesterlens, „dem Bau ein vorwiegend technisch konstruktiv gestaltetes Gesicht zu geben"[8], zeigte sich in der deutlich akzentuierten Gliederung des Hochhauses: Sockel, Giebelwände, gerasterter Hauptkörper und Dachabschluss waren als grundlegende Elemente der Architektur eigenständig ausformuliert und verwiesen im Zusammenspiel der logisch geordneten Bezugspunkte auch auf die architektonische Tradition.

Konsequenterweise forderte Dieter Oesterlen für die Architektur nach 1945 „den menschlichen Maßstab"[9] ein. Entsprechende Vorbilder fand er unter anderem im nordischen Funktionalismus, welcher auch seinem Wunsch einer „stilistische[n] Weiterführung und Neuverarbeitung vom Klassizismus"[10] entsprach: „Daher muß der Begriff gefestigter Ordnung wieder in die Architektursprache eingefügt werden. Das bedeutet aber nicht Rückkehr zu Symmetrie und Monumentalität, sondern Streben nach Gesetzmäßigkeit und Rhythmus. Architektonisches Gestalten ist fortgesetztes Ordnen, bis die letztmögliche Harmonie aller Teile erreicht ist."[11]

3 Begünstigt durch die räumliche Organisation als Einbund und die damit einhergehende geringe Tiefe von nur zehn Metern wurden die Stirnseiten als geschlossene Wandscheiben ausgebildet. Diese statisch aussteifenden Scheiben reichten über den Sockel hinaus bis zum Boden. Sie lagen jedoch nicht in der Stützenachse, sondern wurden bewusst neben die Stüt-

1

1 Hochhaus der TH Braunschweig von Westen, 1956

2 Hochhaus der TH Braunschweig, Präsentationsmodell, Dieter Oesterlen, 1955

zen gerückt und durch eine deutliche Fuge vom Raster der Fassadenfläche getrennt. Diese Maßnahme sowie der Verzicht auf Öffnungen erleichterte die Lesbarkeit ihrer Funktion. Die letzte Stütze blieb Teil des Rasters, wirkte so begründet und die Giebelwände vervollständigten selbstverständlich das Bild der Langseite. Eine schwebende Dachplatte über den zurückgesetzten Seminar- und Technikräumen bildete den Abschluss des Gebäudes, ein für zeitgenössische Rasterbauten eher untypischer, mit Betonwerksteinplatten verkleideter Sockel verwies auf die gestalterische Nähe zum Bestand, denn – obwohl in Skelettbauweise errichtet – erzeugte die Verhüllung des Sockels

4 das angestrebte monolithische Bild. Auf eine Akzentuierung des Eingangs im Erdgeschoss verzichtete Oesterlen zugunsten der gestalterischen Integrität des Sockels. Stattdessen organisierte er die Verbindung über einen filigranen brückenähnlichen Gang aus Stahl und Glas als „organische Verbindung zu dem Flursystem des Altbaues"[12]. Mit dem Neubau des Chemiehörsaalgebäudes (1957–1959) wurden auch die Elektrotechnischen Institute (1927–1929) von Carl Mühlenpfordt (1878–1944) über Brückengänge miteinander verbunden und damit „nachträglich ein Grundriss in unsere Hochschulanlage hineingetragen"[13].

2

Einbund, Zwei- oder Dreibund

Funktionale und organisatorische Überlegungen bestimmen im Entwurfsprozess von Architekten meist die Wahl der Grundrissdisposition. In den Wiederaufbaujahren nach 1945 mussten dabei vor allem wirtschaftliche Aspekte berücksichtigt werden. Dennoch entschied sich Oesterlen, das Okerhochhaus entgegen der sonst üblichen Praxis im Verwaltungsbau als einbündige Anlage zu organisieren. Noch während der Bauzeit des Hochhauses hatte Friedrich Wilhelm Kraemer – wie Oesterlen langjähriger Entwurfslehrer an der TH Braunschweig – in seinem Standardwerk über Büro- und Verwaltungsbauten dieses Grundrissschema nur beiläufig in einer Randnotiz erwähnt: „Einbündige Anlagen werden nur selten ausgeführt, weil der Verkehrsflächenanteil gegenüber der Nutzfläche zu groß ist."[14] Sogar die Braunschweiger Studentenzeitung *Omnibus* argumentierte mit eigens erstellten Baukostenvergleichen gegen den Einbund.[15] Dass Oesterlen dennoch den Einbund präferierte, brachte auch städtebauliche Vorzüge mit sich, nämlich „eine möglichst große Öffnung des Hofes zu der südlich an der Oker gelegenen Grünfläche"[16]. Doch die Kritiker waren kaum zu beruhigen, auch nicht durch die von Oesterlen angeführten Vorteile, dass „eine gute Wirtschaftlichkeit dadurch [erreicht werde], daß alle Flure, die sonst bei zwei- und dreibündigen Systemen dem allgemeinen Verkehr offen bleiben müssen, hier als interne gut belichtete Flure der Lehrstühle, anzusprechen sind, die je nach Bedarf für Ausstellungs- oder Arbeitszwecke genutzt werden können".[17] Wie sehr Oesterlen das Gebäude damit aber sogleich als Ausbildungsstätte von Architekten und weniger als reinen Verwaltungsbau für die Fakultät definierte, wird vor allem durch das dem Gebäude zugrundeliegende Grundrissschema ersichtlich. Gerade einbündige Organisationssysteme haben den Schulbau nach 1945 geprägt, nicht zuletzt aus dem Impuls der schulreformerischen Bewegungen aus der Zeit der Weimarer Republik.

5

3

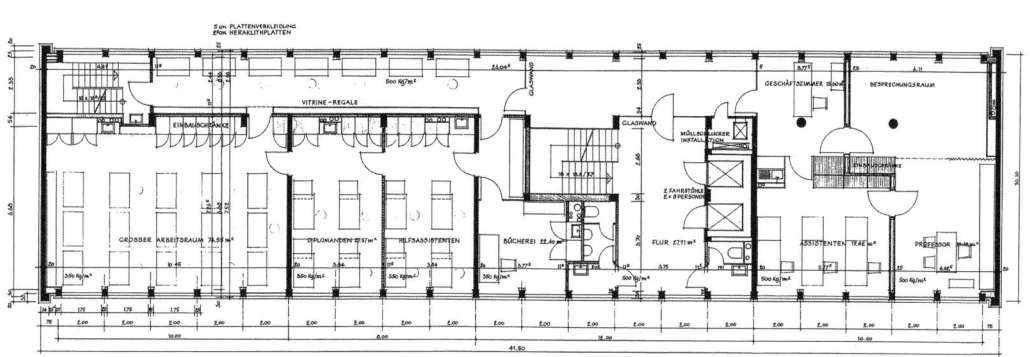

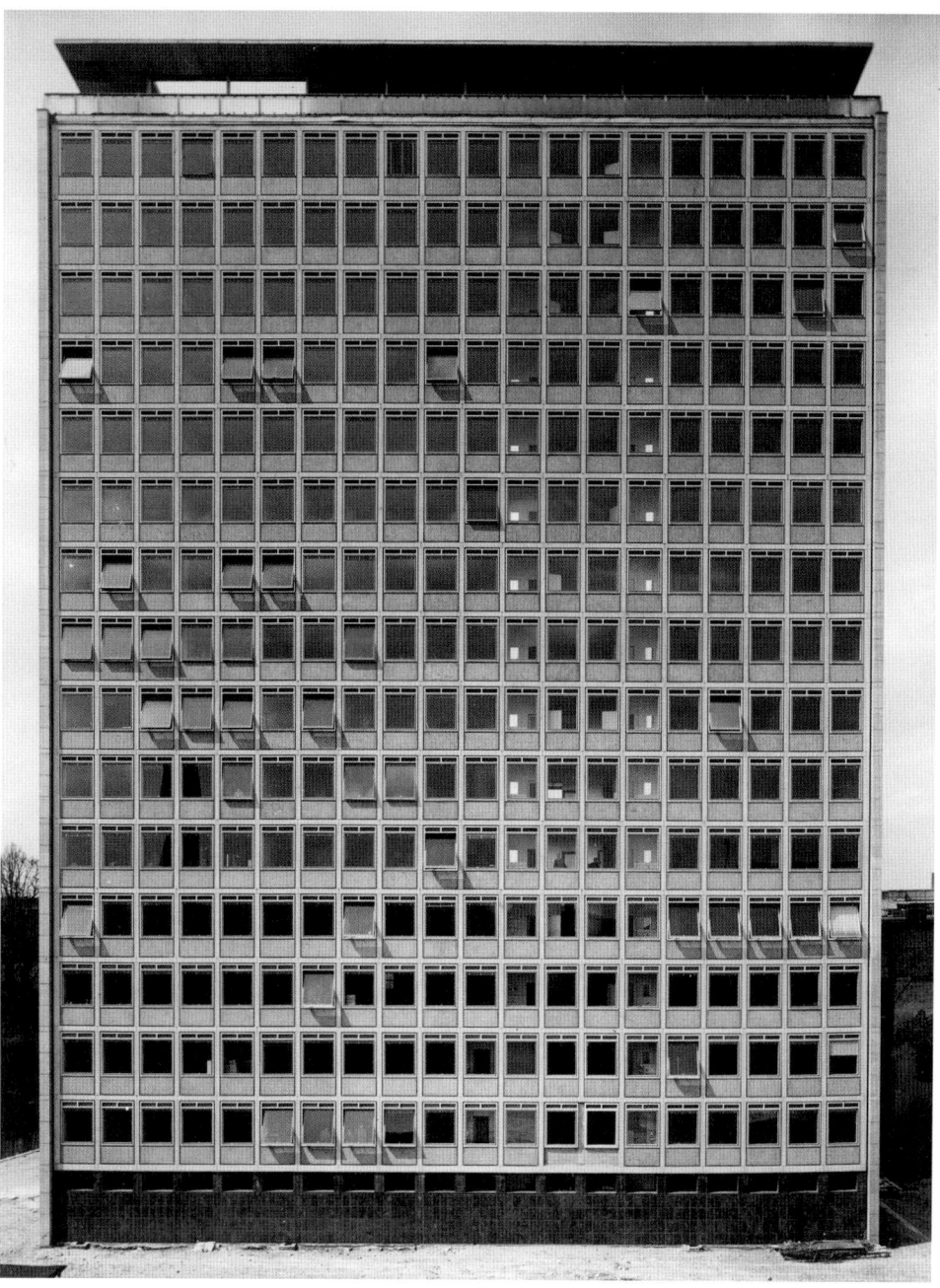

3 Hochhaus der TH Braunschweig,
Grundriss eines Regelgeschosses, Dieter Oesterlen, 1956

4 Ostfassade des Hochhauses der TH
Braunschweig kurz nach Fertigstellung, 1956

Proportion und Modularität

Wie viele Architekten seiner Zeit war sich Dieter Oesterlen der Problematik bewusst, dass die gewünschte Flexibilität im Grundriss und die industrielle Vorfertigung „eigene, konstruktive und aus den Gesetzen der Serie herrührende Zwangsläufigkeiten"[18] haben. Die „aus der Technik entwickelten Gestaltungsprinzipien"[19] müssten daher von den tradierten Modi abweichen, schon deshalb, weil durch Standardisierung und „Festlegung modularer Maße […] mögliche Proportionen eingeschränkt [werden]."[20] Einige Stimmen mahnten sogar eine „Inflation von Normenvorstellungen" an, welche im Rasterbau „als neue Bauidee" dazu geführt habe, dass die „unproportionierte Gestaltgebung von Getragenem und Tragendem beängstigende Ausmaße"[21] annahmen. Wohl aus diesem Grund entschied sich Oesterlen gegen ein flexibles Ausbauraster und gegen die Vorteile eines „plan libre"[22], wie ihn Le Corbusier propagiert hatte, denn eine „Modulordnung darf die Bildung harmonischer Proportionen nicht ausschließen."[23]

Dabei kamen Oesterlen bautechnische Innovationen zugute, konstruktionsbedingte Größenbeschränkungen und Baukonventionen aufzugeben, um Maß, Zahl und Ordnung des Gebäudes im Gleichgewicht zu halten. Die Verwendung eines Schwingflügelfensters ermöglichte ihm die erwünschten ungeteilten Glasflächen und erweiterte die Skala der Stützabstände auf ein Maß, das aus bautechnischen Gründen mit Drehflügelfenstern nicht zu realisieren gewesen wäre. Bei einer damals gängigen Geschosshöhe von 3,35 Metern erlaubte die neuartige Bauweise der Fenster eine Achsbreite von 2 Metern und damit die ganzzahlige Annäherung an die Proportionsgesetze des „Goldenen Schnitts" (3:5). Das daraus resultierende Fassadenraster stand in enger Beziehung zum Gesamtsystem der Gestaltung: Von der Kubatur, über die Raumzonierung bis zum Format der Betonwerksteinplatten war die Proportion der Fensterelemente maßgebend für das ganze Gebäude, denn „das Harmonische entsteht erst durch die Wiederholung der Hauptfigur des Werkes in seinen Unterabteilungen."[24]

Tektonik

Das Ziel, dem Gebäude „ein vorwiegend technisch konstruktiv gestaltetes Gesicht zu geben", hatte eine „Knappheit und betonte Flächigkeit der Fassade, bei der Fenster, Brüstungen und Stützen in einer Ebene liegen"[25] und einen mehrschichtigen Aufbau der Fassade zur Folge. Dieses Prinzip verdient besondere Aufmerksamkeit, nahm es doch die heute übliche Bauweise einer mehrschichtig gedämmten Fassadenkonstruktion vorweg. Zwischen Betonwerksteinplatten und Tragschicht befand sich eine durchgängige Dämmschicht aus Heraklitplatten, die eine Neuerung darstellte. In dieser technischen Entwicklung sah Oesterlen die Möglichkeit, einen gestalterischen Mehrwert für den Ausdruck seines Gebäudes zu gewinnen. Die „Einbeziehung der Technik und Durchformung eines Bauwerks ist ein wesentliches Kriterium zur Beurteilung unserer augenblicklichen Situation in der Architektur."[26] Die Frage nach der repräsentativen Funktion einer künstlich geschaffenen Oberfläche bekam eine zentrale Bedeutung, denn so

5 Dieter Oesterlen, Ent-
wurfsskizze des Gebäudeensembles
von Südosten, 1955

Oesterlen: „Die Oberfläche des industriell gefertigten Elements ist lediglich
eine Haut, die nichts über den Organismus aussagt, den sie versteckt."[27]
Oesterlen thematisierte dieses scheinbare Missverhältnis. Die Ausformulierung der Oberfläche wird zur Gestaltungsstrategie. Die Decken und Stützen
wiesen entsprechend dem monolithischen Charakter des Stahlbetons keine
sichtbaren Spuren der Fügung auf. Die Ebenengleichheit und durchgängige
Ansichtsbreite verwandelten die Primärstruktur in ein plastisches und hierar-
chieloses Element, während sich auf der „Haut" die ganze Grammatik des
Formens und Fügens darstellte. Am Okerhochhaus zeigte er das Potenzial einer mehrschichtigen Fassade. So wurde „das konstruktive Gefüge [...] durch

die verschiedenfarbige Betonsteinplatten-Verkleidung hindurch"[28] wieder lesbar, ganz entsprechend den Forderungen seines Lehrers Hans Poelzig: „Der heutige in der Hauptsache in Eisen und Beton konstruierte Bau braucht in den weitaus meisten Fällen ein Kleid [...]. Durch dieses Kleid muß aber die Struktur des eigentlich tragenden Baustoffes hindurchschimmern."[29]

Farbgebung

Im Jahr 1956 bemerkte Dieter Oesterlen, dass neue Baustoffe und Fassadenmaterialien zu „einer stärkeren Farbigkeit in der Architektur"[30] führten, wofür er „italienische Einflüsse"[31] verantwortlich machte. Im Gegensatz zu dieser zeitbedingten Feststellung bevorzugte er für das Okerhochhaus aber eine neutrale und materialgerechte Farbgebung. Während die Giebelwände und das Raster der Tragstruktur im gleichen hellgrauen Farbton verkleidet wurden, setzten sich die Brüstungselemente in einem mittelgrauen Ton von der Struktur ab. Der Gebäudesockel blieb deutlich dunkler gehalten. Dies entsprach der monochromen Farbskala, die Heinrich Tessenow seinen Schülern – so auch Oesterlen – vorgab[32], implizierten einfache Formen und zurückhaltende Farben doch „immer etwas wesentlich Städtisches" und müssten umso „neutraler sein, je mehr wir das städtische lieben."[33]

Der bei Oesterlen bis dato meist sichtbare schalungsraue Beton der Tragstruktur wurde durch Betonwerksteinplatten identisch in Farbe, Material und Dimension nachgezeichnet. Die Brüstungen wurden mit einem mittelgrauen Betonwerkstein verkleidet und unterschieden sich so von der Tragstruktur. Somit konnten die dunkel gehaltenen Brüstungen mit den darüber angeordneten Fensterflächen – unterstützt durch die Ebenengleichheit – als lesbare Einheit erkannt werden. Eine ähnliche Strategie verwendete Oesterlen am benachbarten Chemiehörsaalgebäude (1957–1959): „Das Glas in den Fenstern wird auch bei den Brüstungen verwendet [...] mit dem ästhetischen Ziel, [...] die Glasflächen der Brüstungen und Fenster zu einer großen Fläche zusammenzuziehen."[34]

6

Der fein austarierten Monochromie der massiven Fassadenelemente setzte Oesterlen kontrastreich weiß lackierte Holzfenster entgegen. Es war ein Farbcode zur Kennzeichnung einer materialgerechten Anwendung einzelner Bauteile in der Architektur, den Oesterlen häufig anwandte, so auch am sogenannten Andreanum in Hildesheim von 1960–1962. Ebenso wie in Braunschweig ließ er die Holzrahmen der Klassenfenster mit weißem Anstrich, die Stahlrahmen der übrigen Fenster aber in einem graphitfarbenen Ton fassen.

Durch die Beimengung von Zuschlagstoffen konnte Oesterlen aber selbst in Bezug auf den Beton der Tragstruktur eine Aussage über die Kohärenz von Hülle (Haut) und verdeckter Struktur treffen. Je größer die Differenz zwischen Hülle und Verhülltem in Erscheinung treten sollte, desto stärker forcierte er die Wandlung des Werkstoffes. Der tragende Beton des Rasters und der Giebelwände erfuhr in Farbe, Material und Dimension eine gegenständliche Entsprechung. Die Verkleidung der gemauerten Brüstungen wurde durch

6 Chemiehörsaal-
gebäude der TH Braunschweig,
Dieter Oesterlen, 1957–59

Zuschlagsstoffe leicht abgedunkelt. Die Sockelverkleidung suggerierte einen monolithischen Körper statt eines Skelettbaus. Diese Diskrepanz zwischen Struktur und Erscheinungsbild hatte die deutlichste Wandlung des Werkstoffes zur Folge.

Material und Fügung

Neben dem Mittel der farblichen Flächendifferenzierung nutzte Oesterlen die Fügung der einzelnen Betonwerksteinplatten, um in der flächigen Fassade eine Hierarchie der Bauteile und somit einen tektonischen Ausdruck zu erzeugen: Die Fuge ist „der sichtbare Ausdruck des Montagevorgangs – sie in die architektonische Gestaltung miteinzubeziehen, ist eine wesentliche Aufgabe der Planung."[35] Das sensible und differenzierte Fügen ließ das konstruktive Gefüge durch die Fassadenverkleidung hindurch lesbar werden und führte zu einem inneren Zusammenhalt aus Struktur und Erscheinungsbild. Bei der Wahl von Betonwerkstein als Fassadenmaterial stellte sich Oesterlen nicht nur einer für ihn zwangsläufigen, technischen und wirtschaftlichen Entwicklung.[36] In dieser Materialwahl sah er auch eine Möglichkeit zur deutlichen Distanzierung von den „Nachwirkungen der sogenannten Baukunst des 3. Reiches."[37] Erst nach langwierigen Verhandlungen konnte sich Oesterlen gegen den Wunsch der Beteiligten nach einer Fassade aus Muschelkalk durchsetzen. Seinem Unmut hierüber ließ er anlässlich der Eröffnung des Hochhauses am 6. Juni 1956 freien Lauf: „Auch die uns Deutschen in unserem Wiederaufbau nach dem Kriege so wenig gut anstehende Liebe zu ‚Prunk und Protz' gehört in die zu ächtende Rubrik, wenn auch für dieses ‚Neureich-Aussehen' nicht gerade selten die Bauherren mitverantwortlich zu machen wären. [...] Es ist für einen Architekten [...] in Deutschland schmerzlich festzustellen, wie viele Reminiszenzen auch heute noch aus dieser Zeit [...] versteckt vorhanden sind."[38] So war es weniger den begrenzten finanziellen Mitteln der Zeit geschuldet als vielmehr eine bewusste Entscheidung, den Betonwerkstein zur Verkleidung der Fassaden auszuwählen. Schließlich galt es, so Oesterlen, neben der Wahl der Konstruktion und der Detaillierung auch durch das Material den „geistigen Ansprüchen und den Bedürfnissen seiner Epoche zu genügen und Ausdruck zu geben".[39] Insbesondere der Betonwerkstein wurde als Fassadenmaterial prägend für die noch folgenden Neubauten[40] der Universität.

Das Hochhaus der Technischen Universität Braunschweig zeichnete sich so insgesamt – bis zu seiner kürzlich erfolgten grundlegenden Sanierung – durch eine gestalterische Bearbeitung auf höchstem Niveau aus: vom kleinsten Detail bis hin zur großen Form der Tragstruktur. Kein plötzlich auftauchendes Blech, keine Dichtungsschiene oder Kittfuge störte das Bild einer Fassade, die Gert Kähler 1987 voller Lob beschrieb: „[...] in einer Zeit gebaut, da das Hochhaus in Deutschland noch neu war, steht der Bau auch nach jetzt über 30 Jahren da, als wolle er das böse Wort über die moderne Architektur widerlegen, ihre Bauten könnten nicht altern, sondern nur verrotten. Dieser Bau altert mit Anstand, seine ein wenig steife, korrekte Geradlinigkeit wird auch heute nicht durch Bauschäden ins Lächerliche gezogen."[41]

Anmerkungen

1 Kraemer, Friedrich Wilhelm: „Bauten der Wirtschaft und Verwaltung". In: *Handbuch Moderner Architektur. Eine Kunstgeschichte der Architektur unserer Zeit vom Einfamilienhaus bis zum Städtebau*. Berlin 1957, S. 309–443, hier S. 342

2 Oesterlen, Dieter: „Hochhaus der Fakultät für Bauwesen". In: *Die Technische Hochschule Braunschweig, Jahrbuch 1963*. Hrsg. von Wolfgang Schneider. S. 84–91, hier S. 90

3 Oesterlen, Dieter: „Entwerfen, eine persönliche Erfahrung". In: *Der Architekt*. H. 6, 1984, S. 279–280, hier S. 280

4 Diese Formulierung findet sich in Reden und Aufsätzen Oesterlens, so z.B. Oesterlen, Dieter: „Stellungnahme zum Thema 'Die Fenster im Leineschloß'". In: Ders.: *Bauten und Texte 1946–1991*. Berlin 1992, S. 255–256, hier S. 255

5 *Die Technische Hochschule Carolo-Wilhelmina zu Braunschweig: Festschrift zur Einweihung des Hochhauses*. Hrsg. von Jürgen Albrecht. Braunschweig 1956, S. 4–7, hier S. 7

6 „Drei Bauten der Verwaltung". In: *Baukunst und Werkform*. Heft 9, 1958, S. 485–487, hier S. 487

7 Ebd. S. 487

8 Festschrift 1956, S. 7 (s. Anm. 5)

9 Oesterlen, Dieter: „Gedanken über die Entwicklung der Architektur in Deutschland seit 1945, Festrede zur Einweihungsfeier des Hochhauses". In: *Die Technische Hochschule Braunschweig. Jahrbuch 1957*. S. 37–42, hier S. 38

10 Oesterlen 1957, S. 39 (s. Anm. 9)

11 Fisker, Kay: „Die Moral des Funktionalismus". In: *(Das) Werk*. Vol. 35. 1948, S. 131–134, hier S. 133

12 Festschrift 1956, S. 4 (s. Anm. 5).

13 Oesterlen, Dieter: *Gesichtspunkte des Städtebaues und der Bauvorschriften, erläutert am Chemiehörsaalgebäude und Hochhaus, Einweihungsfeier des Chemiehörsaalgebäudes 1960*. Akademie der Künste, Berlin, Nachlass Oesterlen, AA-Nr. 16

14 Kraemer 1957, S. 346 (s. Anm. 1)

15 „Bürokratie … auch an der TH Braunschweig?". In: *OMNIBUS. Braunschweiger Studentenzeitung*. Novemberausgabe 1954

16 Oesterlen 1963, S. 89 (s. Anm. 2)

17 Festschrift 1956, S. 6 (s. Anm. 5)

18 Oesterlen, Dieter/Hoffmann, Diethelm: *Aufgaben der Planung im industrialisierten Wohnungsbau*. Essen 1965, S. 10

19 Ebd.

20 Ebd. S. 21

21 Sasse, Konrad: „Das Raster als neue Bauidee". In: *Baumeister. Zeitschrift für Baukultur und Bautechnik*. H. 3, 1956, S. 171–173, hier S. 171

22 Vorentwürfe für das Hochhaus zeigen einzelne Gestaltungsmerkmale und expressive Pilotis, wie Le Corbusier sie für die Unité-d'Habitation-Projekte vorsah.

23 Oesterlen/Hoffmann 1965, S. 21 (s. Anm. 18)

24 Thiersch, August: „Proportionen in der Architektur". In: *Handbuch der Architektur*. Abt. 1, Bd. 4. Leipzig 1926, S. 64–117, hier S. 65

25 Festschrift 1956, S. 7 (s. Anm. 5)

26 Oesterlen 1957, S. 38 (s. Anm. 9)

27 Oesterlen/Hoffmann 1965, S. 34 (s. Anm. 18)

28 Festschrift 1956, S. 7 (s. Anm. 5)

29 Poelzig, Hans: „Vom Bauen unserer Zeit (1922)". Zit. nach Posener, Julius: Hans Poelzig. *Sein Leben, Sein Werk*. Braunschweig 1994, S. 187–191, hier S. 190

30 Oesterlen 1957, S. 39 (s. Anm. 9)

31 Oesterlen 1957, S. 39 (s. Anm. 9)

32 Oesterlen studierte 1930–1932 bis zum Vordiplom bei Schmitthenner an der TH Stuttgart, ab 1933–1936 bei Tessenow und Poelzig an der TH Berlin.

33 Tessenow, Heinrich: „Die äußere Farbe unserer Häuser". In: Tessenow, Heinrich: *Geschriebenes*. (Bauwelt Fundamente 61). Braunschweig/Wiesbaden 1982, S. 45–51, hier S. 45

34 Oesterlen 1960 (wie Anm. 13)

35 Oesterlen/Hoffmann 1965, S. 40 (s. Anm. 18)

36 Oesterlen/Hoffmann 1965, S. 8 (s. Anm. 18)

37 Oesterlen1957, S. 40 (s. Anm. 9)

38 Oesterlen 1957, S. 40 (s. Anm. 9)

39 Dieter Oesterlen zitierte anlässlich der Eröffnung des Hochhauses die „Charta der Union Internationale des Architectes (U.I.A.)" 1955. Festrede 1956 (wie Anm. 9), S.42

40 Dazu gehören unter anderem das Hochschulforum mit Auditorium Maximum, Rektorat und Fakultät I (1957–1960) und die Universitätsbibliothek (1969–1971) von Friedrich Wilhelm Kraemer.

41 Kähler, Gert: „Architektenporträt. Dieter Oesterlen". In: *Der Architekt*. 7-8/1987, S. 381–385, hier S. 381

Nachkriegsmoderne – Das geliebte, ungeliebte Erbe aus Sicht der Universitätsbauverwaltung

Martin Schwacke

Der Abriss von denkmalgeschützter Bausubstanz ist in Berlin amtlich geworden. Wie *Der Tagesspiegel* im Januar 2011 berichtete, wurden zwischen 2000 und 2009 nach Aussage der Senatsbaudirektorin Regula Lüscher 82 Immobilien „meist als Folge einer Abrissgenehmigung aus der Denkmalliste gelöscht."[1] Einer sogenannten „Kleinen Anfrage" der Abgeordneten Alice Ströver (Bündnis 90/Die Grünen) entgegnete die Senatsbauverwaltung mit folgenden Worten: „Die Abrissgenehmigungen erteilten die zuständigen Denkmalbehörden, wenn ein überwiegendes öffentliches Interesse die Maßnahme verlangte oder wenn das Vorhaben aus Gründen der wirtschaftlichen Zumutbarkeit für den Eigentümer zu erlauben war."[2] Was sich auf den ersten Blick als ein Skandal darstellt und die Denkmalschutzgesetzgebung des Landes infrage stellt, erweist sich in der Sanierungspraxis denkmalgeschützter Gebäude als größte Herausforderung, insbesondere in Bezug auf Bauten der Nachkriegsmoderne.

Betrachtet man die Technische Universität Berlin, für deren Gebäude- und Baumanagement der Verfasser seit 2010 verantwortlich tätig ist, so muss man konstatieren, dass ca. 80 Prozent der Gebäude am Hauptstandort in der City-West als Einzeldenkmal oder im Kontext eines Ensembles unter Denkmalschutz stehen. Mindestens die Hälfte der Baudenkmäler ist nach dem Krieg bis in die 80er Jahre hinein gebaut worden und fällt somit unter eine entsprechend weit gefasste Definition der „Nachkriegsmoderne". Diese Gebäude sind ausnahmslos sanierungsbedürftig und erfüllen grundsätzlich nicht die heute geltenden Anforderungen zur Energieeinsparung und zum Brandschutz. Besonders bei den jüngeren Gebäuden kommt der Einbau schadstoffbelasteter und entsorgungspflichtiger Baustoffe hinzu, die noch bis Mitte der 80er Jahre verwendet worden sind. Allein aufgrund der Verwendung von asbesthaltigen Baustoffen oder künstlichen Mineralfasern müssen diese Bauten bei ihrer Sanierung auf den Rohbau zurückgeführt werden.

Eine denkmalgerechte Sanierung, bei der die optimale Anpassung an veränderte Forschungs- und Lehrbedingungen im Universitätsbetrieb nur selten zu erreichen ist, übersteigt deshalb häufig die Kosten für einen Neubau. Berücksichtigt man zudem die notwendige Interimsunterbringung der Nutzer während der Sanierung in situ, so wäre ein Neubau „auf der grünen Wiese" schon allein aus betriebswirtschaftlichen Gründen gegenüber dem denkmalgerechten Erhalt des Sanierungsobjektes vorzuziehen.

Die Universität ist Nutzer der ihr vom Land mit weitgehenden Rechten und Pflichten überlassenen Baudenkmäler. Bauvorhaben bis vier Millionen Euro müssen aus dem universitären Globalhaushalt finanziert werden. Prioritäten werden von der Hochschule selbst bestimmt. So ist der Sanierungsstau innerhalb der Institution nicht allein auf die knappen öffentlichen Kassen zurückzuführen. Das Kerngeschäft der Universität ist Forschung und Lehre. Baumaßnahmen dienen deshalb in erster Linie der Verbesserung der Funktion und nicht dem Erhalt des baukulturellen Erbes und seiner denkmalgerechten Sanierung. Ein Abriss kann also im Sinne des Denkmalgesetzes zulässig und im Interesse des Steuerzahlers der „richtige" Umgang mit dem Erbe der Nachkriegsmoderne sein.

Wenn sich die Bauverwaltung dennoch für den Erhalt des „geliebten, ungeliebten Erbes" einsetzt, braucht sie hierfür gute Argumente. Dabei bestehen neben den konstruktiven, bauphysikalischen und technischen Problemen, die es im Sanierungsprozess zu bewältigen gilt, auch viele Vorurteile, die das Engagement für den Erhalt der Nachkriegsmoderne erschweren. Nachkriegsbauten gelten immer noch als stadtfeindlich und – im Vergleich zu den „Prachtbauten" der Gründerzeit – als unflexibel gegenüber einer veränderten Nutzung. Den nach rationalen Gesichtspunkten entwickelten Gebäuden der Moderne haftet außerdem der Vorwurf mangelnder Repräsentanz an, ein Argument, welches angesichts des Konkurrenzkampfes um Fördergelder und attraktive Studienstandorte auch für die Universitäten zunehmend an Bedeutung gewinnt.

Vor diesem Hintergrund relativiert sich die eingangs skizzierte „Abrissbilanz" von Baudenkmälern in Berlin. Das wirft Fragen auf: Vielleicht sind die abgerissenen Bauten zu Unrecht auf die Denkmalliste geraten und vielleicht führt ihr Ersatz durch eine zeitgemäße Architektur zu einem qualitativ höherwertigen Ergebnis?

Zu den spektakulären Abrissen von Baudenkmälern der Nachkriegsmoderne in Berlin zählt ohne Zweifel das Schimmelpfeng-Haus am Breitscheidplatz in der City-West, 1957–60 errichtet nach Plänen von Franz Heinrich Sobotka und Gustav Müller. Es musste den Neubauplänen zum sogenannten „Zoofenster" weichen: ein mächtiges Hochhaus, das mit seinem Sockelgeschoss zwar auf die Traufhöhe der umgebenden Bebauung reagiert, sich aber mit rund 130 Metern Höhe als neue städtebauliche Dominante am Breitscheidplatz erweist. Nach den Vorstellungen seines Architekten Christoph Mäckler formuliere der Bau „klare Straßenräume mit einer eindeutigen Betonung der Raumkanten"[3].

Wenn dem Neubaukomplex somit auch eine eigene Qualität unterstellt werden darf, so hat das „symbolträchtige Denkmalensemble"[4] der Berliner Nachkriegsmoderne um Egon Eiermanns Gedächtniskirche (1956–63) sein auf den spezifischen Ort bezogenes Proportionssystem durch die 2007 erteilte Abrissgenehmigung der Senatsbauverwaltung für Stadtentwicklung zugunsten des Zoofensters für immer eingebüßt.

Die Nachkriegsarchitektur stand lange Zeit im Schatten der Kulturgeschichte und ist in der öffentlichen Wahrnehmung daher kaum präsent. Ihre Qualitäten, die nur im Einzelfall und meist erst nach einer gelungenen Sanierung überrascht zur Kenntnis genommen werden, wurden bislang in nur wenigen Publikationen thematisiert. Wenn es auch an einer quantitativen Erfassung nicht mangelt, so ist vor allem eine qualitative Bewertung der einzelnen Bauwerke vonnöten, um auch das breitere Publikum außerhalb der Fach-

und Denkmalbehörden für die Nachkriegsmoderne zu sensibilisieren. Dabei wäre die nachvollziehbare Unterscheidung von Qualität und Mittelmaß für die Architektur der Nachkriegszeit eine wichtige Voraussetzung, den zirkulierenden Vorurteilen gegen die Sanierung von Bauten der Nachkriegsmoderne entgegenzuwirken.

Anhand ausgewählter Beispiele aus der eigenen Praxis soll deshalb im Folgenden der Versuch unternommen werden, wesentliche Koordinaten für Sanierungsprozesse der Nachkriegsmoderne zu entwickeln. Die Neubaupläne am Breitscheidplatz machen deutlich, dass die Analyse zunächst auf der Makroebene der städtebaulichen Struktur beginnen muss, bevor man sich auf der Mikroebene des Baudenkmals mit Detailfragen zum Sanierungsobjekt beschäftigen kann.

Die (Un-)Versöhnlichkeit der städtebaulichen und architektonischen Grundhaltungen

Der Hauptcampus der Technischen Universität Berlin in bester Innenstadtlage der City-West wird von der Straße des 17. Juni in drei städtebaulich relevante Bereiche getrennt: den historischen Südcampus mit seinen monumentalen Gebäuden aus dem ausgehenden 19. Jahrhundert, den Nordcampus mit seiner „gegliederten und aufgelockerten" Struktur der Nachkriegsmoderne nach Plänen des Architekten Kurt Dübbers und das Ensemble mit solitären Institutsgebäuden um den Ernst-Reuter-Platz. Der Konflikt um die Unversöhnlichkeit dieser städtebaulichen Konzepte lebt bis heute fort. Das „Planwerk Innenstadt"[5], bereits 1995 von Stadtentwicklungssenator Peter Strieder und seinem Staatssekretär Hans Stimmann als Auftakt zu einem „intensiven Werkstatt- und Diskussionsprozess" vorgestellt, hat der Senat von Berlin am 18. Mai 1999 als „räumlich übergreifendes Planungsinstrument" verabschiedet.[6] Die darin ausgewiesenen Leitlinien haben als Orientierungsmarken den aktuellen Masterplan der City-West von 2009 wesentlich beeinflusst.[7] Er kann trotz aller Dementis als Ausdruck einer anhaltend postmodernen und der Nachkriegsmoderne gegenüber gar ablehnenden Haltung gelesen werden: So wird zum Beispiel entlang der nördlichen Marchstraße eine Blockrandschließung simuliert, um die offene Struktur des Nachkriegsstädtebaus zu kaschieren.

Die Rückbesinnung auf den Historismus im Städtebau wirkt sich auch auf die Bewertung der Universitätsbauten an der Straße des 17. Juni aus: Die nach dem Krieg rekonstruierend wiederaufgebauten Trakte des Hauptgebäudes sowie das benachbarte Alte Chemiegebäude gelten im Gegensatz zu Bauten der Nachkriegsmoderne als unbestreitbar denkmalwürdig. Wie Monolithe aus Zeiten wilhelminischer Pracht zwischen Brandenburger Tor und Charlottenburger Schloss stehen diese Bauten heute aber wohl kaum noch für ein modernes, universitäres Leben im urbanen Kontext der Stadt zu Beginn des 21. Jahrhunderts.

Dagegen findet der Nordcampus, der auf dem offenen, freiräumigen Bebauungskonzept der Nachkriegsmoderne basiert, im Masterplan der Senatsver-

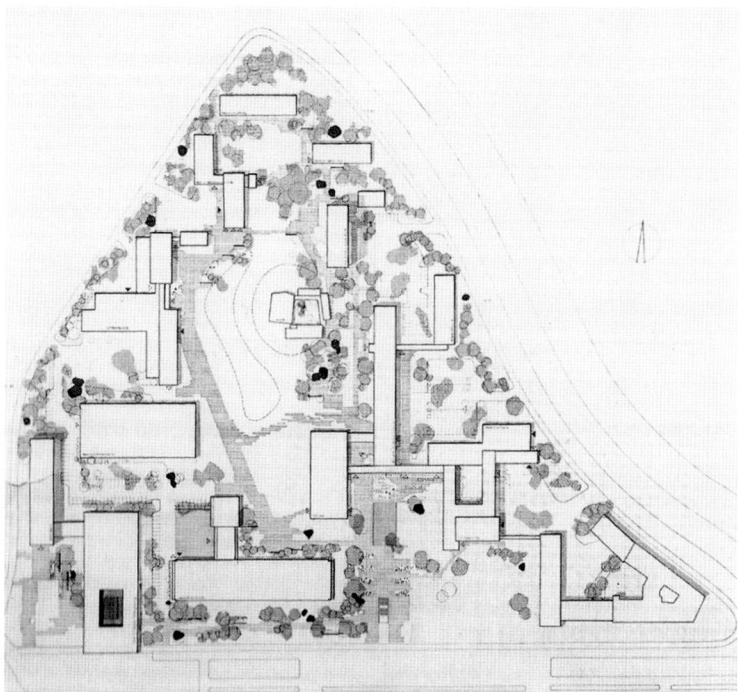

1 Berlin, TU Lageplan
Nordcampus, Kurt Dübbers, 1957

waltung keine Würdigung. Doch schon allein bei einem Spaziergang über das Areal ist zu spüren, dass die fließende Durchdringung von Innen- und Außenräumen auf weitläufigen Grünflächen als Angebot mit vielfältigen Lern- und Freizeitmöglichkeiten noch von vielen Studierenden der Technischen Universität genutzt wird.

Die mangelnde Wertschätzung gegenüber den Bauten der unmittelbaren Nachkriegszeit zeigt sich auch im Umgang mit den Bauten der TU am Ernst-Reuter-Platz. Noch 2002 ins Visier von Abrissplänen geraten,[8] erstrahlt das Gebäude für Bergbau- und Hüttenwesen, das in den Jahren 1955–59 nach Plänen von Willy Kreuer[9] als erstes Hochhaus am Platz errichtet wurde, heute – rund zehn Jahre später – in neuem Glanz. Obwohl die subtile Baufigur, bestehend aus Hochhaus, Flachbau und zwei Seitenflügeln, mit denen die angrenzenden älteren Institutsbauten maßstäblich in das Ensemble eingebunden werden, schon zu Beginn des Jahrzehnts als herausragendes Baudenkmal der Nachkriegsmoderne galt, schien ihr Abriss 2002 besiegelt. Das Planwerk Innenstadt sah den (Teil-)Abriss des Gebäudes zugunsten der Fortführung der historischen Hertz- bzw. Kurfürstenallee vor, die noch heute als Teil der inneren Grünanlage den Südcampus fußläufig mit dem Bahnhof Zoo verbindet. Eine Öffnung der Hertzallee zum Ernst-Reuter-Platz, in den Entwürfen zum Masterplan schon flankiert von Kopf- und Torhäusern nach Entwürfen von Josef Paul Kleihues bzw. Hans Kollhoff, hätte dem nach dem

2

2 Berlin, Ernst-Reuter-Platz
mit Blick auf das Gebäude für Bergbau- und
Hüttenwesen der TU, Willi Kreuer 1955–59

3 Berlin, Hauptgebäude TU,
Kurt Dübbers, 1961–65

Wettbewerb von 1955 als Verkehrsknotenpunkt konzipierten Platz wesentliche Charakteristika seiner Entstehungszeit genommen: die lichte Weite des
Kreisverkehrs, umstellt von lockerer gruppierten Baugruppen und Solitären
als Antithese zu geschlossenen Straßenfronten wie am Strausberger Platz
im Ostteil der Stadt von 1952–55 (Kollektiv Henselmann). Doch die im Planwerk intendierte „Kritische Rekonstruktion" des öffentlichen Raumes im Ge-
wand des 19. Jahrhunderts unterblieb bislang am Ernst-Reuter-Platz durch
den Erhalt des Kreuer'schen Baus.
Es ist einer lang anhaltenden öffentlichen Debatte zu verdanken, dass die
Bauverwaltung ein Konzept für die Grundsanierung des Gebäudes aus Haus-
haltsmitteln der Technischen Universität Berlin vorlegen konnte. Selbst die
gewünschte Verbindung zwischen Hertzallee und Ernst-Reuter-Platz konnte
in den noch laufenden Sanierungsplanungen berücksichtigt werden: durch
den Einbau eines gläsernen, beidseitig zugänglichen Cafés im Erdgeschoss
des bald sanierten Flachbaus. Der Platz soll damit um eine öffentliche Nutzung bereichert und die „Spuren der Gründerzeit" sichtbar aufgenommen
werden. Es wirkt wie eine Versöhnung unversöhnlicher Grundhaltungen
in Architektur und Städtebau zwischen Konzepten zum Wiederaufbau der
kriegszerstörten Metropole damals und der (Re-)konstruktion einer verloren
geglaubten Vergangenheit heute. Nichtsdestotrotz belastet die Sanierung
des Bauensembles am Ernst-Reuter-Platz den Haushalt der Technischen
Universität Berlin, laut ihren Kritikern vor allem zulasten von Forschung und
Lehre.

3

Probleme der Denkmalwürdigkeit

Die funktionale, zehngeschossige Hochhausscheibe nach Plänen von Kurt. Dübbers – 1961–65 dem Hauptgebäude der Technischen Universität Berlin anstelle des im Krieg schwer beschädigten Eingangstraktes implantiert – gilt in der Denkmaldiskussion in erster Linie als zeitgeschichtliches Dokument.

3 Die Bedeutung als architektonisch herausragendes Denkmal ist umstritten: Das Gebäude erweckt mit seiner breit gelagerten Fassade aus Fertigteilelementen auf den ersten Blick nicht gerade die Assoziation eines universitären Hauptgebäudes. Dennoch besitzt es für die einen „im Unterschied zu seinem heutigen Image eine hohe Qualität"[10], für die anderen dagegen ist es mittelmäßige, wenig anspruchsvolle Architektur.[11]

Die selbstbewusste und repräsentative Wirkung des mit Granitflächen neu gestalteten Vorplatzes (bis 2009 befand sich hier ein asphaltierter Parkplatz)

4 verliert sich schnell, wenn man das Eingangsfoyer betritt. Die Kombination aus monumentalen Sichtbetonpfeilern, verschmutzten Waschbetonplatten und einer roten Ziegelwand an der Rückseite wirkt auf die meisten Besucher verwahrlost. Die nachträglich errichtete sogenannte Präsidententreppe versperrt den Durchgang zu den Hörsälen.

Für die Technische Universität Berlin hat der Architekt Tobias Nöfer ein Gestaltungskonzept entwickelt, dessen wesentliche Elemente ein weißer Anstrich der Betonunterzüge und ein Ersatz des Waschbetons durch einen Granitboden bilden. Damit wird das Material des neugestalteten Vorplatzes auch in das Innere übertragen. Dieses Konzept, welches in der westlichen

4

4 Berlin, Hauptgebäude
TU, Foyer, 2009

5 Berlin Hauptgebäude
TU, westl. Seitenhalle, Gestaltungskonzept Tobias Nöfer, 2009–10

5

5 Seitenhalle bereits umgesetzt ist, wurde von der Denkmalpflege aber für die Haupthalle nicht genehmigt. Als Begründung wurde angeführt, dass die verwendeten Materialien die „beschränkten Möglichkeiten der Nachkriegszeit" dokumentieren. Aus Sicht einer Universität, deren Hauptzugangshalle wie eine „Visitenkarte" wirkt, mit der um Studenten und Finanzmittel geworben wird, ist die Direktive der Denkmalpflege kaum akzeptabel.

Das Hauptgebäude der Technischen Universität Berlin ist nicht als einziges Gebäude zu nennen, bei dem die Unterschutzstellung mit dem Verweis auf die „Ärmlichkeit der Nachkriegszeit" ein Weiterbauen mit Zukunftsperspektive behindert. Auf dem sogenannten Ostgelände der Universität zwischen Kerncampus und Bahnhof Zoo befinden sich zahlreiche Bauten, die – unter Schutz gestellt – architektonisch belanglos wirken und hinsichtlich ihrer Bausubstanz von schlechter Qualität sind. Die heterogene Bebauung, die spätere Aufstockung der Gebäude und die geringe Bebauungsdichte in unmittelbarer Innenstadtlage sind Indizien dafür, dass es sich bei dem weitläufigen Areal auch um kein städtebaulich geschlossenes Ensemble handelt.

Die Vorbereitung eines städtebaulichen Ideenwettbewerbs für das Quartier steht derzeit vor einem Grundsatzproblem: Obwohl die Denkmalbehörden einen Abriss der Gebäude zugunsten einer angemessenen Bebauung nicht ausschließen können, stehen dem Verfahren die gesetzlichen Vorschriften im Wege. Da laut Gesetz alle Denkmäler gleich zu behandeln sind, kann einem Abriss auch einzelner Gebäude erst im Rahmen einer Abwägung im Baugenehmigungsverfahren zugestimmt werden. Deshalb werden die Teilnehmer am Ideenwettbewerb für den Ostcampus in ihrer Konzeptfindung eingeschränkt; später hat allein der Bauherr bis zur Erteilung einer Bau- bzw. Abrissgenehmigung das finanzielle Risiko zu tragen.

Die undifferenzierte Gleichstellung der Baudenkmäler ist besonders in Bezug auf die Bauten der Nachkriegsmoderne problematisch. Die Denkmalwürdigkeit selbst herausragender Bauten ist keineswegs allgemein anerkannt, wie der Diskurs um den Ernst-Reuter-Platz zeigt. Mittelmäßige Architektur als gebaute Zeugnisse der Nachkriegszeit unter Schutz zu stellen, diskreditiert unter Umständen die gesamte Epoche und hilft der Auseinandersetzung mit den bestehenden Vorurteilen nicht im Geringsten. Eine differenzierte Bewertung der Denkmäler und der Nachweis ihrer städtebaulichen und architektonischen Qualitäten sind notwendige Voraussetzungen für den Erhalt und die Sanierung der Bauten.

Denkmalgerechte Sanierung bis ins Detail

Erst wenn die städtebaulichen und ideologischen Konflikte im Umgang mit der Nachkriegsmoderne überwunden sind und die Entscheidung zur Sanierung gefallen ist, beginnt ein schwieriger Abwägungsprozess im Entwurfskonzept der Planer und Architekten. Sie stoßen vor Ort am Sanierungsobjekt auf reale Schwierigkeiten, meist hervorgerufen durch funktionale und bautechnische Mängel aus der Erbauungszeit.

Betrachtet man das Umfeld der Technischen Universität Berlin in der Ci-ty-West, so fällt der relativ große Leerstand der Nachkriegsbauten in Pri-vatbesitz auf. Der Grund ist nicht die mangelnde Nachfrage, sondern der hohe Sanierungsaufwand dieser Bauten, der durch erzielbare Mieteinnah-men kaum zu finanzieren ist. Die Leichtigkeit der Architektur und der im Gegensatz zur Vorkriegszeit sparsame Materialeinsatz führen zu energeti-schen und brandschutztechnischen Mängeln, die sich nur mit erheblichem Aufwand und nicht immer denkmalgerecht beheben lassen. Dünn profilierte Fensterkonstruktionen in der Fassade können die gesetzlichen Vorschriften der EnEV (Energieeinsparverordnung) kaum erfüllen. Manche Glaswände im Innern widersprechen heutigen Bestimmungen des Brandschutzes. Gelun-gene Sanierungen, bei denen eine zeitgemäße Funktion, die Erfüllung des Brandschutzes und die Einhaltung der energetischen Anforderungen auch die gestalterischen Besonderheiten der Nachkriegsmoderne wahren, haben unter diesen Voraussetzungen meist Seltenheitswert.

Es sind alternative Konzepte gefragt, um bei Sanierungen von Bauten der Nachkriegsmoderne den Belangen der Denkmalpflege genauso gerecht zu werden wie aktuellen baurechtlichen Anforderungen: Am Beispiel des

6 Henry-Ford-Baus der Freien Universität Berlin,[12] dessen Sanierung der Verfasser in der Technischen Abteilung der Freien Universität von 2005–07 zusammen mit Alexander Matt maßgeblich begleitete, kamen zwei unkonventionelle Detaillösungen zur energetischen und brandschutztechnischen Sanierung zum Einsatz. Die jeweils über zwei Etagen offene Haupt- und

7 Seitenhalle des Gebäudes sind durch eine ebenfalls zweigeschossige Glaswand verbunden. Es fehlen sowohl horizontale als auch vertikale Brandabschnitte. Die großen Verkehrsflächen waren somit für Veranstaltungen wie Tagungen und Kongresse grundsätzlich nicht nutzbar. Die Baugenehmigung von 1951 untersagte sogar die Nutzung der Garderobe, ein Umstand, der in 50 Betriebsjahren übersehen wurde.

Die statischen Heizkörper vor den gebäudehohen Glasfassaden reichten kaum aus, die Flächen im Winter frostfrei zu halten. Hier konnten zwar im Zuge der Sanierung Isolierverglasungen eingebaut werden; Profile und mineralische Putzfassade blieben aber aus Gründen der Denkmalgerechtigkeit ungedämmt.

Um die Verkehrsflächen vor den Hörsälen und dem Audimax für Tagungen, Großveranstaltungen und – auf der Galerie der Seitenhalle – für eine ständige Geschichtsausstellung dennoch nutzbar zu machen, wurden zwei relativ einfache Maßnahmen entwickelt: In eine neu eingezogene, glatte Unterdecke, die sich optisch kaum vom historischen Original unterscheidet, wurde eine nicht sichtbare Deckenstrahlheizung eingebaut. Dies widerspricht zunächst den Prinzipien des Wärmeschutzes, da hohe Wärmeverluste an der über-

6 Berlin, Henry-Ford-Bau
FU, Außenansicht, 2007

7 Berlin, Henry-Ford-Bau
FU, Blick in die Halle, 2007

7

wiegend verglasten Fassade durch die Deckenstrahlheizung nicht verhindert werden. In der Praxis sind aber Großveranstaltungen, die eine Beheizung der Flächen erforderlich machen, relativ selten und zeitlich begrenzt. Eine Wirtschaftlichkeitsberechnung zeigte deshalb, dass diese Beheizung wegen der nur temporären Nutzung von bestimmten Bereichen im Gebäude sogar energiesparend wirkt. Sie erfolgt nur im Zeitfenster während einer Veranstaltung und kann durch ihre direkte Ausrichtung auf den Raum mit geringerer Temperatur gefahren werden. Die Verwendung von statischen Heizflächen vor den Fassaden ist nach denkmalpflegerischem Ermessen zwar problematisch, die Maßnahme unterstreicht aber die schlichte Eleganz der Architektur und die fließende Weite des Raumes und ist daher wohl auch mit den ursprünglichen Planungsabsichten der Architekten Franz Heinrich Sobotka und Gustav Müller vereinbar.

Das zweite Problem, welches eine Nutzung der Verkehrsflächen über die Funktion als Fluchtweg hinaus behinderte, war der fehlende Brandschutz. Durch die transparenten Stahlglaswände und die offenen Galerien fehlten sowohl der horizontale als auch mindestens ein vertikaler Brandabschluss im Gebäude. Gegen die Aufstellung von Büchertischen und Infoständen bei gleichzeitigem Betrieb der Hörsäle und des Audimax sprach vor allem die mögliche Verrauchung der Verkehrsflächen im Brandfall. Im Rahmen der Sanierung konnte eine natürliche Entrauchung erreicht werden, indem die quadratischen Leuchtenfelder im Obergeschoss unsichtbar zu Rauchabzügen mit einfachen Kuppeln auf dem Dach ausgebaut wurden. Diese Spezialanfertigungen erwiesen sich sowohl in der Herstellung als auch im Betrieb als deutlich kosteneffizienter als etwa der handelsübliche Einbau von maschinellen Ventilatoren.

Die für das Sanierungsobjekt eigens entwickelten Maßnahmen haben den Henry-Ford-Bau der Freien Universität im Einklang mit den Forderungen der Denkmalpflege in ein modernes Tagungszentrum verwandelt. Gleichzeitig konnten wichtige Details der architektonischen Gestaltung, wie die filigranen Stahlglaselemente der Fassade oder die offene Struktur des Raumes, erhalten werden, ohne dass zusätzlich Löschanlagen, Sprinklerung oder Brandschutzvorhänge eingebaut werden mussten.

Universitätsbauten der 60er und 70er Jahre

In der Diskussion über den Umgang mit der Nachkriegsmoderne spielen aus Sicht des Baumanagements der Universitäten herausragend anerkannte Baudenkmäler der unmittelbaren Nachkriegszeit eine relativ geringe Rolle. Weit schwieriger lösbar sind die Probleme bei der Sanierung von großen Institutskomplexen, wie sie in den 60er und 70er Jahren errichtet wurden. Als denkmalwürdig sind diese Bauten in der Regel noch nicht anerkannt. Die Qualität der Architektur liegt aber besonders in den konzeptionellen und visionären Ideen, die ihre Architekten in Zeiten großer gesellschaftlicher Umbrüche beschäftigten: Realisiert wurden an Berliner Universitäten Planungen für die „Lernlandschaft" des Instituts für Mathematik der Technischen Universi-

8 Berlin, sog. Rost- und Silberlaube der FU, Candilis/Josic/Woods/Schiedhelm 1967–1973

8

8 tät Berlin oder die sogenannte Rost- und Silberlaube der Freien Universität Berlin. Letztere, schon 1963 vom internationalen Architektenteam Candilis, Josic, Woods, Schiedhelm entworfen, wurde zwar früh gewürdigt,[13] gilt aber nach Jahren der Ablehnung durch eine Vielzahl von technischen Problemen im Bauunterhalt erst heute – insbesondere nach der respektvollen Restaurierung durch Sir Norman Foster (Fertigstellung 2005) – als bahnbrechendes Werk des utopisch-visionären Strukturalismus in Deutschland.[14]

Soll ein solches Sanierungsprojekt gelingen, so setzt dies nicht nur ein Grundverständnis bei Architekten, Planern und Bauherren, sondern auch eine detaillierte Kenntnis der architektonischen und städtebaulichen Besonderheiten der späten Nachkriegsmoderne voraus. Im Detail sind praktikable Lösungen für die zeitgemäße Sanierung von Tektonik und Technik allerdings erst nach gründlicher Analyse der jeweiligen Sanierungsobjekte zu finden – oft entgegen aller betriebswirtschaftlichen Rechnungen um Schadstoffsanierung, Interimsunterbringungen und mögliche Neubaupläne nach Abriss. Mangelnder Sachverstand und betriebswirtschaftliches Kalkül stehen einer denkmalgerechten Sanierung von Universitätsbauten der Nachkriegsmoderne entgegen, mancherorts aber auch politische Direktiven.[15]

Grundsatzfragen und Ausblick

Aus dem Vorgenannten lassen sich grundsätzliche Forderungen im Umgang mit der Nachkriegsmoderne aus Sicht der Universitäten ableiten:

Gebäude und Liegenschaften sind Eigentum des Bundeslandes. Dieses Eigentum wird in Berlin mit weitgehenden Rechten und Pflichten den Universitäten zur Nutzung übertragen. Die Aufgabe der Facility-Management-Abteilungen der Universitäten ist es aber, das Kerngeschäft Forschung und Lehre zu unterstützen. Ein geringes Haushaltsbudget bedarf schon intern der Rechtfertigung, um technische Anlagen mit erheblichen Betriebsrisiken zu sichern, wenn es andererseits an Mitteln für die Ausstattung von neuen Forschungsbereichen fehlt und sogar Flure und Treppenhäuser aus Platzmangel zu studentischen Lernorten werden.

Die Sichtweise der Universitäten unterscheidet sich heute angesichts des Konkurrenzkampfes um Exzellenzinitiativen und Drittmittelakquisitionen kaum von der privater Eigentümer eines Baudenkmals. Hier wie da greift das Grundgesetz nach Artikel 14, „Eigentum verpflichtet", zu kurz. Auch wenn die weitgehende Autonomie aus Sicht der Berliner Universitäten begrüßt wird, bleibt die baukulturelle und wirtschaftliche Verantwortung des Landes für die Universitätsbauten und besonders für die Baudenkmäler bestehen. Denkmalschutz und Denkmalpflege sind hoheitliche Staatsaufgaben. Ohne staatliche Finanzmittel, die zweckgebunden dem Denkmalschutz dienen, können die Interessenkonflikte nicht gelöst werden.

Die Verantwortung der staatlichen Bauverwaltung des Landes schließt auch eine wissenschaftliche Aufarbeitung der Baugeschichte der Nachkriegszeit und eine differenzierte Bewertung der Baudenkmäler ein. Wenn eine weitere Vernichtung herausragender Bauten dieser Ära verhindert werden soll, muss eine Öffentlichkeit für den Erhalt des „geliebten, ungeliebten Erbes" geschaffen werden. Hierfür genügt es nicht, wenn Bauten der Nachkriegszeit lediglich als „Zeugen ihrer Zeit" unter Denkmalschutz gestellt werden. Wenn die städtebaulichen und architektonischen Qualitäten von allen Sanierungsbeteiligten anerkannt werden sollen, müssen diese für das einzelne Bauwerk auch herausgestellt werden können. Soll es in den kommenden Jahren nicht zu weiteren Verlusten wertvoller Bauzeugnisse der Nachkriegsmoderne durch Sanierung und Abriss kommen, sind in diese aufklärerische Arbeit auch die Bauten der späten 60er und 70er Jahre unter Berücksichtigung der visionär-utopischen Gedankenwelt ihrer Urheber einzubeziehen.

Zum Schluss bleibt die Erkenntnis aus der Praxis, dass auch nach Beginn einer Sanierungsmaßnahme dem Planungsteam genügend Freiraum im Umgang mit dem Denkmal zugunsten der Nachhaltigkeit einzuräumen ist. Im Ergebnis einer denkmalgerechten Sanierung muss die Nachkriegsarchitektur von der großen Struktur bis hin ins kleinste Detail letztlich auch aktuellen, funktionalen und repräsentativen Ansprüchen gerecht werden und den wirtschaftlichen Betrieb unter energetischen Aspekten ermöglichen. Intelligente Lösungsansätze – auf jeden Sanierungsfall nach sorgfältiger Analyse spezifisch zugeschnitten – bleiben dabei gefragt. Im Wettbewerb um Standortvorteile der Universitäten können nur so fachgerecht sanierte und modern erweiterte Bauten der Nachkriegsmoderne entscheidende Akzente setzen.

Anmerkungen

1 Hunziker, Christian: „Wenn der Denkmalschutz nicht mehr hilft. Abriss der Deutschlandhalle – nicht der einzige umstrittene Abbruch eines Gebäudes in Berlin?" In: *Der Tagesspiegel*. 08.01.2011

2 Zit. nach Hunziker 2011

3 Vgl. die Webseite des Architekten: http://www.chm.de/de/pro_zoo_text_fs.html, 03.04.2011

4 Buttlar, Adrian von: „Gefährdete Nachkriegsmoderne – Eine Forschungs- und Vermittlungsaufgabe". In: Buttlar, Adrian von/Heuter, Christoph (Hg.): *denkmal!moderne. Architektur der 60er Jahre. Wiederentdeckung einer Epoche.* Berlin 2007, S. 23f.

5 Vgl. Stimmann, Hans (Hg.): *Von der Architektur zur Stadtdebatte. Die Diskussion um das Planwerk Innenstadt.* Fotografiert von Erik-Jan Ouwerkerk. Berlin 2001

6 Zum Planwerk Innenstadt: http: //www.stadtentwicklung.berlin.de/planen/planwerke/de/planwerk_innenstadt, 29.04.2011

7 Zum Masterplan City-West: http://www.stadtentwicklung.berlin.de/planen/stadtplanerische_konzepte/leitbild_city_west/, 29.04.2011

8 Vgl. den Beitrag von Weller/Jakubetz/Fahrion in diesem Band

9 Berckenhagen, Ekhart (Bearb.): *Willy Kreuer. Architekturplanungen 1929–1968.* Ausstellungs- und Bestandskatalog. Staatliche Museen Preußischer Kulturbesitz, Kunstbibliothek Berlin mit Museum für Architektur, Modebild und Grafik-Design. Berlin 1980

10 Rieseberg, Hans J. (Hg.): *125 Jahre Hauptgebäude der TU Berlin: Spannung zwischen Tradition und Nachkriegsmoderne.* Berlin 2009, S. 47

11 Elser, Oliver: „Unter der Autobahnbrücke. Abriss West (3): Das Hauptgebäude der Technischen Universität". In: *Frankfurter Allgemeine Zeitung (Berliner Seiten)*, 03.05.2000

12 Schilling, Martina (Hg.): *Freie Universität Berlin. Ein Architekturführer zu den Hochschulbauten.* Salenstein (CH) 2010

13 Pehnt, Wolfgang: *Neue deutsche Architektur 3.* Stuttgart 1970, S. 21

14 Kiem, Karl: *Die Freie Universität Berlin (1967–73). Hochschulbau, Team-X-Ideale und tektonische Phantasie.* Weimar 2008

15 Vgl. den Beitrag von Ira Mazzoni in diesem Band

„Nachkriegsmoderne" weiterdenken

Carl Zillich

Eine Kontroverse in Sachen *Nachkriegsmoderne* scheint bitter nötig. Einen besseren Ort als das Braunschweiger *Hochschulforum* gibt es in Deutschland dafür kaum. Von dort, wo die sogenannte „Braunschweiger Schule" zu Hause war und ihr Zuhause schuf, wurde eine für ihre Zeit notwendige baukünstlerische Erneuerung ins Land getragen. Heute ist der baukulturelle Ausdruck dieser Epoche in Gefahr. Ein Sanierungsstau und mangelnde Sensibilität oder auch der fehlende Wille bedrohen das austarierte Ensemble von Friedrich Wilhelm Kraemer und seinen Mitstreitern. Aber sind es allein die denkmalpflegerischen Argumente, die uns bei der Bewahrung der baulichen Zeugnisse der Nachkriegsmoderne weiterbringen? Verstellen sie nicht sogar eher den Blick auf die baukulturelle Herausforderung im gesellschaftlichen Kontext?

Streitkultur als Bestandteil gelebter Baukultur ist dafür auch innerhalb von Fachkreisen nötig. Zugleich darf eine solche Debatte nicht vorschnell polarisiert werden und der Versuchung erliegen, hier die Befürworter und dort die Gegner einer architektonischen Moderne zu sehen. Denn nicht überall überzeugt sie auf baukünstlerischer Ebene so wie an diesem besonderen Ort. Allzu oft bleibt sie hinter ihrem Versprechen, einer umfassenden Modernisierung der gebauten Umwelt und ihrer Nutzung zum Wohle der Menschen, zurück. Besondere Brüche sind dabei aus heutiger Perspektive zwischen architektonischen und städtebaulichen oder stadtplanerischen Qualitäten auszumachen. Genannt seien hier nur das Schlagwort „autogerechte Stadt" und die Funktionstrennung im Zuge der *Charta von Athen*. Bei einem Blick zurück gilt es demnach zu differenzieren, sich der Komplexität der Zusammenhänge zu stellen, um eine Zukunft mit der, aber auch über die Nachkriegsmoderne hinaus zu gestalten. Eine denkmalgerechte Ertüchtigung der Einzelarchitekturen sollte beim Braunschweiger *Hochschulforum* selbstverständlich sein. Trotzdem muss die Kontroverse weiter greifen, als es Denkmalschutzdebatten landläufig tun. Die Suche gilt einer Aktualisierung der Nachkriegsmoderne, über die Dichotomie Bestandsschutz und Energieeffizienz bei ihren Ikonen hinaus.

Ein Nachteil der gebauten Moderne ist heute oftmals die Monofunktionalität ihrer Bauten. Die damit in Zusammenhang stehenden sektoralen Strategien zur Problemlösung, wie wir sie tagtäglich im Planen und Bauen erleben, dürfen als Indiz dafür gewertet werden, dass es sich keineswegs um eine abgeschlossene Epoche handelt. Das überkommene Denken in einem für eine einzige Funktion optimierten System, egal welcher stilistischen Ausprägung, mag eine Erklärung dafür bieten, warum ein Architekt wie Rem Koolhaas das Projekt, mit dem er international bekannt wurde, durch die Beteiligung an einem Wettbewerb im Jahr 2010 selbst zur Disposition stellte. 1 Durch einen formal weniger verspielten, funktional aber vielfältiger pro-

110

1 Den Haag, Nieder-
lands Dans Theater, OMA/Rem
Koolhaas, 1987

2 Den Haag, Kulturzentrum Spui (Wettbewerb); OMA/Rem
Koolhaas, 2010

2

grammierten Stadtbaustein – das Kulturzentrum namens *Spui* – ersetzt Koolhaas sein 1987 fertiggestelltes *Nederlands Dans Theater* in Den Haag mit einem zeitgenössischen Entwurf. Damit stellt er all diejenigen bloß, die darauf beharren, mittels eines architekturgeschichtlichen Wahrheitsanspruchs die Bewahrung des baukulturellen Erbes grundsätzlich durchzusetzen und so den Geist der Nachkriegsmoderne ins Reaktionäre zu wenden drohen.[1] Auch wenn sein Wettbewerbsbeitrag nicht siegreich war[2] und das Projekt aufgrund der Finanzkrise – nicht des Denkmalschutzes wegen – stockt, wird hier ein grundsätzlicher Konflikt zwischen Anspruch und Wirklichkeit, welcher Moderne auch immer, ablesbar.

Die Anpassung der gebauten Umwelt an neue Anforderungen und die damit einhergehende Erneuerung räumlicher Strukturen für eine sich ändernde Gesellschaft war eines der Projekte der architektonischen Moderne. Selten waren dabei die ökonomischen, der Rationalisierung des Planens und Bauens zuzuordnenden Parameter von der Schöpfungskraft neuer gestalterischer Ideale zu trennen. Eines der radikalsten Beispiele einer solchen ästhetischen Konzeption in einer durch Transformationsprozesse und neue ökonomische Zusammenhänge geprägten Zeit lieferte Cedric Price. Konsequenterweise opponierte er, seinem dynamischen Geschichtsbild entsprechend, gegen den Denkmalschutz für sein *Inter-Action Center* in Kentish Town von 1976 und plädierte für dessen Abriss. Visionär bleiben seine Aussagen zu Mischnutzungen und zur notwendigen Anpassungsfähigkeit von Raumstrukturen sowie seine strategischen Projekte zu einer Verflechtung von Bildungsinstitutionen mit dem Alltag der Bevölkerung[3] – ein gerade für das Braunschweiger Hochschulforum hochinteressantes Thema …

Gerade wenn die Tendenz zur Bewahrung durch polarisierende Wahrheiten schnell vom Teil der Lösung zum Teil des Problems wird, muss anerkannt werden, dass Architekturgeschichte natürlich nicht nur in Büchern stehen kann.[4] Notwendig scheint daher – neben dem wichtigen Dialog zum Denkmalwert der Nachkriegsmoderne – sich über die Potenziale für ein Weiterdenken und -bauen der Einzelbausteine und Ensembles eben dieser Epoche klarzuwerden.[5] Dabei sollte das Augenmerk vor allem auf der gesellschaftlichen Verankerung dieser Zeitzeugnisse liegen, denn tatsächlich scheint sich die Wertschätzung für diese Epoche von Generation zu Generation stark zu unterscheiden.[6] Erst wenn wir uns der Baukultur in all ihrer Widersprüchlichkeit zwischen Tradition und Innovation als Teil unserer Gegenwart und damit eines dynamischen Identifikationspotenzials stellen, wird diese Kontroverse fruchtbar werden können.

Wie sind die architektonischen Qualitäten der Nachkriegsmoderne in unsere Gegenwart zu überführen, hin zu einer erneuerten Akzeptanz jenseits eines bestenfalls bildungsbürgerlichen Denkmalschutzdiskurses? Wie können energetische Sanierungen aussehen, die Ideen von damals nicht zukleisten, sondern weiterdenken? Einige wenige Alltagsbeispiele zum Weiterbauen können hier als Inspiration dienen und die Vielschichtigkeit der notwendigen Kontroverse aufzeigen.

3 Hoyerswerda, Lausitz
Tower, Muck Petzet Architekten, 2007

3 Gerade die weitestgehend ökonomisierte Architektur der ostdeutschen Plattenbauten bietet sich an, um Nachkriegsmoderne weiterzudenken, anstatt sie abzureißen. So hatte das Hochhaus in Hoyerswerda vielleicht keinen Denkmalwert im klassischen Sinn, war aber für den Stadtteil durch seine Ausnahme von der regulären Bauhöhe identitätsstiftend. Der von Muck Petzet Architekten 2007 fertiggestellte Umbau verbindet die einfache Fassadensanierung auf geschickte Weise mit einem neuen Erscheinungsbild durch großflächige Fassadenbegrünung an den Stirnseiten und – tatsächlich – durch Blumenkästen vor den Fenstern. Hier besticht die mit Jahrzehnten Verspätung nachgeholte Referenz an bekannte Heimeligkeit durch Applikationen auf der schmucklosen Fassade. Dies ist ein Prozess, den Adolf Loos 1911 innerhalb weniger Monate an seinem Haus am Michaelerplatz in Wien selbst durchlebte und so zwischen architektonischem Anspruch und gesellschaftlicher Wirklichkeit vermittelte.[7] Noch wichtiger für den Lausitz Tower aber ist die Aufwertung der Immobilie durch eine neue, gemeinschaftlich zu nutzende Dachterrasse, welche den ursprünglich stark auf das Gemeinwesen bezogenen Ansatz der Moderne – wiederum mit Jahrzehnten Verspätung – nachholt, sodass Identifikation nicht auf die Fassade beschränkt bleibt. Als historische Referenz wäre hierfür der Typus *Unité d'Habitation* von Le Corbusier zu nennen.[8] Somit wird deutlich, wie sich heutige Architekten, bewusst oder unbewusst, zu einem Weiterdenken der Moderne bekennen.

5

4

4 Hamburg, Treehouses,
blauraum Architekten 2010

5 Städtebaulicher
Entwurf Berlin, Augustin und Frank
Architekten, 2010

Sanierung und Aktualisierung gehen Hand in Hand, die Identifikation wird transformiert.

Ein Hamburger Beispiel zeigt weitergehende Eingriffe in den Bestand, um in einer Siedlung der Nachkriegsmoderne die stadträumlichen Potenziale, das verdichtete Wohnen im Grünen, belassen zu können. Indem die Aktualisierung nicht nur energetisch, sondern auch architektonisch vollzogen wurde, konnte der ökologischen Notwendigkeit der verbesserten Energieeffizienz des Bestands und der ökonomischen Forderung, dass es „sich rechnen" muss, gleichermaßen entsprochen werden. blauraum Architekten realisier-

114

ten dies 2010 mit einer Halbierung der CO_2-Bilanz der Siedlung bei gleichzeitiger Verdoppelung ihrer Bruttogeschossfläche. Das „Treehouses" benannte Konzept erlaubt es den Bewohnern des Bestands, in ihren Wohnungen zu verbleiben. Mit der Aufstockung wird das Spektrum der Wohnungsgrößen erweitert und die demografische Monostruktur der Siedlung aufgebrochen. Architektonisch wurde der zweigeschossige Bestand wärmegedämmt und dem historischen Klinkervorbild entsprechend verblendet. Die Aufstockung mit Maisonettewohnungen erfolgte in Holzbauweise und wurde mit Zedernschindeln verkleidet, was zu einem stilistischen Bruch mit dem modernistischen Bestand führt. So werden unterschiedliche Zeitschichten neu interpretiert, der Alt-Neu-Kontrast im Sinne der Denkmalpflege überspitzt und die historische Referenz primär im Städtebau der Moderne gesucht, der vielerorts durch Blockrandschließungen gefährdet ist.

Weder eine Siedlungserweiterung im Sinne des vorgefundenen Zeilenbaus noch die *kritische* Rekonstruktion alter Stadtgrundrisse waren das Thema des siegreichen Wettbewerbsentwurfs von Augustin und Frank Architekten aus dem Jahr 2010 für das Areal *Haus der Statistik* nordöstlich des Berliner Alexanderplatzes. Ihr städtebaulicher Entwurf verweigert sich einer Fortschreibung der Ideologie des *Planwerks Innenstadt* und schafft einen Bereich, der die anstehende Siedlungsstruktur über Punkthäuser sowie frei geformte und offene Blockstrukturen mit der traditionellen Stadtstruktur verbindet. Besonders die geöffneten Blöcke zeugen vom Willen zur Aktualisierung der Moderne über den *genius loci* hinaus. Hier dürfte der Wohnungsbau von Giuseppe Terragni Pate gestanden haben, wie er ihn mit Pietro Lingeri als *Casa Rustici* in Mailand 1935 realisierte.[9] Der Hybrid zwischen „aufgelockerter Stadt" und gefassten Straßenräumen schafft räumliche Qualitäten, die das Wohnen im Zentrum einer Großstadt neu denken und dabei Bestandteile des Kanons der Klassischen Moderne zu zeitgenössischen Lösungen für Orte der Nachkriegsmoderne machen.

Derweil sind die Debatten am benachbarten Berliner Rathausforum weiterhin polarisiert, wo der ehemalige Senatsbaudirektor Hans Stimmann mit alten Weggefährten für eine kleinteilige „neue Altstadt" agitiert, die Amtsinhaberin Regula Lüscher jedoch den modern-repräsentativen Grünraum inmitten der Stadt zu verteidigen weiß. Mit überspitzten Bildern, in denen die Marienkirche und der Fernsehturm als Solitäre auf weitem Raum – gerahmt von Wohnzeilen – die geschichtliche Brücke über die Jahrhunderte spannen, schuf sie 2009 eine Gegenöffentlichkeit.[10] Zugleich agiert der Eigentümer des Berliner Fernsehturms[11] recht kurzsichtig, aber im Sinne des klassischen Denkmalschutzes, indem er die Aneignung der Fußumbauung zu verhindern weiß. Dort, wo die skulpturalen Vordächer viele Jahre zugleich der baulichen Repräsentation wie dem alltäglichen Spieltrieb der Menschen dienten, versperren nun plumpe Zäune den Weg zur gelebten Identifikation mit der Nachkriegsmoderne durch eine Re-Interpretation ihrer Bestandteile.

Anders als beim Bewahren einzelner Bauten, deren Denkmalwert eindeutig ist, geht es beim Weiterdenken einer Epoche vor allem darum, deren tatsächliche Probleme und immanente Potenziale herauszuarbeiten. Dabei

6 „fonction oblique": Berliner
Fernsehturm, 2005

kann es nicht nur um bautechnische oder gestalterische Fragen gehen, vielmehr muss die gesellschaftliche Akzeptanz gefördert werden, um der Nachkriegsmoderne eine Zukunft zu geben. Dass zumindest die Denkmaldebatte bezüglich dieser Epoche langsam in die Mitte der Gesellschaft vordringt, zeigen vorläufig gewonnene, zivilgesellschaftlich ausgetragene Debatten um den Abriss der Bonner Beethovenhalle von Siegfried Wolske (1959), des Kölner Schauspielhauses von Wilhelm Riphahn (1962) und des Niedersächsischen Landtags von Dieter Oesterlen (1962), der selbst eine Ikone des Weiterbauens mit zeitgemäßer Sprache ist. Es sollte aber zur Kenntnis genommen werden, dass in allen Fällen offiziell nicht der Denkmalwert, sondern die ökonomischen Rahmenbedingungen als Auslöser für den Planungsstopp durch die Politik angeführt wurden.

So oder so würden wir den Diskurs der Nachkriegsmoderne selbst missachten, würden wir uns mit dem Erhalt der ikonischen Bauten der Epoche zufriedengeben. Der baukünstlerische Wert allein, also das Denkmal als Objekt oder Ensemble, greift hier zu kurz. Eine umfassendere baukulturelle Debatte ist nötig, um zu klären, wie mit dem baulichen und ideellen Erbe der Moderne umzugehen ist. Die Dichotomie zwischen Konservieren und Abreißen muss über den etablierten Denkmalbegriff hinaus aufgebrochen werden, um eine breitere gesellschaftliche Akzeptanz, wenn nicht gar Identifikation, herbeizuführen, bei der Alltagsarchitektur und Baudenkmale einer Epoche zusammengedacht werden.

Gerade auf stadtplanerischer Ebene hat die „autogerechte Stadt" der Nachkriegszeit Spuren der Verwüstung hinterlassen, die – auch räumlich – nicht von der Nachkriegsmoderne zu trennen sind. Das Braunschweiger Hochschulforum bildet dabei verkehrstechnisch eine rühmliche Ausnahme. Umso wichtiger scheint es, bei der weiterhin gültigen Funktionstrennung anzusetzen und zu fragen, welche Zukunft welche Bauten dieser Zeit mit welchen Funktionen in welchem städtebaulichen Kontext haben können.

Weiterdenken umfasst demnach weit mehr als die Durchführung eines planungsrechtlichen oder kunstwissenschaftlichen Abwägungsprozesses. Der Diskurs zur Nachkriegsmoderne muss sich öffnen, hin zu einem integrierten Verständnis von Vergangenheit, Gegenwart und Zukunft auf allen Ebenen. Erst wenn Baukultur im Alltag der Menschen spürbar wird, hat diese Kontroverse Früchte getragen. Das Leben unserer Gegenwart mit den Ikonen der Nachkriegsmoderne zu verweben, könnte ein wichtiger Schritt sein, das gemeinsame Ziel zu erreichen.

So bleibt die strukturelle Monofunktionalität des Braunschweiger Hochschulforums die Achillesferse für eine baukulturelle und damit gesellschaftlich verankerte Auseinandersetzung an diesem Ort. Erst wenn die gestalterische Offenheit eines Kraemer-Baus für die Nachbarschaft tatsächlich wahrnehmbar ist – das heißt gelebt werden kann, indem sich die Universität mit Nutzungsangeboten zu ihrer Nachbarschaft hin öffnet – kann eine Denkmaldebatte über das gestalterische Erbe zu einem nachhaltigen Erfolg führen. Erst dann sind gesellschaftliche Mehrheiten greifbar, an denen auch uns gelegen sein sollte. Kraemers realisierte Vision ist dafür bereit – ob es die sozialen und universitären Strukturen sind, bleibt nur zu hoffen und der „Nachkriegsmoderne" zu wünschen.

Anmerkungen

1 Vgl. Koolhaas, Rem: „Die Berliner Schlossdebatte und die Krise der modernen Architektur". In: Misselwitz, Philipp/Obrist, Hans Ulrich/Oswalt, Philipp (Hg.): *Fun Palace 200X. Der Berliner Schlossplatz.* Berlin 2005, S. 45–49 sowie *AMO, CRONOCAOS,* 12. Architekturbiennale, Venedig 2010.

2 Mit Neutelings Reijdik soll es seinen ehemaligen Mitarbeitern überlassen sein, seinen bahnbrechenden Bau zu ersetzen.

3 So zum Beispiel sein Projekt „Potteries Thinkbelt" von 1965, bei dem brachliegende Infrastruktur genutzt wird, um das Bildungswesen aufzubrechen und mobil zu gestalten.

4 Diese Aussage wurde im Rahmen der Kampagne zur Rettung des Palastes der Republik in Berlin um 2005 über Postkarten in die Öffentlichkeit getragen.

5 Vgl.. Braum, Michael/Welzbacher, Christian (Hg.): *Nachkriegsmoderne in Deutschland. Eine Epoche weiterdenken.* Basel 2009

6 Nikolaus Bernau überspitzte diese Polarisierung der Gesellschaft zwischen „Anti-Modernen" und „unkritischen Moderneliebhabern" auf einer Podiumsdiskussion 2006 anhand des Klientels, das Aktien für das von Hans Kollhoff zum Goya-Club umgebaute ehemalige Varieté Metropol (im Westen Berlins) gezeichnet hat und den 20–30 Jahre jüngeren Partygängern des Weekend-Clubs von ROBERTNEUN Architekten im ehemaligen Haus des Reisens am Alexanderplatz.

7 Vgl. Muscheler, Ursula: *Haus ohne Augenbrauen. Architekturgeschichten aus dem 20. Jahrhundert.* München 2007, S. 51

8 Zum Beispiel in Marseille 1947

9 Vgl. French, Hilary: *Key Urban Housing of the Twentieth Century.* London 2008, S. 74

10 Die Bildproduzenten waren die direkt beauftragte Arbeitsgemeinschaft der Architekturbüros Graft und David Chipperfield mit der Landschaftsarchitektin Gabriele Kiefer.

11 Hermann Henselmann, Jörg Streitparth (Idee), Heinz Aust, Günter Franke, Walter Herzog (Architektur), Werner Herzog (Tragwerksplanung), Berlin 1965–72

Neufert – neu! As Found – Modernisierung und Fassadensanierung der Eternit-Hauptverwaltung in Heidelberg

Astrid Bornheim/Andreas Oevermann

Neufert – neu! Rekonstruktion einer Ideengeschichte

„Ein geborener Architekt oder einer mit Sehnsucht im Herzen", so schreibt der Architekt und Autor Ernst Neufert in seiner Bauentwurfslehre, „wird sich die Ohren zuhalten und die Augen verschließen, wenn ihm die Lösung einer Aufgabe gegeben wird, denn er ist so voller eigener Vorstellungen und Ideale, dass er nur die Elemente braucht, um dann selber ins Geschirr zu gehen, wenn es gilt, daraus ein Ganzes zu machen."[1]

Dieser Leitspruch Neuferts behält bis heute seine Gültigkeit. Er bekommt eine ganz eigene Dimension, wenn man ihn nun auf das gebaute Werk des Architekten bezieht. Denn Neuferts Architektur zählt zu den bedeutenden Dokumenten der *Nachkriegsmoderne* in Deutschland, die seit einiger Zeit aus ästhetischen, funktionalen oder energetischen Gründen umfassend saniert werden. So stehen seine Bauten im Fokus der aktuellen Architekturdiskussion über den Umgang mit dem gebauten Erbe der Nachkriegsmoderne. Wie originalgetreu muss, wie originalgetreu kann überhaupt eine Modernisierung dieser Architektur erfolgen? Wie kann der ursprüngliche architektonische Ausdruck angesichts veränderter Nutzungsanforderungen und verschärfter Energieeinsparverordnungen erhalten bleiben? Welche Spuren des Veränderungsprozesses dürfen sichtbar werden? Diese Fragen haben wir uns gestellt, als wir 2005 den Auftrag erhielten, die von Ernst Neufert entworfene Zentrale der Eternit AG in Heidelberg zu modernisieren.

Funktionalität und Präzision

Neufert hatte die Hauptverwaltung im Jahr 1964 als Schlussstein eines kompletten Masterplans für das gesamte Werksgelände errichtet, an dem er seit 1954 zehn Jahre lang kontinuierlich gearbeitet hatte. Jede Produktionshalle, jede Lagerhalle, jedes Parkplatzdach, sogar das Pförtnerhäuschen trugen die Handschrift des Architekten. Entstanden war ein Industrieareal aus einem Guss von bestechender Funktionalität und architektonischer Klarheit.

Diese Klarheit war dem Headquarter im Laufe der folgenden Jahrzehnte abhanden gekommen. Die Raumidee Neuferts war bis zur Unkenntlichkeit entstellt. Mehrere Schichten aus Nutzungsveränderungen hatten sich über die Architektur gelegt, im Innenraum wie auch an der Fassade. Das ursprünglich weite und helle Foyer war in mehrere Räume geteilt worden. Einst ein großzügiger und modern möblierter Kommunikationsraum, war es nun mit abgehängten Decken, grünen Teppichböden, beige-braunen Fliesenbelägen und Holzvertäfelungen an den Wänden in seinem Wesen komplett verän-

1 Heidelberg, Eternit
AG-Hauptverwaltung, Ernst Neufert
1954–1964, Zustand 1965

2 Heidelberg, Eternit AG-
Hauptverwaltung, Innenraum, Zustand:
1965 sowie Umbaumaßnahmen 2005

dert. Das Gleiche galt für die Fassade. Die Neufertsche weiß-graue Eternit-Fassade strahlte ursprünglich aus: „The material is the message"[2]. Kein Logo also, sondern das Gebäude selbst signalisierte: Hier ist die Zentrale eines der größten deutschen Baustoffhersteller mit einer ganz eigenständigen Identität. Ganz anders 2005: Eine grün-braune Fassade mit weißen Kunststofffenstern zeugte von einer Anpassung an kurzlebige Modeerscheinungen der 70er Jahre und verleugnete die zeitlose Modernität, die Neufert einst geschaffen hatte und die dem Material und der Marke Eternit innewohnt. Von der Neufertschen Klarheit der Gebäudefigur und der Präzision seiner baukonstruktiven Details war nicht viel geblieben.

Bühne, Passepartout und Exponat

Ganz im Sinne des eingangs zitierten Neufertschen Wahlspruchs machten wir uns am gebauten Beispiel auf die Suche nach den „Elementen", welche die Qualität des „alten Neuferts" begründeten. Wir entdeckten den Raum in der Bewegung, fanden attraktive Zwischenräume und ermittelten ein ausgewogenes Verhältnis der Proportionen. Wir fanden einen besonderen Umgang mit Materialien und Details, insbesondere mit dem Werkstoff Eternit. Unser Ziel war es, verborgene Qualitäten wieder freizulegen und mit den veränderten Anforderungen unserer Zeit zu überlagern. Es ging uns darum, den Geist Neuferts zu erspüren und wiederzuerwecken. Nicht über die formalistische Wiederherstellung der historischen Details, sondern über die subtile Weiterentwicklung der ursprünglichen Idee von der erlebbaren Bewegung im Raum ist es gelungen, dieses Haus „zukunftsfähig" zu machen. Gleichwohl galt es, bei diesem Erneuerungsprozess die Identität zu wahren. Neufert lieferte den Rahmen und das Passepartout für eine zeitgenössische Weiterentwicklung des Raumbildes. Die architektonische Intervention lässt sich mit einer Inszenierung im Theater vergleichen. Hier wird eine Bauaufgabe ein zweites Mal inszeniert. Gespielt wird ein „Klassiker", die Interpretation eröffnet jedoch eine zeitgenössische Annäherung bei gleicher Grundstruktur. Als Labor für Ideen, als Werkstatt für Erfindungen und als Architektur für Handlungsräume haben wir den Showroom der Eternit AG interpretiert. Der Entwurf ist von dem Leitmotiv geprägt, das Material Faserzement raumbildend einzusetzen. Schon am Empfang ist zu erkennen, was sich in den folgenden Raumsequenzen abbildet: Durch gerahmte Ein- und Ausblicke wird die gestaltete Raumtiefe sichtbar. Der Werkstoff Faserzement dient dabei als Rahmen für Kommunikation und Aktion, ist zugleich Bühne und Hauptdarsteller, Passepartout und Exponat.

Identität trotz Modernisierung

Die konstruktiven Elemente und die Proportionen des zwischenzeitlich verbauten Raumes wurden wieder freigelegt, die filigrane Betonrippendecke des Rohbaus gibt nun den Rhythmus vor. Eine neue, raumhohe Glasfassade zieht sich frei über die gesamte Länge des Gebäudes. Im Innern bildet

3 eine Reliefwand aus Faserzementtafeln ein skulpturales Passepartout für die Bewegung im Raum. Mit unterschiedlich großen Möbeln aus Faserzement werden vielseitig nutzbare Zwischenräume als Aktionsflächen für Ausstellungsbereiche und Gespräche geschaffen. Sie sind zugleich Exponate und Raumteiler, Empfangstresen, Vitrine und Espressobar. Eine Folge durchgesteckter rechteckiger Schaukästen eröffnet die Blickbeziehung vom Eingang bis zur Bar.

Das haptische Erleben des Materials wird durch den Entwurf gefördert und schafft im wahrsten Sinne des Wortes Berührungspunkte und vielschichtige Identifikationsmöglichkeiten. Faserzement wird hier in seiner ganzen Universalität erfahrbar: als Wandbelag, Türblatt und Tischplatte. Ernst Neufert hatte bereits 1964 vorgemacht, was auch heute wieder für das neue Entrée gilt: Das Material Faserzement kann in besonderem Maße experimentell eingesetzt und in neue Kontexte gefügt werden. Bei seinen Bauten auf dem Werksgelände finden sich zahlreiche individuell entwickelte Formteile, insbesondere an Gebäudeecken von Wellplattenfassaden oder -dächern mit ihren komplexen Geometrien.

Im Zuge der Modernisierung ließ sich der Bauherr auf dieses experimentelle Niveau ein. Frei geformte Waschbecken aus Faserzement führen den Werkstoff in die „dritte Dimension". Ziel war es, den Werkstoff in seiner Räumlichkeit und seiner Universalität sinnlich erlebbar zu machen. Die Bäder werden damit zu Forschungsobjekten. Wir stellten die Frage: Wie können die herkömmlichen Grenzen des Materials und des Herstellungsprozesses erweitert werden? Und wie lassen sich heutige computergestützte Formfindungsprozesse mit der traditionellen, analogen Herstellungstechnik verbinden? Handwerker im Werk von Eternit arbeiteten daran eng mit Architekturstudenten am Lehrstuhl für Experimentelles Entwerfen der TU Braunschweig zusammen. Über Annäherungen im Modell und deren Überprüfung mit Verschattungsstudien am Computer wurden die Formen entwickelt und kontrolliert. Die schließlich gefundene Form nimmt Rücksicht auf funktionale Zusammenhänge wie die Fließbewegung des Wassers und die spezifischen Erfordernisse des Herstellungsprozesses. Das Ergebnis ist ein funktionales Objekt und eine sinnliche Landschaft aus Licht und Schatten.

Der Entwurf für die Modernisierung überführt die Identität des Unternehmens in Konzept und Detail in eine neue poetische Dimension. Das gilt auch für die neue Fassade der Hauptverwaltung. Notwendig wurde die Sanierung aufgrund der fehlenden Wärmedämmung. Das Haus war 1964 als ungedämmtes Bürogebäude errichtet worden. Eternit-Fassadentafeln waren als Wetterschutz direkt auf dem Mauerwerk montiert. Ziel der Fassadensanierung war es, die nun dickere, gedämmte Fassadenschicht mit den ursprünglichen Gedanken Ernst Neuferts in Einklang zu bringen. So wurden die tieferen Fensterlaibungen mit ihrem perspektivischen Spiel zum gestaltprägenden Motiv erhoben. Wie eine Welle bewegen sich unterschiedlich geneigte rote und grüne Lisenen über die Fassade und verleihen dem geradlinigen Gebäude eine neue Dynamik. Bewegt man sich in der entgegengesetzten Richtung um das Gebäude, tritt jedoch wieder der „alte" Neufert mit seiner präzise geschnittenen Lochfassade in Erscheinung. So wird der ursprüngliche Entwurf gestärkt und zeitgenössisch neu interpretiert.

„Nur wer sich wandelt, ist mit mir verwandt"[3], schreibt Neufert in seiner Bauentwurfslehre. In diesem Sinne haben wir uns den Werten des Architekten genähert, statt eine vermeintlich originalgetreue Rekonstruktion zu liefern. Es ist bemerkenswert, wie sich diese Werte über die Reaktivierung architektonischer Qualitäten vermitteln lassen. Vorstand, Geschäftsleitung und Mitarbeiter sind wieder stolz auf ihr Haus, auf ihr kulturelles Erbe und auf ihren Mut, der Erneuerung des Unternehmens in der Architektur einen sichtbaren Ausdruck verliehen zu haben. (Astrid Bornheim)

As Found – zur Entwurfsmethodik der Fassadensanierung

„Wir stehen einerseits auf den Schultern unserer Ahnen, andererseits ist alles fließend, wir sind Kinder unserer Zeit mit Blick auf die Zukunft."[4]

So beschreibt Ernst Neufert sein Verhältnis zur Architektur vorausgegangener Baumeister und zu seiner zeitgenössischen Positionierung. Ganz in diesem Sinne sind wir die Sanierung der Neufertschen Fassade an der Hauptverwaltung der Eternit AG in Heidelberg angegangen: mit Respekt vor dem Erbe, mit dem sichtbaren Ausdruck der Veränderung und mit dem Anspruch, die Fassadentechnologie von Eternit zukunftsorientiert weiterzuentwickeln.

4

Die zwölf Millimeter dicken Faserzementtafeln sind mit Hinterschnittankern und Agraffen auf einer Aluminium-Unterkonstruktion befestigt. Wie schon bei Neufert lebt die relativ schlichte Architektur von der Raffinesse im Detail. Das Fassadenprojekt bekommt seine besondere Bedeutung, indem es als Prototyp mit einigen technischen Neuerungen organisiert wurde: beginnend mit dem Aufmaß in neuartiger 3D-Lasertechnologie über die erstmalige Verwendung neuer Hinterschnittdübel bis zur Klebeverbindung von Eternittafeln auf abgekantetem Stahlblech zur Herstellung der farbigen Lisenen.

4 Heidelberg, Eternit AG-Hauptverwaltung, Fassade, Zustand 2006

Alle beteiligten Unternehmen haben die Fassadensanierung als Pilotprojekt verstanden. Dieser Pioniergeist – der ganz dem Geist Neuferts entspricht – führte zu einer außergewöhnlichen Präzision im Detail. Allen Beteiligten im Planungsteam war klar, dass man es mit einem besonderen Gebäude eines bedeutenden Architekten zu tun hat, auch wenn das Gebäude der Eternit-Hauptverwaltung nicht unter Denkmalschutz stand. Dessen Wertigkeit und damit Schutzwürdigkeit war zumindest in diesem Diskursfeld noch nicht erkannt und anerkannt worden. Unbelastet von den einschlägigen und zumeist als Einschränkung – ob der eigenen entwerferischen Ambitionen auf Architektenseite oder der praktischen, von finanziellen Erwägungen getragenen Vorstellungen auf Bauherrenseite – empfundenen Auflagen der örtlichen Denkmalschützer hätte man sich der Aufgabe leicht entledigen können. Gefordert war vom Bauherrn zweierlei: die Fassade mit der sich positiv auf die Betriebskosten auswirkenden und von den einschlägigen Gesetzen geforderten Wärmedämmung zu versehen einerseits; andererseits dem Gebäude wieder ein Gesicht zu geben, das der aktuellen Corporate Identity Ausdruck verleiht.

Altes, Vorgefundenes und Neues miteinander verbinden

Die architektonischen Qualitäten des Baus waren im von uns vorgefundenen Zustand bestenfalls zu erahnen. Der Entwurfsprozess, der zum heutigen Erscheinungsbild der Fassade führte, lässt sich mit dem sogenannten „As Found"-Prinzip in Verbindung bringen. Es wurde erstmals von Peter und Allison Smithson – Zeitgenossen Neuferts – in den späten 50er Jahren als

Entwurfsmethode propagiert und in ihrem eigenen Ferienhaus, dem Upper Lawn Pavillon von 1961 eindrucksvoll als Ansatz erprobt, Altes, Vorgefundenes und Neues miteinander zu verbinden. Die Smithsons charakterisierten ihre Haltung wie folgt: „‚As Found' is a small affair: it is about being careful."[5] „The ‚As Found' (is) where the art is in picking up, turning over and putting with."[6] Was mit dieser „small affair – As Found" als Entwurfsmethode und -haltung gemeint war, hat Thomas Schregenberger in einem Essay zu beschreiben versucht: Zunächst einmal handele es sich beim „As Found" – „Wie gefunden" – nicht um dasselbe wie etwas „nur Gefundenes", dem immer etwas Zufälliges anhafte. „Ist etwas wie-gefunden, hat es bereits eine Bedeutung auf der Seite der eigenen Aktion bekommen."[7] Und weiter schreibt er: „Es (das „As Found", Anm. des Autors) verlangt: zuerst hinblicken und empfänglich werden für die feinen Töne und Bedeutungen und davon ausgehend etwas machen."[8]

As Found – der Bestand

Was fanden wir also vor – außer der bei ersten Baustellenbesuchen fotografisch festgehaltenen Schäbigkeit des damaligen Ist-Zustandes? Auf alten Fotos aus der Entstehungszeit des Gebäudes präsentierte sich das Äußere des Baus, wie auch die zuvor von Neufert entworfenen Industriehallen auf dem Werksgelände, geprägt von nobler Zurückhaltung und mit Präzision gepaarter Eleganz. Wir fanden einen zweigeschossigen L-förmigen Baukörper mit einer ausgeprägten Horizontalität vor, dessen wenige plastische Gesten, wie etwa das leichte Vorspringen eines Bauflügels mit Vordach, kaum Hierarchien der Zugänglichkeit und Adressbildung formten. Die Fassadengestaltung gab insgesamt nur wenige Hinweise auf die dahinter liegenden unterschiedlichen Nutzungen preis. Wir fanden die Nord- und Südfassade vor mit den schlanken, vor der vollflächigen Erdgeschossverglasung stehenden Stützen und dem auch damals schon dahinter liegenden Schauraum und dem Bandfenster im Obergeschoss, hinter dem sich ein Großraumbüro befindet. Die Ost- und die Westfassade mit den dahinter liegenden Einzelbüros waren eigenartig ambivalent zwischen Lochfassade und Bandfenster changierend, unter anderem durch das über den Fenstern liegende, farblich abgesetzte Eternitband, aber auch durch die dunkler gehaltenen Wandpartien zwischen den Fenstern. Hier bleibt es einstweilen Spekulation, ob die Einführung dieses horizontalen Bandes nicht auch mit den Produktionsmaßen der verwendeten Fassadentafeln zusammenhing. Neufert hatte diese Tafeln im ausgeführten Entwurf auf das nach ihm benannte Neufertsche Oktameter-Achsmaß der Lochfenster von 1,875 Meter abgestimmt. Unter dieser Maßgabe waren sie nur horizontal liegend eingebaut worden. Wir fanden vor: einen unaufgeregten Bau feiner Nuancen, einen Bau, der Horizontalität und Vertikalität, Bindung und Vereinzelung thematisiert, einen Bau, der sich in der Bewegung erschließt, einen Bau, der seine wenigen gestalterischen Mittel rhythmisch, präzise und gewissermaßen ökonomisch einsetzt und der sehr sorgfältig ausgeführt wurde.

5 Heidelberg, Eternit AG-Hauptverwaltung, Fassade, Zustand 2006

Die unbegrenzte Welt der begrenzten Möglichkeiten

Was haben wir nun mit diesem Erbe gemacht? Der Perspektivwechsel, den wir vornahmen, konzentrierte sich auf wenige, in Neuferts Bauen und Denken allgegenwärtige Themen. Zunächst: Neuferts Interesse für Proportionen, für Bewegung und Rhythmus, das er mit anderen Vertretern der Moderne, etwa Le Corbusier, teilte. Dann: Neuferts Interesse für bauliche Präzision und die Abstimmung aller Bauteile und ihrer Fügungen aufeinander. Wir orientierten uns an den Prinzipien des Vorgefundenen und han-

6 Heidelberg, Eternit AG-Hauptverwaltung, Fassadendetail, Zustand 2006

7 Heidelberg, Eternit AG-Hauptverwaltung, Fassadendetail, Zustand 2006

6

7

delten dennoch anders. Ein wesentlicher Unterschied zwischen der neuen und alten Fassade zeigt sich in der Behandlung des Fugenbildes, das sich nicht mehr von der Geometrie der Fassadenachsen ableitet. Hier werden die vertikalen, nicht die horizontalen Fugen von der Produktionsgröße der Fassadentafeln mit einer Breite von 1,25 Metern bestimmt – wieder ein mit dem Neufertschen *Oktametersystem* vereinbares Maß. Nach jeder dritten Platte geht das Achsmaß mit dem ursprünglichen Raster auf und stellt so

5 die Neufertsche Ordnung wieder her. Die Reduktion auf wenige gestalteri-

sche Elemente haben wir im von uns interpretierten Geiste Neuferts noch weiter getrieben – beispielsweise den Umgang mit den notwendigen Verwahrungen im Bereich der Attika. So hatte der Ursprungsbau keine sichtbare Attikaverwahrung; und auch in unserem Entwurf liegt das Attikablech auf der Rückseite der Fassadentafel, was den heutigen Dachdeckerrichtlinien nicht entspricht, aber vom Bauherrn mutig mitgetragen wurde. Ebenso wird die Entwässerung im Brüstungsbereich hinter der Fassade geführt, Sohlbänke sind nicht zu sehen.

Neuferts Interesse an Rhythmus und Bewegung, die dem Vorgefundenen eingeschrieben waren, interpretieren wir ebenfalls bei der Gestaltung der Fensterlaibungen an Ost- und Westfassade. Mit acht verschiedenen Neigungswinkeln gliedern die Laibungsbleche die Front der Fassade und verbreitern oder verschmälern den verbleibenden geschlossenen Anteil zwischen den Fenstern. Das Auge gleitet an der Fassade entlang und versucht intuitiv, die Ordnungen der Fassade abzugleichen. Die intensive komplementäre Farbigkeit der Laibungsbleche steht dabei, zusammen mit der wechselnden Plastizität, in einem spannungsvollen Verhältnis zur Ruhe der eigentlichen Fassadentafeln, die mit ihrer grauen Oberflächenlasur dem Bau je nach Lichtverhältnissen eine manchmal samtig-reflektierende Ausstrahlung verleihen. Die Farbigkeit der Laibungen gehorcht in gewissem Sinn auch der Entwurfshaltung des „As Found". Denn auch wenn sie an Neuferts Ursprungsbau gar nicht vorkam, gehört sie doch zur Corporate Identity von Eternit. Beide Farben, Rot und Grün, tauchen im Logo des Unternehmens auf.

Claude Lichtenstein und Thomas Schregenberger haben mit ihrer Arbeit zu „As Found" jene Prinzipien wieder ins öffentliche Bewusstsein gerückt, die uns bei der Fassadensanierung in Heidelberg geleitet haben: „As Found hat mit Aufmerksamkeit zu tun, mit Achtung vor dem, was ist, und mit Leidenschaft für die Aufgabe, aus etwas etwas zu machen."[9] Und weiter: „As Found ist die Eintrittspforte in die unbegrenzte Welt der begrenzten Möglichkeiten."[10] Das Neue lässt sich eben auch im Respekt gegenüber und im Einklang mit dem verwirklichen, was als vorgefunden wahrgenommen werden kann. (Andreas Oevermann)

Anmerkungen

1 Neufert, Ernst: „Prolegomena". In: Ders.: *Bauentwurfslehre.* Braunschweig/Wiesbaden (32. Aufl.) 1984, S. V
2 Die Idee vom Material als Träger einer Botschaft scheint in Anlehnung an Marshall McLuhans berühmten Ausspruch „The medium is the message" die Intention Neuferts für die logofreie Fassade der Eternit Hauptverwaltung zu treffen. Vgl. Kerckhove, Derrick de/Leeker, Martina/Schmidt, Kerstin (Hg.): *McLuhan neu lesen. Kritische Analysen zu Medien und Kultur im 21 Jahrhundert.* Bielefeld 2008
3 Neufert 1984, S. V. (wie Anm. 1)

4 Ebd.
5 P. Smithson zitiert nach Lichtenstein, Claude/Schregenberger, Thomas: *As Found.* Zürich/Baden 2001, S.198
6 Smithson, Allison und Peter: "The ‚as found' and the ‚found'." In: Robbins, David. (Ed.): *Independent Group. Postwar Britain and the Aesthetics of Plenty.* Cambridge Mass. London, 1990, S. 201
7 Lichtenstein, Claude/Schregenberger, Thomas, 2001, S. 10 (wie Anm. 5)
8 Ebd..
9 Ebd.
10 Ebd.

Transform Postwar-Modernism – Konzepte zur Revitalisierung der Nachkriegsmoderne

Jürgen Engel

Als unser Büro vor drei Jahrzehnten die ersten Revitalisierungsprojekte durchführte, war der Begriff „Revitalisierung" unbekannt und das „Bauen im Bestand" noch lange nicht eingeführt als Terminus für ein heute fast alltägliches architektonisches Genre.

Der entscheidende gedankliche Kern der mit diesen Begriffen heute verbundenen Haltung ist wohl, jedes Gebäude, das erweitert, umgebaut oder saniert werden soll, auf seine architektonischen und funktionalen Potenziale zu untersuchen, bevor man beginnt, in den Bestand einzugreifen. Es wird als prinzipiell gleichberechtigtes Bauteil der herzustellenden Kombination aus Alt und Neu betrachtet. So jedenfalls haben wir es bei unseren Projekten gehalten.[1]

Wachsender Respekt und ein sensibilisierter Blick auf Potenziale des Vorhandenen traten an die Stelle von Ideologie. Als gutes Beispiel für diese in den 1990er Jahren mehr und mehr *common sense* gewordene Haltung kann das 1999 von KSP Jürgen Engel Architekten realisierte Presse- und Informationsamt der Bundesregierung (kurz: Bundespresseamt) in Berlin gelten.

Presse- und Informationsamt der Bundesregierung

Im Ergebnis eines beschränkten Wettbewerbs erhielt der Entwurf von KSP Jürgen Engel Architekten den 1. Preis und wurde zur Realisierung empfohlen. Entstehen sollte das Amt unter Einbeziehung von denkmalgeschützten Bauten des früheren DDR-Landwirtschaftsministeriums – in bester Lage zwischen Bahnhof Friedrichstraße und Reichstag. Ein buntes Konglomerat von Bestandsbauten war hier auf insgesamt acht Grundstücke verteilt. Erhaltenswert war zweifellos der Kopfbau einer früheren Markthalle an der Dorotheenstraße, deren Fassadenschmuck aus Stuck und Terrakotten im Zuge des Projektes minutiös rekonstruiert wurde. Im Hof dahinter befand sich ein von Alfred Lempp 1917 errichtetes Postscheckamt, dessen monumentale Schalterhalle ebenfalls ins Raumprogramm des Bundespresseamtes integriert wurde. Zu den prosaischen Bestandsbauten gehörten ein siebengeschossiger Plattenbau sowie ein rechteckiger Kantinenpavillon von 1965. Wiewohl letzterer nicht erhalten wurde, konnten doch sein Fundament und Teile der Tragkonstruktion für den zentralen Konferenzraum des Bundespresseamtes genutzt werden. In seiner Kubatur korrespondiert der große Saal mit dem Vorgängerbau. Im Fall des Plattenbaus an der Dorotheenstraße hätte es sicher Argumente für eine „tabula-rasa"-Lösung gegeben. Das erst 1989 fertiggestellte und mit Fertigteil-Pilastern, Mansardendach und farbigen Fliesen für den innerstädtischen Standort architektonisch aufgerüstete Gebäude erwies sich bei unserer Bestandsuntersuchung als

128

baulich intakt und stand auch mit dem vorgesehenen Raumprogramm in Einklang.

Unseren Entwurfsarchitekten war es ein kreatives Vergnügen, ausgehend von der Kubatur und ihrer strengen Lochfassade dem Plattenbau einen vollkommen neuen Ausdruck zu geben: An die Stelle des Mansardendachs trat ein auf voller Breite verglastes Attikageschoss, die neue Schauseite bildete eine glatte, in kräftigem Terrakottarot durchgefärbte Putzfassade. Die Fenster fassten wir durch filigrane, schwarze Stahlrahmen, deren Schattenwurf die an sich monotone Fensteranordnung effektvoll überhöht. Ziel unseres Entwurfes war nicht, das Serielle und die karge Nüchternheit der Rasterfassade zu „verhübschen", sondern ein autonomer und aufgeschlossener Ausdruck von Modernität.

1 Berlin, Bundespresseamt,
Ansicht Dorotheenstraße, KSP Jürgen Engel
Architekten, Zustand 2001

1

2 Berlin, Bundespresseamt, Ansicht
Reichstagsufer, KSP Jürgen Engel Architekten,
Zustand 2001

Restrukturierung statt Abriss

Das Beispiel Bundespresseamt zeigt anschaulich den erwähnten Wandel in der Haltung zum Bestand: 1975 hätte man entweder alle Bestandsbauten abgerissen oder sich auf Druck der Denkmalpflege durchgerungen, den Kopfbau der früheren Markthalle als historische Reminiszenz zu erhalten. Im Wettbewerbsentwurf und sehr viel konkreter in seiner Realisierung gingen wir das Wagnis ein, die am Standort versammelten Bauphasen 1884/1917/1965/1989 mit zeitgenössischen Ergänzungen zu einem neuen, bei aller Heterogenität in sich konsistenten Ganzen zu verschmelzen.

Bei dieser bestandsorientierten Neuordnung sind gänzlich andere Fähigkeiten gefragt als bei einem Neubau oder einer traditionellen Altbausanierung: Der Entwurf hatte Bindeglieder zu formulieren, teils galt es, Baukörper gleich einem Edelstein beim Goldschmied zu „fassen", etwa die lange, spreeseitige Brandmauer des früheren Postscheckamtes. Vor die 120 Meter lange, kahle Brandwand setzten wir auf voller Länge einen siebengeschossigen Riegel, der mit seiner zweischaligen Glaslamellenfassade die Platzwand für den neu geschaffenen Vorplatz herstellt. Zugleich erhöht die angefügte „Gebäudehüfte" die Nutzfläche und damit die Wirtschaftlichkeit des Altbaus deutlich.

Das neue Bundespresseamt verdeutlicht wie kaum ein anderes Projekt die Rolle des Bauherrn für das Gelingen einer Revitalisierung auf hohem Niveau – mit dem Bundesamt für Bauwesen und Raumordnung (BBR) hatten wir auf Bauherrenseite einen Partner, der einen Sinn für die hier umgesetzte fast verspielte architektonische Vielschichtigkeit hatte und unsere Haltung aktiv unterstützte.

Siedlung Neue Burg in Wolfsburg

Ausgesprochenes Gegenstück zum Bundespresseamt ist die Sanierung der Siedlung Neue Burg in Wolfsburg-Detmerode, ein aktuelles Projekt unserer Braunschweiger Niederlassung. Im Unterschied zum kleinteiligen, behutsamen Vorgehen an der Berliner Dorotheenstraße entschied sich KSP Jürgen Engel Architekten hier, im Einvernehmen mit dem Bauherrn den vorgefundenen architektonisch-städtebaulichen Defiziten mit einer Rosskur zu begegnen. Die Zahl der Wohnungen in der Siedlung mit ihren abgetreppten Hochhausmäandern wird insgesamt von 534 auf 332, also um rund 40 Prozent reduziert. Hier geht es um die Rückkehr vom städtebaulichen Schematismus, dem von Megaformen bestimmten Wohnen in den 60er und 70er Jahren,[2] zur Maßstäblichkeit von differenzierten Außenräumen der europäischen Stadt.

Maschinen zum Atemholen

Die Siedlung Burg ist ein Teil von Wolfsburg-Detmerode, das zwischen 1965 und 1970 als Trabantenstadt des dynamisch wachsenden Wolfsburg errichtet worden war. Die „Autostadt" und ihr Volkswagenwerk suchten händeringend Arbeiter, um die steigende Nachfrage nach Automobilen befriedigen

zu können. Detmerode wurde als „Demonstrativbauvorhaben" des Bundes unter der Leitung von Paul Baumgarten umgesetzt.

Baumgartens Rang als Architekt änderte wenig daran, dass er wie die meisten seiner Zeitgenossen dem Leitbild „Urbanität durch Dichte" allzu unkritisch folgte. „Dichte" sollte vor allem durch die Massierung vielgeschossiger Baumassen erzeugt werden – in frei über die Fläche komponierten, vertikal und horizontal abgetreppten Hochhausketten: „In Detmerode (…) kulminierte eine Entwicklung, die – abgeleitet von der Fließbandproduktion – Städtebau nur noch funktionalistisch betrachtete: Diese Wohnstadtteile (…) waren als ‚Maschine zum Atemholen' konstruiert worden."[3] So dynamisch die „gestapelten Wohngebirge", wie es seinerzeit hieß, in den Modellen erschienen sein mögen, aus Bewohnerperspektive stellten sie sich vor allem gleichförmig dar.

In den vergangenen Jahrzehnten entstanden rund um Wolfsburg zahlreiche Einfamilienhausgebiete. Vor allem Familien kehrten der Wohnanlage Burg zunehmend den Rücken. Der Leerstand nahm zu und mit wachsendem Anteil sozial schwacher Bewohner litt das Image der Siedlung.

Abschied vom Wohngebirge

Nach einer intensiven sozialen und demografischen Untersuchung durch den Bauherrn verständigte sich das Braunschweiger Büro mit dem Auftraggeber auf ein Konzept, das sowohl auf der Ebene des Städtebaus ansetzt wie auch bei der einzelnen Wohnung und damit der individuellen Wohnqualität.

Unser Konzept gründet auf der Überzeugung, dass nur Eingriffe, die die Siedlung in ihrem Raumgefüge und ihrer Maßstäblichkeit verändern, zu einer Renaissance des Standortes führen können: Dazu zählt eine klare Adressbildung des einzelnen Hauses ebenso wie die Beziehung zwischen Wohnungen und den Freiräumen. Das Wohnumfeld sollte besser als bisher die Bedürfnisse älterer Menschen berücksichtigen, aber auch zeitgemäße Angebote für Heranwachsende bieten.

Im ersten Bauabschnitt wurden sieben Gebäude saniert. Die Veränderungen städtebaulicher Art betrafen im Wesentlichen die Gebäudehöhe: Die zwischen drei- und elfgeschossigen Gebäude wurden einheitlich auf vier Vollgeschosse zurückgebaut oder aufgestockt. Das Anfang der 90er Jahre bei der ersten Sanierung der Anlage aufgebrachte Wärmedämmverbundsystem hatte zu erheblichen Feuchteschäden geführt und wurde vollständig abgenommen. Ebenso ließen wir die 1994 eingebauten Kunststofffenster austauschen, denn sie hatten in vielen Wohnungen Schimmelbildungen hervorgerufen.

Jeder Viergeschosser wurde um ein Penthausgeschoss mit Dachgarten ergänzt. Die Größe dieser von offenen Raumfolgen bestimmten Wohnungen variiert zwischen 110 und 155 Quadratmetern. Damit wird die Siedlung auch für Zielgruppen attraktiv, für die sie bislang kein adäquates Angebot hatte. Zudem verspricht sich der Bauherr vom Zuwachs an höher ausgestattetem Wohnraum eine stabilisierende Wirkung auf die Sozialstruktur.

3, 4 Wolfsburg, Siedlung Neue Burg, Paul Baumgarten 1965–70, Zustand nach Revitalisierung 2011, KSP Jürgen Engel Architekten

Aufgesteckte Holzhauben

Die hinzugefügten Dachgeschosswohnungen fungieren als gestalterische Klammer der vorgenommenen Veränderung von Kubatur, Farben und Oberflächen: Überall da, wo auf die viergeschossigen Riegel ein Penthaus aufgesetzt wurde, erhielt die sonst weiß verputzte Fassade eine farbige Verkleidung aus beschichteten Holzfurnierplatten, die bis zum Gebäudesockel hinabgeführt wird. Wie „aufgesteckte Holzhauben" bilden sie den oberen Abschluss des Gebäudes und erlauben zugleich eine effektvolle Rhythmisierung der langen Gebäudeabschnitte. Kräftige, warme Farben im Spektrum zwischen Kastanie, Rotorange und Sonnengelb ergänzen die bis dahin einheitlichen Putzfassaden. Dennoch bleiben das hinzugefügte Staffelgeschoss und der ursprüngliche Baukörper mit seiner weißen Putzfassade klar unterscheidbar.

Kampf um jeden Zentimeter Höhe

Dem Wunsch, die neuen Wohnungen möglichst luftig und offen zu gestalten, stand eine lichte Raumhöhe von 2,52 Metern entgegen. Folglich war die Sanierungsplanung ein Kampf um jeden Zentimeter lichter Höhe. Leitungen, Bodenaufbau und Schallschutzelemente wurden, wo immer es ging, in den Wänden untergebracht oder so flach wie möglich ausgebildet. In den Erdgeschossen erweiterten wir Wohnungen durch vorgelagerte Terrassen in den angrenzenden Freiraum hinein, der bis dahin kaum sinnvoll zu nutzen war.

Mehr als bei jeder anderen Revitalisierung ist für eine Anlage wie die Neue Burg Konzeptstärke gefragt, und dieses Konzept muss verzahnt sein mit Überlegungen des Standortmarketings, der Wohnungswirtschaft und Demografie. Jeder architektonischen Veränderung muss eine Vision vom gewandelten Quartier und seinen Bewohnern vorausgehen. Im Falle der Neuen Burg bestand die Vision darin, den Standortvorteil „Wohnen am Wald" stärker erlebbar zu machen und mit einer Urbanisierung des Ensembles zu verbinden. Die aufgesetzten Penthausetagen sind ein Signal für mehr Exklusivität und die Abkehr vom Schematismus des Massenwohnungsbaus. Bedürfnisbefriedigung tritt an die Stelle von Bedarfsdeckung. Letztlich ging es darum, die Siedlung neu zu erfinden. Ihr Umbau ist für die Wohnungsbaugesellschaft Neuland als Bauherr ein wirtschaftlicher Kraftakt, denn der positiven Veränderung ging der Abriss von 190 Wohnungen voraus und damit die wirtschaftliche Abschreibung von Sachwerten im Millionenumfang – zusätzlich zu den eigentlichen Umbaukosten. Wir entwickelten daher ein stufenweise umsetzbares Konzept, das auch noch im laufenden Prozess Kurskorrekturen erlaubt. Nur die Überzeugung, dass die getroffenen Einschnitte Voraussetzung für den zukunftsfähigen Bestand der Siedlung sind, kann sie rechtfertigen.

Bilanz des ersten, im Januar 2011 fertiggestellten Bauabschnitts: Die hochwertig ausgestatteten Penthäuser waren innerhalb kürzester Zeit vollständig vermietet, die Interessenten waren vor allem ältere Paare, die meist schon lange im Quartier wohnten. Auch die Wohnungen in den sanierten Bereichen sind inzwischen zu mehr als 80 Prozent vermietet.

Zentralbibliothek Frankfurt am Main

Wenig Zweifel an der Qualität des Gebäudebestands gab es bei einem 2007 abgeschlossenen Transformationsprojekt, das von unserem Frankfurter Büro im Auftrag der Deutsche Immobilien Chancen AG (DIC) umgesetzt wurde: Die 1956 errichtete frühere Hauptstelle der Frankfurter Sparkasse, ein eher zurückhaltender Repräsentant der Nachkriegsmoderne, sollte zum neuen Haupthaus der Stadtbücherei werden. Die Frankfurter Sparkasse hatte das Gebäude in der Hasengasse 2005 geräumt. Seine sandfarbene Natursteinfassade bildet ein orthogonales Raster, das die Fenster und Muschelkalkbrüstungen aus dunklerem Stein fasst. Der langgestreckte Bau und sein ein Geschoss niedrigerer Ostflügel begrenzen einen Vorplatz.

Bei diesem Projekt trafen eine Reihe von Umständen zusammen, die es zu einer für alle Beteiligten dankbaren Unternehmung werden ließen: Zunächst zeigte sich das fünfgeschossige Gebäude in Struktur und Raumprogramm gut geeignet für den Wechsel von einer unternehmerischen zu einer öffentlich-kulturellen Nutzung. Die Großzügigkeit der früheren Kassenhalle im Erdgeschoss war dabei höchst willkommen – immerhin handelt es sich um die Hauptbibliothek der Buchmessestadt Frankfurt, die täglich von 3000 Menschen frequentiert wird.

Das Gebäude befindet sich zwar in einer versteckten „Rückseiten"-Lage, ist aber nur zwei Gehminuten von der Einkaufsmeile Zeil und dem Verkehrsknoten Konstablerwache entfernt. Eine öffentliche Einrichtung, die von ihren Nutzern gezielt aufgesucht wird, ist auch in der zweiten Reihe gut aufgehoben. Ein positiver Nebeneffekt der „B-Lage" ist zudem eine für die Frankfurter Innenstadt moderate Miete.[4]

Potenziale der B-Lage erkennen

Auf der anderen Seite wertete das Vorhaben selbst den Standort auf, der rege Publikumsverkehr der Bibliothek belebte das bis dahin vernachlässigte Umfeld. Man sieht an dem Beispiel, wie sich Revitalisierungen von Gebäuden und städtischen Quartieren gegenseitig verstärken können. Und es zeigt, dass der Schlüssel für eine erfolgreiche Revitalisierung von Nachkriegsbauten die richtige Umnutzungsidee ist.

Weil sich das Haus in einem akzeptablen Gesamtzustand befand und sein Raumprogramm sich gut für den neuen Zweck adaptieren ließ, konnten in seinen Räumen für nur 6,9 Millionen Euro eine Bibliothek auf der Höhe der Zeit mit rund 10.000 Quadratmetern Nutzfläche und städtische Dienststellen im 4. Obergeschoss geschaffen werden.

Wichtigster baulicher Eingriff war, das Dach über der Schalterhalle im Zentrum des Gebäudes um ein Geschoss anzuheben. Zugleich wurde die Decke zum zweigeschossigen Souterrain am Ende der Halle geöffnet, um ein neues Treppenhaus einzufügen. Ergebnis ist ein eindrucksvoller Luft-

5   raum, der die über vier Geschosse verteilten Bibliotheksbereiche visuell und räumlich miteinander verbindet. So entsteht ein offenes Haus, dessen eindeutiger Mittelpunkt die nun „Marktplatz" genannte ehemalige Kas-

5 Frankfurt a.M., Zentralbibliothek, Treppenhaus, Zustand nach
Revitalisierung 2007, KSP Jürgen Engel
Architekten
6 Frankfurt a.M., Zentralbibliothek, Zustand nach Revitalisierung
2007, KSP Jürgen Engel Architekten

senhalle bildet. Hier befinden sich die Ausleihschalter und die Information, und der Marktplatz bietet Platz für Lesungen und andere öffentliche Veranstaltungen. Um ein Maximum an Tageslicht in die Halle zu führen, setzten wir fünf mannshohe kegelförmige Lichttrichter auf das neugeschaffene Flachdach der Halle. Das Innere der asymmetrisch angeordneten Trichter ist in kräftigen Gelb- und Rottönen gestrichen. Gefasst wird die Halle von umlaufenden Galeriegeschossen, was dem neuen Zentrum des Gebäudes eine enorme Großzügigkeit gibt. Mit den poppig bunten Lichtaugen über der zentralen Halle korrespondiert der dunkelrot gestrichene, vor dem Treppenhaus platzierte Leseturm. In dieses „Haus im Haus" können sich Besucher zum Lesen zurückziehen, zudem befindet sich in dem Turm ein weiterer Aufzug.

Farbige Lichtkegel auf dem Dach

Hauptabsicht des effektvoll in die Blickachse des Eingangs gerückten Körpers ist jedoch, einen notwendigen Kontrapunkt zu setzen zu den langen Regalreihen, der Konzentration und der nüchternen Orthogonalität des übrigen Gebäudes.

Soll einem Bestandsbau mit begrenztem Budget eine neue Identität gegeben werden, muss der planende Architekt Elemente mit Signalkraft finden, die die Architektursprache der Gegenwart wirkungsvoll im Gebäude etablieren. Im Fall der Zentralbibliothek trägt das Rot-Gelb-Grün-Spektrum des Farbkonzepts hierzu wesentlich bei. Jedoch setzten wir die Farben wohldosiert ein. Ihre Wirkung wird durch ein ausgeklügeltes Beleuchtungskonzept verstärkt, das mit Tages- und Kunstlicht, direktem und indirektem Licht ein „höchst differenziertes Angebot von fein modulierten Raumstimmungen"[5] schafft. Auch an der Gebäudehülle blieben die Eingriffe diskret: Nur das Rot als neue Leitfarbe der Stadtbibliothek tritt hervor und rahmt den mit einer schwarzen Fassadenverkleidung versehenen Eingang.

Bedauerlich ist der Verlust des leichten, weit auskragenden Flugdachs, das ursprünglich den Eingang beschirmte und in den 70er Jahren abgebrochen worden war. Der Vorplatz gewann erst durch seine Anhebung und Neufassung im Zuge des Umbaus wirkliche Platzqualitäten. Bauschadstoffe und andere Altlasten spielten bei dem Sparkassengebäude, anders als bei Revitalisierungsobjekten aus den 60er und 70er Jahren, praktisch keine Rolle. Jedoch traten bei der Untersuchung von Decken und Tragwerk die zeittypischen Materialmängel zutage. So ist man bei der Sanierung von Bauten der 50er Jahre oft mit erstaunlich schlechten Betongüten konfrontiert, die meilenweit von den heutigen Standards entfernt sind. Im Fall der Sparkasse wich die tatsächliche Ausführung der Geschosse von den Schal- und Armierungsplänen in den Bauakten ab. Kurioserweise führte das zu ganz unterschiedlichen Raumhöhen innerhalb einer Etage. Mithilfe abgehängter Decken konnten wir nachträglich einheitliche Raumhöhen herstellen.

Das T 11 in Frankfurt

Ebenfalls in Frankfurt steht das „T 11", eine am Immobilienstandort inzwischen geläufige Bezeichnung für das Hochhaus Taunusanlage 11, eine der Toplagen von Frankfurt. Errichtet wurde der 16-geschossige Hochhausturm 1969–72 für die deutsche Niederlassung der Chase Manhattan Bank. Der von Max Meid und Helmut Romeid entworfene Solitär auf quadratischem Grundriss ist mit seiner vorgehängten, die Vertikale betonenden Rasterfassade wie viele Bauten der Zeit letztlich von Mies van der Rohes New Yorker Seagram-Building inspiriert.

Kleines Hochhaus in Toplage

Das T 11 hat für KSP Jürgen Engel Architekten eine besondere Bedeutung, weil wir gleich zweimal den Auftrag erhielten, das Gebäude umzubauen. Derzeit läuft die Planung für eine Revitalisierung, die im Frühjahr 2013 abgeschlossen sein soll. Eine erste Umgestaltung des Gebäudes erfolgte 1992/93 unter meiner Projektleitung. Mit dieser Revision einer eigenen Planung erleben wir aus nächster Nähe den am Immobilienmarkt zu beobachtenden Paradigmenwechsel, was ein zeitgemäßes Bürohaus ausmacht.

Im Jahre 1990 verkaufte die Chase Manhattan das Gebäude. Kurz darauf wurden wir als Sieger eines eingeladenen Wettbewerbs vom neuen Eigentümer, der Deutschen Grundbesitz-Investmentgesellschaft (DGI), beauftragt, das Haus zu sanieren und zu einem hochwertigen, variabel teilbaren Vermietungsobjekt umzubauen.

Im Mittelpunkt der damaligen, 1993 abgeschlossenen Transformation standen zwei Ziele: Ungeachtet seiner architektonischen Qualitäten wies das Gebäude eklatante bauphysikalische, brandschutztechnische und sicherheitstechnische Defizite auf. Diese – nicht zuletzt durch die Vergabe an einen Generalunternehmer verursachten – Mängel galt es zu beseitigen. Glücklicherweise konnte uns Max Meid, der um die Ausführungsdefizite wusste, diesbezüglich wertvolle Hinweise geben.[6]

Das zweite Ziel war eine Verfeinerung des architektonischen Erscheinungsbildes, auch mit dem Gedanken, den konzeptionellen Kern des ursprünglichen Entwurfes wieder stärker herauszuarbeiten. Dies betraf insbesondere die sehr dunkle Fassade, die zeittypisch mit schwarzbraunen Leichtmetallplatten verkleidet worden war. Ihre verspiegelten Fenster waren entsprechend dem damaligen Entwicklungsstand der Sonnenschutzgläser kaum heller: Auch bei Dunkelheit war das beleuchtete Innere nur in geringem Maße zu sehen. Insbesondere die nächtliche Wirkung des Turms wollten wir daher durch Erhöhung der Transparenz und ein anspruchsvolles Beleuchtungskonzept revolutionieren. Neben den technischen Sanierungen und Umbauten im Sockelbereich erhielt die Fassade eine anthrazitgraue Verkleidung und helle, nicht spiegelnde Sonnenschutzscheiben. Als Herausforderung erwies sich die Sanierung bei laufender Nutzung des Gebäudes.

Die neuen Fassadenelemente, die verbesserte Transparenz wie auch die Beleuchtung des Gebäudekopfes durch vertikal angeordnete Neonröhren

138

7 Frankfurt a.M., Taunusanlage „T 11", Uwe Brodmann, Braunschweig / Visualisierung KSP Jürgen Engel Architekten 2011

sollten dem Gebäude größere Leichtigkeit geben und seine Vertikalität betonen. Das war auch eine Referenz an das veränderte Umfeld, denn 20 Jahre nach seiner Errichtung nahm sich das T 11 neben den zwischenzeitlich in seiner Umgebung errichteten Hochhaustürmen nur noch wie ein respektabler Zwerg aus. Das nächtliche Beleuchtungskonzept – eines der ersten in Frankfurt – machte es jedoch wieder zum Blickfang.

Die damaligen technischen Eingriffe konzentrierten sich neben den schon genannten Punkten auf das (nach nur 20 Jahren!) schadhafte Tragwerk. Die vorhandene Induktionsklimaanlage musste erhalten werden und wurde – mit dem Ergebnis einer leicht verbesserten Energiebilanz – saniert.

40 Jahre nach Erbauung kann jeder sein Fenster öffnen

Anfang 2011 erwarb die Luxemburger Freo Gruppe das Gebäude mit dem Ziel, es nach erfolgter Sanierung an eine Anwaltssozietät zu vermieten, die plant, 80 Prozent der 9700 Quadratmeter Nutzfläche selbst zu belegen. Im Zuge der Sanierung wird das Gebäude nach den Wünschen der Großkanzlei umgebaut – mit separater Lobby und einer Bibliothek im Sockelbereich.

In der obersten, 16. Etage entsteht eine rundum verglaste, zweigeschossige „Skylobby" mit Clubräumen und Lounge, die besonderen Anlässen vorbehalten ist. In Anbetracht eines derart anspruchsvollen Erneuerungsprogramms besteht kein Zweifel daran, dass das Gebäude auch in energetischer und haustechnischer Hinsicht einer Revision unterzogen werden muss.[7]

Die Fassade von 1993 soll komplett ausgetauscht und anschließend mit einer neuen Wärmedämmung versehen werden. Die neue Fassade erhält einen außenliegenden Sonnenschutz und individuell zu öffnende Fenster mit wärmeisolierenden Scheiben. Dieser eigentlichen Fassadenebene werden sogenannte Fensterkästen vorgeschaltet, gläserne, mit vertikalen Öffnungen versehene Prallscheiben, die es erlauben, die Sonnenlamellen auch bei starkem Wind zu nutzen und damit einen Windwächter erübrigen. Die 25 Zentimeter tiefen Fensterkästen liegen als horizontale Glasbänder über der Fensterebene, ordnen sich jedoch den pilasterartigen Vertikalen der Fassade unter. Zudem wird die Skylobby in den aktuellen Plänen von drei markanten Rahmen gefasst, womit das konstruktive Gefüge des Hochhauses eine abermalige Überarbeitung erfährt.

Revitalisierung im 20-Jahre-Rhythmus?

Die zweimalige Grundsanierung des Gebäudes binnen knapp 40 Jahren gibt zu denken. Angesichts so kurzer Erneuerungsintervalle muss man vielleicht nicht mehr von Umbau sprechen, sondern eher von einem architektonischen „Update": Das T 11 entsteht schließlich bis 2013 in der Version 3.0.

An diesem Beispiel zeigt sich, dass gerade Revitalisierungseingriffe an Nachkriegsbauten wie bei unserer Planung aus den Jahren 1992/93 ohne Verluste an ursprünglicher Substanz reversibel sein sollten. Das Projekt Wolfsburg-Detmerode – wo sich eine energetische Sanierung, die 1994 auf der Höhe der Zeit war, heute als technischer Irrweg und bauphysikalische Schadensquelle entpuppt – wirft die Frage auf, welchen Handlungsspielraum Architekten bei Revitalisierungen heute überhaupt ausschöpfen sollten. Müssen sie nicht damit rechnen, dass eine bauliche Entscheidung sich demnächst vielleicht schon nach einem Jahrzehnt als Fehler darstellen wird? Die aktuelle Debatte um die Verunstaltung von Fassaden durch Wärmedämmverbundsysteme weist in diese Richtung.[8]

Werden die Architekten vom Trendsetter zu bloßen Zaungästen immer kürzerer bautechnischer Evolutionszyklen? Sind sie heute zurückgeworfen auf Schadensbegrenzung, deren Handlungsspielraum im Wesentlichen darin besteht, ihre Ideen mit einem langen Katalog gestaltungsferner Anforderungen in Einklang zu bringen?

Bei aller Skepsis: Jedes von Respekt und Aufgeschlossenheit getragene Erneuerungskonzept für ein Bauwerk der Nachkriegsmoderne steht neben seinem ökonomischen und denkmalpflegerischen Nutzen für die praktizierte Kontinuität der Moderne. Eine solche schöpferische Fortschreibung der Moderne und ihre Synthese mit heutigen Erfordernissen wird auch in Zukunft Anerkennung finden.

Anmerkungen

1 Redaktionelle Mitwirkung an diesem Beitrag: Frank Peter Jäger, Berlin

2 Vgl. den Beitrag von Olaf Gisbertz in diesem Band

3 Kautt, Dietrich: „Wolfsburg im Wandel städtebaulicher Leitbilder." In: Beier, Rosmarie: *Aufbau West/Aufbau Ost. Die Planstädte Wolfsburg und Eisenhüttenstadt in der Nachkriegszeit.* DHM-Ausstellungskatalog. Ostfildern 1997, S. 99–109

4 Die Stadt ist nicht Eigentümerin des Gebäudes, sondern hat es von der Deutsche Immobilien Chancen (DIC) gemietet, Vgl. Santifaller, Enrico: *Transform. Zur Revitalisierung von Immobilien.* München/Berlin/London/New York 2008, S. 117

5 Santifaller 2008, S. 122 (wie Anm. 4)

6 Das T 11 war nicht das erste und auch nicht das letzte Revitalisierungsprojekt, bei dem die Rücksprache mit den Erbauern oder die Möglichkeit, die Ausführungspläne einzusehen, langwierige Recherchen ersparten. Auf eine eigene Bestandsanalyse sollte aber nie ganz verzichtet werden.

7 Es ist angestrebt, dass die Energiekennzahlen nach der Gebäudesanierung dem amerikanischen LEED-Standard bzw. dem Silber-Zertifikat der DGNB entsprechen.

8 Vgl. den Beitrag von Oskar Spital-Frenking in diesem Band

Bauen ohne Vorbild?
Bautechnologien der Nachkriegsarchitektur

Berthold Burkhardt

Es ist unübersehbar: Der Städtebau und die Architektur der Nachkriegszeit geraten zunehmend in den Mittelpunkt von Diskussionen in der Fachwelt und in der Öffentlichkeit. Es liegt wohl in der Natur der Sache, dass für die Aufarbeitung von historischen Ereignissen, auch in der Architekturgeschichte, ein zeitlicher Abstand zum damaligen Geschehen besteht, vermutlich auch bestehen muss. Dabei wird allerdings nach über 50 Jahren das Versäumnis sichtbar, die Zeitzeugen, die Akteure und Architekten nicht oder nur unzureichend nach ihren Vorstellungen, Haltungen und Ideen, nach ihrer Herkunft, nach ihrem Umfeld und ihren Einflüssen zur Architektur und Stadt befragt zu haben. Viel Recherche, Interpretation und Zeit wird daher für die Aufarbeitung nötig sein. Die Ergebnisse, die Erkenntnisse und bewertenden Einschätzungen dienen natürlich nicht nur einer historischen Aufarbeitung der Nachkriegsarchitektur, sondern bilden auch eine elementare Grundlage zum heutigen und zukünftigen Umgang mit Bauten, die sich in besonderem Maße dem Gesicht unserer Städte eingeschrieben haben. Erst mit diesem Bewusstsein werden Spuren freud- und leidvoller Vergangenheit aufgedeckt, wird Geschichte erlebbar.

Wenn nunmehr die Diskussion um die Architektur der Nachkriegszeit wieder verstärkt einsetzt, liegt dies weniger an einer höheren Wertschätzung, sondern vielmehr an der Frage, wieviel Aufwand die Erhaltung und Sanierung mit sich bringt. Vor allem die geforderten Maßnahmen zur Energieeinsparung erzeugen einen scheinbar unüberwindbaren Konflikt zwischen Erhalt und Abriss. Dies betrifft nicht nur bereits unter Denkmalschutz stehende Gebäude – hier können Ausnahmeregelungen von der Energiesparverordnung (EnEV) geltend gemacht werden –, sondern eine Vielzahl von Bauten, Quartieren und Siedlungen aus der Nachkriegszeit. Mit Verweis auf eine historische Fortschreibung sind auch Konzepte zu einem kreativen Umgang mit dem gebauten Erbe verstärkt ins Blickfeld der Debatte geraten.

Um sich der Nachkriegsarchitektur zu nähern, hilft eine Betrachtung und gewisse Differenzierung der Architekten, die den Wiederaufbau maßgeblich in Angriff nahmen, und deren Herkünfte. Es gab auf diesem Aktionsfeld die unterschiedlichsten Positionen, die nicht immer scharf voneinander abgegrenzt werden können. Nur über die Betrachtung der Einzelbiografien und Bauten können Zuordnungen oder auch Bewertungen erfolgen, und nur so wäre es dann auch möglich, die vielfältigen, lange unbeachteten Kooperationen zwischen Architekten und Ingenieuren für die Entwicklung der Nachkriegsarchitektur offenzulegen.

Konstruktion, Material, Gebäudetechnologie

Architektur wird nicht nur durch Formen und Funktionen bestimmt, sondern ganz wesentlich durch die Wahl von Konstruktion, Material und Gebäudetechnologie insgesamt. Die Architekten, schon die Protagonisten der „klassischen Moderne", waren die prädestinierten Partner der Industrialisierung. Handwerkliches Bauen mischte sich mit der Verwendung industriell hergestellter Bauteile und Halbzeuge, begleitet von technisierten Montagemethoden.

Die Bautechnik der Nachkriegszeit unterscheidet sich zunächst nicht sehr wesentlich von den Bautechnologien und verwendeten Materialien der Weimarer Zeit. Materialknappheit und ein eingeschränkter Maschinenpark für Herstellung und Montage prägten die Bautechnik der frühen Nachkriegszeit. Allein der Bedarf an Baumaschinen stieg binnen weniger Jahre um 30 bis 50 Prozent an. Der Wohnungsbau war die treibende Kraft – alleine 1953 wurden 450.000 Wohnungen in der Bundesrepublik[1] errichtet, mit steigender Tendenz bis zum Bauboom in den 60er und 70er Jahren. Unter diesen Umständen war es für das Handwerk, die Bauunternehmen, Ingenieure und Architekten kein leichtes Unterfangen, ja sogar Neuland, bisher nicht gekannte Aufgaben zu bewältigen: Reparatur, Wiederaufbau, Modernisierung und Neubau in vielfältigen Konstruktionssystemen in Fachwerk, Mauerwerk oder Stahlbeton bei unterschiedlichsten Gebäudetypen.

Die Nachkriegszeit forderte mit der Notwendigkeit des Wiederaufbaus, der Erhaltung und Modernisierung ein flächendeckendes überdimensionales Bauprogramm – quantitativ und qualitativ – entwickelt aus den Anforderungen der Nutzung, der Form und der zur Verfügung stehenden Mittel. Für viele Architekten bedeutete dies Bauen ohne Vorbild, Planen ohne Erfahrung auf einem bestimmten Gebiet und Realisieren ohne ausreichende bautechnische Kenntnisse.

Neue Baustoffe – neue Gestaltungsideen

Die Verfügbarkeit herkömmlicher und neuer Baustoffe, aber auch neue Gestaltungsideen beeinflussten die Nachkriegsarchitektur in den frühen 50er Jahren, dort wo sie leicht und beschwingt „modern" erscheinen sollte: Fliesen – in den Modefarben Creme und Schwarz – oder Terrakotta, bunt gemixte Glasbausteine, eloxierte Leichtmetallssysteme, Wellplatten, durchsichtig oder aus Asbestfasern wurden für Außenwand und Dach eingesetzt oder bestimmten die Gestaltung der Fassaden bei ausgemauerten Stahlbetonskelettbauten. Neue oder zeitweilig aus dem Sortiment genommene Bausysteme, vor allem des Massivbaus, kamen in großer Zahl wieder auf den Markt, einschließlich eines hochentwickelten Sichtbetons. Das wachsende Angebot der chemischen Industrie nach der Werbebotschaft „Synthetisches ist Trumpf" vergrößerte die Materialvielfalt am Bau, allerdings auch die daraus entstehenden Probleme der fachgerechten Anwendung.

Ohne Vorbild, aber mit vielen Nachbildungen brachte eine intensive Betonforschung, die ohne Unterbrechung von der zweiten Hälfte des 19. Jahrhunderts bis heute geführt wird, auch in der Nachkriegszeit innovative Ideen für

1 Lübeck, Haus Trave
Paul Thomsen, 1951/52

2 Wolfsburg, Hauptbahnhof, Bahnsteigüberdachung und Warteraum, 1956–57, Detailansicht

3 Stuttgart, Liederhalle, Rolf Gutbrod und, Adolf Abel, 1956

die Architektur hervor. Aus den Ingenieurwissenschaften bezog das Bauen einen Innovationsschub sondergleichen. Dabei profitierten die Architekten besonders von den enormen Anstrengungen und Entwicklungen im Beton- und Stahlbetonbau der 30er und 40er Jahre. So auch Fritz Leonhardt,[2] dessen 1958 gemeinsam mit Erwin Heinle erbauter Stuttgarter Fernsehturm ein bedeutendes Bauwerk modernster Ingenieurbaukunst und Ingenieurarchitektur darstellt.[3] Fritz Leonhardt war es auch, der die Zusammenarbeit von Architekten und Ingenieuren nachhaltig forderte und förderte, kam seine Erfahrung doch primär aus dem Brücken- und Autobahnbau der 30er und 40er Jahre mit Paul Bonatz und Karl Schächterle.

Die Ingenieurleistungen waren folglich nicht nur ein Thema der Architektur, sondern des Bauens schlechthin. Dennoch nahm Leonhardt zum „Neuen Bauen" der Weimarer Zeit ein eher distanziertes Verhältnis ein. Den Aufruf zur Erhaltung der Weißenhofsiedlung anlässlich ihres 50-jährigen Jubiläums kommentierte er mit Distanz: „Die Weißenhofsiedlung war zweifellos ein interessanter Anfang einer neuen Periode und hat sehr anregend gewirkt. Sie enthält vieles, was nicht mehr so gemacht werden sollte. Sie ist in vieler Hinsicht kein Vorbild für die heutige Weiterentwicklung."[4]

4

Informationssysteme und Werkplanung

Entsprechend der großen Nachfrage waren Architekturzeitschriften vielge-
lesene Ratgeber zur Anwendung von bewährten und weniger bewährten
Bautechniken. Die *Bauwelt*, eine der führenden Architekturzeitschriften der
Nachkriegszeit, informierte nicht nur über geschaltete Werbeanzeigen, sondern in redaktionellen Beiträgen auch über bauphysikalische Fragen, konstruktive Details und Baukosten. Zudem ermöglichten die vergleichenden
Zusammenstellungen von massiven Wand- und Deckensystemen mit Kenn-
werten zu Material, Tragfähigkeit und Einbauzeiten sowie die mitgelieferten
Werkzeichnungen den Architekten bis ins Detail den Zugang zur Vielfalt der
verfügbaren Bausysteme.[5]

Unverkennbar diente die Anwendung und Optimierung von systemischen
Bauverfahren der Kosten- und Materialeinsparung. „Leichtbau" wird ein

5 Braunschweig, Institute für Fahrzeugtechnik und Wärmetechnik der TU, 1953–1955, Wendeltreppe

6 Lünen, Geschwister-Scholl-Schule, Türbeschlag und Türgriff, Hans Scharoun, 1954

5

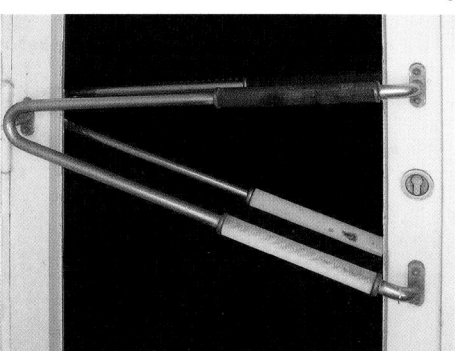

6

Begriff der Zeit. Vor allem in technisch-konstruktiver Hinsicht beeinflusste die Suche nach leichten Konstruktionen und Tragwerken viele Architekturströmungen der Nachkriegszeit: Das schwebende Flugdach auf Geschossbauten und Hochhäusern und geschwungene Treppen aus Stahl oder Beton verliehen den Gebäuden den erwünschten Effekt von Leichtigkeit und Transparenz. Eingangsbereiche für öffentliche Bauten der Verwaltung oder vor Schulen sind durch ausladende, sehr dünne und leicht geneigte Vordächer aus Stahl oder Stahlbeton markiert, allesamt Gestaltungselemente, welche die Architekten der Weimarer Zeit so noch nicht angewandt hatten. Die reduzierte Formensprache setzte sich in der ganzheitlichen Gestaltung des Inneren und des Interieurs fort, von Treppengeländern aus filigranen Stahlstäben über Türgriffe bis zu Beleuchtungskörpern und Möbeln.

4/5

6

7

7 Bonn, Kanzlerbungalow,
Sep Ruf, 1964, Eingangsseite nach der
Sanierung 2009

Bauklimatische Konzepte

In bauphysikalischer Hinsicht wurden seit Ende der Weimarer Republik keine erkennbaren Verbesserungen erzielt. Nachkriegsbauten der 50er Jahre haben in der Regel an den Außenwänden nur unzureichende Dämmung, bei Flachdächern war lediglich eine Schicht aus 25 bis 40 Millimetern Torfoleum üblich. Das bringt generell – nicht nur bei denkmalgeschützten Bauten – entscheidende Probleme für die Erhaltung der Nachkriegsarchitektur mit sich. Mit Fliesen oder Platten verkleidete Bauten verlieren bei der energetischen Nachrüstung in Gänze ihre zeittypische Form und Gestalt.

Wenn auch die Forderung nach Energieeinsparung durch die erste Ölkrise erstmals schon Anfang der 70er Jahre laut wurde, ist man sich heute doch kaum bewusst, dass schon das „Neue Bauen" effiziente bauklimatische Konzepte entwickelt hatte. Auch in der Nachkriegszeit kursierten einige Überlegungen zu Raumklima und Wärmeschutz. Nicht immer ging man dabei aber so weit wie Frei Otto, der 1955 unter dem Titel „Vom ungeheizt schon warmen Haus und neuen Fenstern"[6] eigentlich schon das „Nullenergiehaus" eingefordert hatte.

8

8 Bonn, Kanzlerbungalow,
Innenraum, nach der Sanierung 2009

Kontroverse Auffassungen

Der Wiederaufbau und seine Architektur können nicht von der Gesellschaft,
Wirtschaft und Politik getrennt gesehen werden: Architektur wird diskutiert,
akzeptiert oder auch abgelehnt. Der Bau des „Kanzlerbungalows" 1964 in
Bonn von Sep Ruf, beauftragt vom damaligen Kanzler Ludwig Erhard, ist
ein prominentes Beispiel dieser schon in den 60er Jahren geführten Kontroverse.[7] Schon den Zeitgenossen war jedoch bewusst, dass der Bau neben
der 1963 fertiggestellten Berliner Philharmonie von Hans Scharoun wohl
für eine der beiden Hauptrichtungen der Moderne stand, die sich schon in
den 20er Jahren ausgebildet hatten. In Berlin die „organische Moderne", in
Bonn dagegen die „kubische Moderne", vertreten durch den Kanzlerbungalow.[8]

Sep Ruf entwarf ein Gebäude, bestehend aus zwei Gebäudeteilen auf quadratischem Grundriss mit je einem Atrium. Dadurch konnte die gewünschte
Gliederung in einen überwiegend repräsentativen und einen mehr privaten
Teil erreicht werden. Gemeinsam mit dem Bauingenieur Georg Lewenton
als Tragwerksplaner setzte Ruf auf ein Untergeschoss aus Stahlbeton eine

149   Bauen ohne Vorbild?

7 filigrane Stahlskelettkonstruktion mit ringsum auskragendem Flachdach, abschließenden raumhohen Verglasungen mit Schiebetüren und raumtrennenden Wänden aus Sichtmauerwerk. Böden aus Travertin, von innen nach außen auf die Terrasse fließend, Raumteiler aus Holz, Hubwände sowie untergehängte Stabdecken aus Holz ergänzen die Oberflächen der Innenräume. Eine Nähe zur Klassischen Moderne wie auch zur zeitgenössischen skandinavischen Architektur ist unverkennbar. 40 Jahre „Standzeit" sind bei der Verwendung dieser inzwischen auch klassischen Materialien kein erkennbarer Anlass zur Erneuerung, aber doch zur Instandsetzung und zu Verbesserungen, die denkmalgerecht ausgeführt werden müssen.[9] Vier Zentimeter Korkisolierung auf dem Dach konnte mit 100 Millimeter Styropor verbessert werden, auch ohne das Erscheinungsbild der umlaufenden Traufe aus Stahlblech zu beeinträchtigen. Beginnende, teilweise fortgeschrittene Kontaktkorrosion zwischen den Stahlblechen und ihren Halterungen konnte durch Trennbänder für die Zukunft unterbunden werden. Die Überprüfung und Überarbeitung der Elektroinstallation und die vollständige Erneuerung der Heiz- und Lüftungsanlage waren unumgänglich, mit Ausnahme der nach wie vor intakten, unter den Travertinplatten verlegten Fußbodenheizungen. Ungedämmte Aluminiumhohlprofile der Fenster und Türen, großformatige Thermopanescheiben, vermutlich mit die ersten in dieser Zeit in Deutschland, wurden belassen und nicht aus energetischen Gründen verbessernd ersetzt. Auch die Bautechnologie der 60er Jahre hat einen baukonstruktiven und damit auch denkmalpflegerischen Informations- und Erhaltungswert, für den man sich am ausgewählten Einzelobjekt entschieden hat. Es wäre ohnehin fragwürdig, ausgerechnet sehr hochrangige Denkmale allein nach energetischen Maßstäben zu sanieren.

Der Bungalow erfuhr außer dem Ersatz der Gebäudetechnik überwiegend Erhaltungsmaßnahmen, Reparaturen und Bereinigungen, auch was die Einrichtung im Inneren anbelangt. Eingehende Voruntersuchungen ermöglichten es, das Gebäude hinsichtlich seiner technischen und geschichtlichen Eigenheiten zu erkunden und die beschriebenen Maßnahmen im Detail zu planen. Ganz im Sinne von Klaus Piepers Begriffstrilogie „Anamnese, Diagnose und Therapie"[10], der ich gerne den vierten Begriff der „Prävention" hinzufügen möchte. Bei allen Instandsetzungen von Denkmalen sollten Eigentümer und Nutzer ein Wartungshandbuch zur Pflege und Instandsetzung erhalten, um das Denkmal über Jahre fachgerecht zu betreuen, wohl wissend, dass jedes von ihnen auch nur eine endliche Lebensdauer haben wird.

Die bautechnischen Instandsetzungen sind jedoch nur ein Teil denkmalpflegerischer Entscheidungen. Auch am noch jungen Denkmal kann die Entscheidung für eine oder mehrere Zeitschichten zu schwierigen Entscheidungsprozessen führen. So informativ es auch sein mag, die jeweilig zeitbedingte Wohnkultur der auf Erhard folgenden Kanzler zu sehen, sollte die wesentliche Botschaft darin bestehen, wie sich die Bundesrepublik nicht zuletzt durch ihre Architektur auf den Weg in eine neue demokratische Gesellschaft machte.[11] Vor diesem Hintergrund wurde die Entscheidung gestützt, wesentliche Bereiche des Bungalows in den „Urzustand" entsprechend der

8 Architektur Sep Rufs bei Eröffnung des Bungalows zurückzuführen. So wird Bundeskanzler Erhard nicht nur wegen seiner wirtschaftspolitischen Verdienste durch die Einführung der „Sozialen Marktwirtschaft" sichtbar bleiben, sondern auch wegen seines Engagements für ein modernes Kulturverständnis in der Bundesrepublik.

Unverzichtbares Wissen

Von den in die Nachkriegszeit überführten Idealen des „Neuen Bauens" gingen häufig wichtige Impulse aus. Einige Ideen wurden aufgegeben, andere haben bis heute ihre Gültigkeit nicht verloren, sind nicht nur ein Thema der Architektur, sondern des Bauens schlechthin. Letztlich ist es dabei eher nachrangig, wie die Architektur einer bestimmten Zeit genannt wird, ob „Moderne", „Nachkriegsmoderne" oder „Nachkriegsarchitektur". Die zunehmende Forschung über die Nachkriegsarchitektur deckt eine Reihe historischer Entwicklungslinien auf. Die Vielfalt der Versuche und Realisierungen mit ihrer zeittypischen Eigenart und Eigenständigkeit sind es wert, an Beispielen – an denen es nicht mangelt – erhalten zu werden.

Wichtig ist die vertiefte Kenntnis der gesellschaftlichen, der gestalterischen und technischen Umstände, denen die Nachkriegsarchitektur unterlag. Unverzichtbar ist dieses Wissen zur Erhaltung, zur Modernisierung und zur Fortentwicklung unserer Städte im historischen und zukünftigen Kontext.

Anmerkungen

1 *Bauwelt.* Berlin 1953, vgl. *Die Zeit.* Nr. 4, 22.01.1953

2 Kleinmanns, Joachim (Hg.): *Fritz Leonhardt – Die Kunst des Konstruierens.* Stuttgart 2009

3 Leonhardt, Fritz: *Der Stuttgarter Fernsehturm.* Berlin 1956

4 Rasch, Bodo/Otto, Frei/Burkhardt, Berthold: *Fünfzig Jahre Weissenhofsiedlung – Eine neue Bauausstellung zum Thema „Wohnen".* Stuttgart 1978

5 Vgl. hierzu auch den Beitrag von Frederik Siekmann in diesem Band

6 Otto, Frei: „Vom ungeheizt schon warmen Haus und neuen Fenstern". In: *Deutsche Bauzeitschrift* H. 3, 1955, S. 228–230

7 Vgl. den Beitrag von Olaf Gisbertz in diesem Band.

8 Adlbert, Georg: *Erhaltung, Instandsetzung, Neunutzung.* Ludwigsburg/Stuttgart 2009

9 Hierzu: Joedicke, Jürgen: *Moderne Architektur. Strömungen und Tendenzen.* Stuttgart 1969, S. 52ff.

9 Vgl. hierzu auch: Adlbert, Georg: „Die bauliche Revitalisierung des Kanzlerbungalows". In: Wüstenrot Stiftung (Hg.): *Kanzlerbungalow.* Red. Bettina Citron. München 2009, S. 106–131

10 Pieper, Klaus: *Sicherung historischer Bauten.* Berlin/München 1983, S. 19–23

11 Vgl. auch den Beitrag von Karin Wilhelm in diesem Band

Substanz und Erscheinungsbild –
Chancen eines denkmalgerechten Umgangs
mit der Nachkriegsmoderne

Astrid Hansen

Geht es um Bauten der „Moderne", genauer um Bauten der „Nachkriegs-moderne", so gerät die Denkmalpflege bei ihrer praktischen Arbeit schnell in einen Konflikt: Kann das Baudenkmal in seinem substanziell, materiell überlieferten Zustand erhalten und denkmalgerecht instand gesetzt oder muss der Bestand weitgehend erneuert werden? Und was bedeutet die jeweilige Entscheidung für den Denkmalwert? Wie können denkmalpflege-rische Belange umgesetzt werden, ohne dass die Denkmalpflege selbst in Widerspruch zwischen weitgehender Erneuerung und doch gewolltem ma-teriellem Substanzerhalt gerät?

Es geht einmal mehr um die Frage: Wie viel Substanz braucht ein Bau- oder Kulturdenkmal?[1]

Nicht allein die Inventarisation stellt sich diese Frage im Rahmen der Er-fassung, Erforschung und Eintragung von Baudenkmalen entsprechend den unterschiedlichen Denkmalschutzgesetzen in der Bundesrepublik Deutsch-land. Auch die sogenannte praktische Denkmalpflege muss wissen, wieweit sie (mit-)gehen kann, um das Kulturdenkmal und die mit ihm verbundenen Werte am Ende einer Instandsetzung nicht infrage stellen zu müssen. Nut-zerwünsche, Brandschutzanforderungen, der Wunsch nach einer besseren Energiebilanz sowie die Frage der Zumutbarkeit fließen in das denkmalpfle-gerische Handeln mit ein und erfordern eine genaue Abwägung. Während die Denkmalpflege für den „klassischen" Baubestand, wie etwa Fach-werk-, Putz- und Natursteinbauten bis hin zum Ingenieurbau des 19. und 20. Jahrhunderts, bereits eine breite Kenntnis bei Instandsetzung und denk-malgerechter Reparatur, Konservierung und materialgerechter Erneuerung gewonnen hat, fehlen für entsprechende Maßnahmen an Bauten aus der Nachkriegszeit vielfach die Erfahrungswerte, besonders für die nun in den Blick geratenen Baudenkmale der Zeit nach 1960. Diese Bauten stellen die Denkmalpflege vor große Herausforderungen, soll der entstellende, mögli-cherweise auch unnötige Austausch des überlieferten Bestandes verhindert werden. Dabei gilt es, neben Möglichkeiten des Materialerhaltes auch bau-physikalische Fragen denkmalfachlich zu erörtern.

Es ist schon seit Längerem offensichtlich geworden, dass der die Denk-malpflege prägende Substanzbegriff, den mancher schon als „Substanzfe-tischismus"[2] entlarven wollte, nicht mehr allein bzw. überall greift. So schlie-ßen Materialermüdung oder mangelnde Standfestigkeit nicht selten eine Reparatur im herkömmlichen Sinne gänzlich aus. Fraglich bleibt dennoch, ob Bauten der Moderne, denen der Makel des „Nicht-in-Würde-altern-Wollens" anhaftet, tatsächlich einen Sonderstatus einnehmen, der den Abschied von eben jener das Fach bestimmenden „Substanzdenkmalpflege" notwendig macht? Oder kann es sein, dass wir es mit denselben Problemen zu tun haben wie bei anderen Baudenkmalen?[3]

Und während man trefflich darüber streitet, ob der Denkmalwert allein an die Substanz, und damit an den auf uns gekommenen Bestand, gebunden ist, schaffen Instandsetzungen, Sanierungen und Modernisierungen Tatsachen, über die es zu sprechen gilt. Im folgenden Beitrag geht es nicht darum, die vielfältigen Ergebnisse abschließend zu bewerten, sondern darum, das Spektrum von denkmalpflegerischen Möglichkeiten für die Nachkriegsmoderne aufzuzeigen – auch das Dilemma, in dem sich die Denkmalpflege in Bezug auf diese Epoche derzeit befindet. Er versteht sich als erneute Aufforderung zu einem verstärkten Erfahrungsaustausch zwischen Architekten, Denkmalpflegern und Bauherren.[4] Die Zeit drängt, da die Bauten nicht selten schon zum Zeitpunkt ihrer Erfassung einer Instandsetzung bedürfen und – selbst bei Kenntnis um den Denkmalwert – von Abbruch und Umbau bedroht sind. Betroffen sind viele öffentliche Gebäude wie Universitäten und Schulen, Schauspielhäuser quer durch die Republik, ebenso hochrangige Gebäude der Politik und natürlich Wohnbauten. Dass es, wie zum Beispiel in

1 Gentofte, Dänemark, Munkegaard-Schule von Arne Jacobsen (1957), unterirdisch erweitert von Dorte Mandrup (2010), Zustand 2011

1

2 Gentofte, Dänemark, Munkegaard-Schule von Arne Jacobsen (1957), nach energetischer Ertüchtigung der Fenster durch neue Scheiben unter Beibehaltung der bauzeitlichen Fenster

2

Bonn für die Beethovenhalle oder in Köln für das Riphahn-Ensemble dank Bürgerprotest gegen den Druck von finanzkräftigen Investoren nicht zum Abriss kam, darf doch nur als Atempause verstanden werden. Denn am Ende müssen die Instandsetzungen den hohen Erwartungen der Bürger, die diese Rettungen erwirkt haben, an die Denkmalpflege genügen.[5] Im Fall des Niedersächsischen Landtags müssen sogar Politik- und Bürgerwille in Einklang gebracht werden, damit das unter Denkmalschutz stehende Ensemble nach Entwürfen von Dieter Oesterlen eine Zukunft hat.[6]

Rückblick und Ausblick

Bereits 1996 hat sich eine ICOMOS-Tagung ausschließlich mit der „Konservierung der Moderne"[7] befasst und dabei die Spannweite einer international geführten Diskussion über den Erhalt der Moderne deutlich werden lassen.[8] Schon damals fürchtete man den Verlust der Substanzdenkmalpflege, sogar eine – aus denkmalpflegerischer Sicht abzulehnende – Nähe zur Rekonstruktion durch den vielfach schon praktizierten Austausch ganzer Gebäudeteile, wie etwa die Erneuerung von Fassaden. Manche sehen darin gar den Verlust der Denkmaleigenschaft, das heißt den Verlust des Denkmalwertes, und fordern für den Umgang mit der Moderne den Grundprinzipien einer substanzorientierten Denkmalpflege treu zu bleiben.[9]

Ein in der Diskussion leider wenig beachteter Vorschlag, „[...] die immer wieder beschworene Individualität der Denkmäler zur Richtlinie" zu machen, verweist auf einen alten Grundsatz der Denkmalpflege, nämlich auf den der Einzelfallentscheidung. Denn es geht letztlich um die Frage, „welcher Aspekt Bedeutung für die Erhaltung des Denkmals" gewinnen könne: „[...] Stiers weite Fassung vom geschichtlich Gewordenen, Riegls Alterswert, Dehios Geschichtsdokument, das konservieren und nicht restaurieren verlangt oder Clemens' Lehrwert [...]."[10]

Ein Denkmalpflegedogma, so Lutz-Henning Meyer weiter, räume den jungen Baudenkmalen letztendlich keine Erhaltungschance ein. Tatsächlich fragte noch 2010 Jan Capol, Leiter der Archäologie und Denkmalpflege in

Zürich, ob der „Erneuerungszyklus" von Bauten aus der Zeitspanne vom Zweiten Weltkrieg bis zur Ölkrise von 1973 überhaupt ein Thema der Denkmalpflege sein könne. Dies sei fraglich, da die Bauten nicht auf das Altern ihrer Materialien angelegt seien, sondern „‚fertig' gebaut, perfekt und zeitlos. Das Altern der Bausubstanz war kein Thema, nicht vorgesehen."[11] Das Argument, welches hier gegen die Erhaltung von Bauten der Nachkriegszeit angeführt wird, ist keineswegs neu, sondern wurde bereits gegen den Erhalt der Bauten der „Klassischen Moderne" bemüht und führte glücklicherweise ins Leere.[12]

Was aber spräche gegen eine Denkmalpflege, die genau in der Idee eines Bauwerks einen Denkmalwert erkennt und die Denkmaleigenschaft damit nicht allein an dem bauzeitlichen „originalen" bzw. überlieferten Zustand festmacht? Was spräche gegen eine Denkmalpflege, die auch hierfür entsprechende Schutz-, Erhaltungs- und Entwicklungsmechanismen bereithielte? Das würde der beispielsweise von Detlef Knipping formulierten These, dass es „eine Korrelation zwischen dem historischen Bestand und Bedeutung [gibt], die – mathematisch formuliert – als umgekehrt proportionale Relation beschrieben werden kann", zwar nicht entsprechen, diese aber doch zumindest ergänzen. So vertritt er weiter die Auffassung, dass je größer die geschichtliche Bedeutung einer baulichen Anlage ist, desto geringer kann diese bauliche Anlage in ihrem historischen Bestand überliefert sein, ohne ihre Denkmaleigenschaft einzubüßen."[13]

Ein Beispiel hierfür ist das Fagus-Werk, 1911 nach Entwürfen von Walter Gropius im niedersächsischen Alfeld a. L. erbaut. Trotz weitgehender Fassadenerneuerung hat es die Diskussion um seinen Denkmalwert bereits hinter sich. Schon in den späten 1980er Jahren wurde ein Großteil der bedeutenden dreigeschossigen Glas-Stahl-Fassade „unter Verwendung originalähnlicher Außen- und konstruktionsadäquater Innenprofile mit Isolierverglasung und thermischer Profiltrennung bei innerer Verleistung"[14] ausgetauscht. Der Verlust der alten Fensterscheiben bedeutete – zum Beispiel durch die gleichmäßige Oberflächenstruktur industriell hergestellter Scheiben – durchaus eine Veränderung des Erscheinungsbildes. Aufs Ganze betrachtet, wurde das Bild des Gebäudes aber wiederhergestellt, im Bereich des Treppenhauses wurden sogar originale Oberflächen erhalten, sodass von einem in der Denkmalpflege legitimen Prozess zwischen Erneuerung und Erhalt gesprochen werden kann.[15]

Die Aufnahme des Fagus-Werks in die Welterbeliste der UNESCO im Jahr 2011 macht deutlich, dass der Denkmalwert offenbar nicht an die originale Substanz dieser baugeschichtlich bedeutenden Vorhangfassade gebunden war. Als „Schlüsselbau der Moderne" besitzt das Fagus-Werk trotz Verlust konstruktiver „originaler" Details also weiterhin einen bemerkenswert hohen historischen und kulturellen Wert.[16]

Dies widerspricht zwar der Auffassung der Vereinigung der Landesdenkmalpfleger in der Bundesrepublik, die gerade von einem Baudenkmal der Moderne bei seiner Unterschutzstellung möglichst weit reichende origina-

3 Münster, Verwaltungsgebäude IDUNA-Versicherungen, Friedrich Wilhelm Kraemer, 1957–60

le Substanz[17] erwartet, führt aber zu dem Schluss, dass es andere, weitere denkmalkonstituierende Werte geben muss. Denn wenn Bauten der (Nachkriegs-)Moderne einen derart hohen Substanzaustausch bei einer Instandsetzung erwarten lassen, müssen ihnen konsequenterweise weitere – vielschichtige – Denkmalwerte zu eigen sein.[18] Nur so kann zum Beispiel der Bremer Landeskonservator Georg Skalecki ganz selbstverständlich die Auffassung vertreten, dass für die Architektur der Nachkriegsmoderne die

„Substanzdenkmalpflege" zugunsten einer „Bilddenkmalpflege" aufgegeben werden müsse, da sich die Substanz, bestehend aus „falsche[n] Materialien, unüberlegte[n] Konstruktionen und Pfusch", meist in einem rettungslosen Zustand befände.[19]

Substanz und Bild

Was bedeutet es nun für die Grundprinzipien der Denkmalpflege, wenn lediglich das Abbild eines Baudenkmals erhalten bzw. geschaffen wird? Eine wesentliche Grundlage denkmalpflegerischen Handelns bildet die Tatsache, dass die Bausubstanz Träger historischer Zeitspuren ist. Diese ist für ein Baudenkmal Voraussetzung dafür, „dass [spätere] Generationen seine Vielschichtigkeit erkennen und interpretieren können."[20] Ein in seiner Materialität nach historischem Vorbild vielfach ausgetauschtes Baudenkmal kann zukünftigen Generationen seine historische Vielschichtigkeit nicht mehr in Gänze vermitteln. Was bleibt?

Das Thyssen-Haus in Düsseldorf – das sogenannte „Dreischeibenhochhaus", nach Entwürfen von Helmut Hentrich und Hubert Petschnigg 1956–60 errichtet – hatte beispielsweise nach seiner Sanierung 1995 zwar „das gleiche Erscheinungsbild wie zu seiner Fertigstellung 1960 und wer nicht weiß, daß ein tiefgreifender Erneuerungsprozeß stattgefunden hat, bemerkt äußerlich nicht den Unterschied"[21]. Doch eine Beschäftigung mit dem „Original" wird nunmehr nur über die historischen Quellen möglich sein. Während die Fassade komplett erneuert wurde, hat man, neben den Veränderungen im Inneren, in Teilbereichen auch eine Wiederherstellung des bauzeitlichen Erscheinungsbildes angestrengt. Wenn das Gebäude nun in den kommenden Jahren erneut saniert,[22] das heißt den heutigen Anforderungen angepasst wird, bleibt abzuwarten, ob dies mit „gleicher Liebe zum Detail"[23] geschieht. Noch wird es als „Kulturdenkmal" verstanden, obwohl es nur – wenn auch im Detail hervorragend – ein Abbild des Originals ist. Sein Denkmalwert scheint nicht an seine bauzeitliche Substanz, wohl aber an seine vielschichtige historische Bedeutung als gebautes Symbol für die Ära des Wiederaufbaus nach 1945 gebunden zu sein.[24]

Um nach den derzeit gültigen Grundsätzen der Denkmalpflege für Substanzerhalt auch in Zukunft handeln zu können, bedarf es im Umgang mit den Bauten der Nachkriegsmoderne eines differenzierteren Vorgehens, als es bislang den Anschein hat. Wie bei anderen Baudenkmalen bedarf es der mutigen Anwendung denkmalpflegerischer Methoden: das heißt materialgerechter Austausch oder Erhalt des überlieferten Originals bzw. dessen denkmalgerechte Reparatur.

In Dänemark wird vorgemacht, wie man mit bestehenden bauphysikalischen Problemen umgehen kann, ohne einen kompletten Austausch originaler Baudetails vorzunehmen. Die Instandsetzung und Erweiterung der berühmten Munkegaardschule in Gentofte nahe Kopenhagen von Arne Jacobsen zeigt einen entsprechend respektvollen Umgang mit dem überlieferten Erbe.[25]

1/2 Mit geringfügigen Eingriffen konnten hier wesentliche bauphysikalische Verbesserungen hinsichtlich des Wärmeschutzes erzielt werden: der Einbau von neuen Scheiben in die historischen Fensterflügel sowie ein zusätzlicher Sonnenschutz für die nach Süden ausgerichteten Klassenräume war die das Denkmal schonende Lösung.[26]

Das Beispiel aus Dänemark lehrt, dass auch Bauten der Nachkriegszeit behutsam repariert und somit denkmalgerecht instand gesetzt werden können. Noch heute besitzt eine andere „Inkunabel" der Nachkriegsmoderne – das SAS-Hotel von Arne Jacobsen in Kopenhagen – seine bauzeitliche Fassade. Kommt es gleichwohl zu einer Erneuerung der Außenhaut, kann dies aus denkmalpflegerischer Sicht nur dann Akzeptanz finden, wenn tatsächlich das Erscheinungsbild gewahrt bleibt, somit ein Abbild des „Originals" geschaffen wird und sich letztlich die Idee des Entwurfes auch im Ersatz widerzuspiegeln vermag. Dies gelang in enger Abstimmung zwischen Denkmalpflegern, Architekten und Bauherren zum Beispiel 1996 in Münster. Bei der Instandsetzung des IDUNA-Hochhauses am Servatiiplatz, 1957–61 nach

3 Entwürfen von Friedrich Wilhelm Kraemer erbaut, wurde die originale Aluminiumfassade aus den 1950er Jahren komplett ausgetauscht. Ganz selbstverständlich bezeichnete man diesen Eingriff damals als „Restaurierung"[27], terminologisch wurde also genau genommen von „Wiederherstellung" und nicht von „Erneuerung" gesprochen. Die an den Nachbau gestellte Anforderung, „das allen bekannte ‚originäre' Erscheinungsbild"[28] wiederzugeben, konnte durch die Rekonstruktion der Fassade eingelöst werden. Das in seinen Proportionen bis ins Detail nach dem Original gefertigte, (wieder-)ge-

4 Ulm, ehem. Hochschule für Gestaltung, Max Bill, Zustand 2010

4

5 Kiel, Universitätshochhaus, Landesbauamt
Kiel, 1959–64, Zustand 2009

wonnene Fassadenbild stellte für die Denkmalpflege in Westfalen damals jedenfalls einen großen Erfolg dar.

Eine andere, rund 15 Jahre später gefundene Lösung wie jene für das Gebäude der ehemaligen Hochschule für Gestaltung in Ulm zeigt hingegen einen unakzeptablen Umgang mit dem baulichen Erbe der Nachkriegsarchitektur. Im Rahmen einer energetischen Sanierung wurden zwar ähnlich wie bei der Munkegaardschule in Gentofte neue Glasscheiben in die überlieferten Fenster eingesetzt, doch nehmen sie als blau eingefärbte Sonnenschutzverglasungen dem Ensemble seine charakteristische Transparenz. Die Bauten wirken durch die „blaue Brille" betrachtet nun fremd, kalt und abweisend. Weder das (Erscheinungs-)Bild noch Max Bills architektonische Idee für die 1955 fertiggestellte Hochschule werden auf diese Weise tradiert. Hier, wo eine denkmalgerechte Instandsetzung ein Leichtes gewesen wäre[29], wurde ein Weg gewählt, der sonst nur Ansprüchen an eine standardisierte Investorenarchitektur genügt, aber keinesfalls denen an ein hochrangiges Baudenkmal für den Hochschulbau nach 1945. Ähnlich verhielt es sich in Braunschweig, wo die jüngst erfolgte Sanierung des Okerhochhauses auf dem Gelände der Technischen Universität in Anpassung mit aktuell gültigen energetischen und brandschutztechnischen Standards eine vernichtende Kritik hervorgerufen hat. Auch dieser Hochschulbau, 1954–56 nach Ent-

6 Kiel, Christian-Albrechts-Universität, soge-
nannter „Sechseckbau", Friedrich Wilhelm Kraemer (KPS),
1966, Zustand nach Betonsanierung

würfen von Dieter Oesterlen erbaut[30] und mit Vorbildfunktion für das Kieler
Universitätshochhaus in den frühen 1960er Jahren, kann nach seiner Sanierung denkmalpflegerischen Ansprüchen an Substanzerhalt oder materialgerechten Austausch von Bauteilen nicht genügen. „Kaputtsaniert" titel-
te die *Bauwelt*, und dem ist generell beizupflichten, wenn es dort heißt:
„Sollte nicht für jedes Baudenkmal nach erfolgter Überarbeitung angestrebt
werden, dass weiterhin empfunden werden kann, was die Intention, seine
‚Poetik' – in dem Sinne, wie es bauzeitlich gemacht sein wollte – ausge-
macht hat? [...] Es scheint, als müssten die im Umgang mit Baudenkmalen
der Nachkriegsmoderne gebotenen Sensibilitäten und professionellen Ins-
trumentarien mancherorts erst noch von Grund auf entwickelt werden."[31]

Innen und Außen

Die Bauten der 1950er, 60er und 70er Jahre sind von großer Materialvielfalt
geprägt. Für die Ästhetik der Bauten und die Belange des Denkmalschutzes
spielt bei einer Erneuerung von Bauteilen die Materialgerechtigkeit daher
eine entscheidende Rolle. Neben Curtain Walls zum Beispiel aus Alumini-
um sind es Sichtbetonoberflächen mit ihren unterschiedlichen Zuschlägen,
Korngrößen und vor allem Schalungstechniken, deren Oberflächenbeschaf-
fenheit es zu reparieren und restaurieren gilt. Im Bereich der Betonsanierung
mehren sich die guten Beispiele[32], nachdem viele Bauten in den letzten Jah-

ren einer entstellenden „Beschichtung" nicht entgangen sind. Auch wenn die Bauten noch vorhanden sind, die Veränderung der Oberflächenstruktur hat sie haptisch und physiognomisch stark verändert und damit ihres Erscheinungsbildes und ihrer Aura beraubt. Durch neue Möglichkeiten einer denkmalgerechten Betonsanierung scheinen Bauten wie zum Beispiel die Saarbrücker Mensa von Walter Schrempf und Otto H. Hajek nun ebenso langfristig gesichert wie der sogenannte „Sechseckbau" von Friedrich Wilhelm Kraemer auf dem Kieler Universitätscampus.[33]

6

Auch das Innere sollte nicht leichtfertig zugunsten neuer Ausstattungen aufgegeben werden. Die Bauten der 1960er und 70er Jahre werden oft von einer zeittypischen, „poppigen" Farbigkeit geprägt – wie etwa im Aachener Klinikum.[34] Vielfach ist das Innere eines Baudenkmals der Nachkriegsmoderne in einem komplett erhaltungsfähigen Zustand. Dort, wo sich Erhaltungsprobleme ergeben, wie zum Beispiel bei Kunststoffen, darf darauf gesetzt werden, dass die Restaurierungsmöglichkeiten auch in diesem Bereich fortschreiten werden.[35] So muss der konservatorische Umgang mit mancher Innenraumausstattung der Zeit gewinnende Erhalt sein. Zeitgewinn ist eine denkmalpflegerische Möglichkeit.

7

So braucht der Anspruch an eine materialorientierte Substanzdenkmalpflege tatsächlich nur dann aufgegeben zu werden, wenn Material und Konstruktion nicht mehr reparabel sind. Ob Pfusch oder Materialermüdung, immer sind mit denselben denkmalpflegerischen Methoden das Material und dessen Erhaltungsmöglichkeit zu prüfen.[36] Und selbst die Energiebilanz der Baudenkmale dieser Zeit muss kritisch überprüft werden, ist doch gerade dies ein beliebtes Argument (um nicht zu sagen ein Totschlagargument) gegen den Erhalt des meist noch ungeliebten Erbes. Der Einwand, dass die Bauten keinerlei heute herrschender Bestimmung mehr entsprächen und damit ein Erhalt in der Breite nicht möglich sei, vermag nicht zu überzeugen.[37] Denn das trifft für fast alle Kulturdenkmale zu. Es gilt also die Devise: so viel wie nötig, so wenig wie möglich.

Schutz und Gesetz

Der Schutzgegenstand der bundesdeutschen Denkmalschutzgesetze ist das Bau-, Kunst- oder Kulturdenkmal. Verstanden werden darunter in aller Regel „Sachen, Mehrheiten von Sachen oder Teile von Sachen [...], an denen wegen ihrer geschichtlichen, wissenschaftlichen, technischen, künstlerischen, städtebaulichen oder volkskundlichen Bedeutung ein öffentliches Interesse besteht"[38]. Unter Denkmalpflegern besteht weitgehend Konsens darüber, dass die Denkmalwürdigkeit und die Denkmalfähigkeit eines Kulturdenkmals an die Substanz, das heißt das „Original" gebunden ist – auch wenn ihm durch Reparaturen und historische Ergänzungen spätere Zeitschichten hinzugefügt wurden.

Original meint eben nicht ein Bild, das wir uns von etwas machen, – das wäre ‚gestylte Geschichte'", so Angelika Schyma vom Rheinischen Amt für Denkmalpflege. „Wahrhaftigkeit oder Echtheit ist nicht reproduzierbar, da sie

7 Bad Oldesloe, Berufliche Schulen,
von Gerkan, Marg und Partner (gmp Architekten),
1977, Zustand 2010

allein die historische Zeugenschaft ausmacht. So ist die historische Originalsubstanz – oder die Substanz, die historische Aussagen zulässt, gegebenenfalls mit allen Geschichtsspuren – zum Zeitpunkt der Erfassung Träger der
Denkmaleigenschaft." [39] Auch ein „junges" Gebäude – eines aus der Nachkriegszeit – kann bereits Veränderungen erfahren haben, sodass die Frage
der Originalität nicht an das Alter des Denkmals bzw. den Zeitpunkt seiner
Veränderungen gebunden werden darf.
Überraschenderweise kennen nicht alle Denkmalschutzgesetze den Begriff
der Substanz – so unter anderem Berlin, Hamburg, Niedersachen, Rheinland-Pfalz und Schleswig-Holstein – wenngleich aber indirekt auf diese, nämlich das Bau- bzw. Kulturdenkmal per se, abgestellt wird. In anderen Denkmalschutzgesetzen findet sich hingegen der Begriff des Erscheinungsbildes,
das es zu wahren gelte. In Bayern, Baden-Württemberg und Brandenburg
etwa kommen schließlich beide Begriffe vor.

Bild und Substanz

Das Erscheinungsbild eines Baudenkmals ist im besten Falle an die bauliche Substanz, das heißt an das überlieferte Original gebunden. In der Praxis
kann es, neben der Erhaltung des substanziellen Erscheinungsbildes, was
die Reparatur des Baudenkmals beinhaltet, auch um eine Wiederherstellung
des (Erscheinungs-)Bildes gehen. Möglich ist dabei auch eine Wiedergewinnung der „baulichen Idee".[40] Bereits Alois Riegl hat in seinem Werk von 1903
den Wert des Bildes für das Denkmal erkannt und wollte dessen Schutz
sogar explizit im Denkmalschutzgesetz verankert sehen. In seinem dialekti-

schen System der Werte, in dem zweifellos der „Alterswert" des Denkmals als „höchstes Gut" definiert wird, finden sich weitere Werte, denen unter bestimmten Voraussetzungen eine Bedeutung beizumessen sei: einerseits dem „Neuheitswert", andererseits dem „Gebrauchswert". Riegl sah im Neuheitswert – „als entschiedenster Gegner des Alterswertes"[41] – das notwendig zu erbringende Opfer, um „ein Denkmal in lebendigem Gebrauche zu erhalten".[42] Der Kultus des Alterswertes, so Riegl weiter, „wird in die zwingende Lage versetzt, mindestens gebrauchsfähige Denkmale der neueren Zeit in einem Zustande erhalten zu müssen, der ihnen die Fortdauer ihres Gebrauchwertes garantiere."[43] Wichtig dabei ist – und für die Fragestellung, ob und wie Kulturdenkmale instand gesetzt werden können, entscheidend –, dass sich ein gebrauchsfähiges Werk ein bestimmtes Maß an Neuheitswert gefallen lassen muss. Neuheitswert aber ist bei Riegl an „Stileinheit" gebunden, was im übertragenen Sinn für das Baudenkmal auch die Erhaltung und Ergänzung des Erscheinungsbildes meint. Um den Wert des Bildes für die Denkmalpflege zu erkennen, bedarf es also nicht erst eines postmodernen „iconic turn". Bisweilen bieten Theorie und Praxis der Nachkriegsmoderne auch an, was in der Denkmalpflege bereits Alltag geworden ist: das Bewahren der Substanz, die Reparatur derselben und die Restaurierung bzw. Wiedergewinnung eines (überlieferten) Erscheinungsbildes.

Fazit

Ohne einen Gebrauchswert ist ein Baudenkmal meist verloren. Das gilt für Baudenkmale aller Epochen so auch für jene der Moderne. Nur selten gibt es eine so kongeniale Nutzung, wie sie beim sogenannten „Kanzlerbungalow" in Bonn der Fall ist.[44] Sie hätte es erlaubt, sämtliche „originalen" Oberflächen, also sämtliche Zeitspuren und -schichten, die die Bundeskanzler im Laufe der Jahre zurückgelassen haben, zu erhalten. Der Kanzlerbungalow hätte ein unberührtes, mit allen seinen Zeitspuren sich selbst überlassenes Baudenkmal voller „Alterswert" (Alois Riegl) und „Aura" (Walter Benjamin) bleiben können. Es wäre sicherlich für jeden Besucher faszinierend gewesen, in einem Gebäude wie dem Kanzlerbungalow bundesdeutsche Zeitgeschichte „authentisch" und „atmosphärisch" zu erleben. Nichtsdestotrotz wurden die historischen Zeitschichten zugunsten von „Stilreinheit und -einheit" der 1960er Jahre wieder entfernt. Bei der Entwicklung des denkmalpflegerischen Konzeptes stellte sich den Verantwortlichen wie jedem Denkmalpfleger die Frage: Wie soll und darf man mit den Zeitschichten und Gebrauchsspuren, die sich in der Nutzung des Hauses in einem Zeitraum von 40 Jahren abgelagert haben, vernünftigerweise umgehen? In Bonn entschied man sich für die Devise „soviel Erhard wie möglich und soviel aus der Ära Kohl wie notwendig."[45] Dem wahren „Substanzfetischisten", der alle Zeitschichten im Denkmal erhalten sehen will, mag dies nicht gefallen, dem Bungalow von Sep Ruf hat es sicher gut getan. Denn jenseits einer rein an der Substanz orientierten Denkmalpflege existiert längst auch anderes.

Anmerkungen

1 Siehe auch Schyma, Angelika: „Wieviel Substanz braucht ein Denkmal?" In: *Weiterbauen am Denkmal*. Markkleeberg 2010, S. 174–180. (= Arbeitshefte des Landesamtes für Denkmalpflege Sachsen, Band 14); Knipping, Detlef: „Wieviel Substanz braucht ein Denkmal?" In: *Das Denkmal als Fragment – das Fragment als Denkmal*. Stuttgart 2008, S. 233–246 (= Regierungspräsidium Stuttgart, Landesamt für Denkmalpflege Arbeitsheft 21)

2 Lipp, Wilfried/Petzet, Michael (Hg.): *Vom modernen zum postmodernen Denkmalkultus? Denkmalpflege am Ende des 20. Jahrhunderts.* München 1994, S. 15 (= Arbeitshefte des Bayerischen Landesamtes für Denkmalpflege, H. 69)

3 Hierzu Huse, Norbert: „Annäherung und Instandsetzung". In: Wüstenrot Stiftung (Hg.): *Denkmalpflege der Moderne*. Stuttgart 2011, S. 14

4 Haspel, Jörg: „1960 plus – ein ausgeschlagenes Erbe? – Resümee". In: *1960 plus – ein ausgeschlagenes Erbe?* Hrsg. vom Deutschen Nationalkomitee für Denkmalschutz. Bonn 2008, S. 48 (= Schriftenreihe des Deutschen Nationalkomitees für Denkmalschutz, Band 73); Schmidt, Hartwig: „Der Umgang mit den Bauten der Moderne in Deutschland. Ein Überblick". In: *Konservierung der Moderne? Conservation of modern architecture? Über den Umgang mit den Zeugnissen der Architekturgeschichte*. Tagung des Deutschen Nationalkomitees von ICOMOS (= Hefte des Deutschen Nationalkomitees 24). München 1996, S. 43

5 Vgl. Mainzer, Udo: „(Kultur-)Kommerz versus (Denkmal-)Kultur? Oder: Vom Liebesentzug bei Denkmälern". In: *Die Denkmalpflege* 67/2009, H. 1, S. 5–15; Bredenbeck, Martin: „Kunstgeschichte und Denkmalpflege ganz praktisch – Die ‚Initiative Beethovenhalle' am Kunsthistorischen Institut der Universität Bonn". In: *Die Denkmalpflege* 68/2010, H.1, S. 47–49; Krings, Ulrich: „Das sogenannte Riphahn-Ensemble am Offenbachplatz in Köln – Chronik einer Erfolgsgeschichte?". In: *Die Denkmalpflege* 68/2010, Heft 1, S. 41–46

6 Siehe auch „Ja zu Abriss – aber mit Bauchweh". http://www.hna.de/nachrichten/niedersachsen/abriss-aber-bauchweh-631865.html, 30.04.2011. Zum drohenden Abbruch vgl. auch Auffahrt, Sid: „Von der allmählichen, aber unaufhaltsamen Zerstörung der Geschichte". In: *Die Denkmalpflege* 67/2009, H. 1, S. 16–21. Siehe zum Beispiel auch http://www.haz.de/Meinung/Uebersicht/Beschaemend, 30.04.2011

7 *Konservierung der Moderne? Conservation of modern architecture? Über den Umgang mit den Zeugnissen der Architekturgeschichte.* Tagung des Deutschen Nationalkomitees von ICOMOS, München 1996 (= Hefte des Deutschen Nationalkomitees 24)

8 Rüegg, Arthur/Tropeano, Ruggero: „Technische Probleme in der Denkmalpflege". In: Deutsches Architekturmuseum (Hg.): *DAM Jahrbuch*. München 1996, S. 21–32

9 Zuletzt Huse 2010, (wie Anm. 3)

10 Meyer, Lutz-Henning: „Junge Denkmäler – wenn Normen nicht greifen". In: *Denkmalpflege in Rheinland-Pfalz. Architektur und Städtebau der 50er Jahre*. Mainz 1992, S. 21

11 Capol, Jan: „Denkmalpflege für die Bauten der Boomjahre?" In: Hassler, Uta/Dumont d'Ayot (Hg.): *Bauten der Boomjahre – Paradoxien der Erhaltung*. Tagungsband des Instituts für Denkmalpflege und Bauforschung (IDB). Zürich 2010, S. 210

12 Huse 2011, S. 12 (wie Anm. 3)

13 Knipping 2008, S. 234 (wie Anm. 1)

14 Schmidt 1996, S. 40f., (wie Anm. 4)

15 Ebd. S. 40–412; zur Instandsetzung des Gebäudes siehe Rentschler-Weißmann, Dieter/Behnsen, Jörn: „Zur Restaurierung des Fagus-Werkes in Alfeld (Leine). Werkoriginalität kontra optimierte Nutzungstauglichkeit". In: *Berichte zur Denkmalpflege in Niedersachen* 6/1986, Heft 1, S. 2–11

16 Zittlau, Reiner: „Das Fagus-Werk in Alfeld – Ausgangspunkt des Neuen Bauens im 20. Jahrhundert und nun Weltkulturerbe". In: *Berichte zur Denkmalpflege in Niedersachsen* 31/2011, H. 3, S. 102-104. Folgerichtig wird in diesem Beitrag bereits der „nachhaltig sanierte Zustand" als „authentisch" angesehen, hier S. 103f.; vgl. auch den Beitrag von Bernhard Weller u.a. in diesem Band

17 Arbeitsblatt Nr. 29 – Kirchenbauten nach 1945 – Bewertung ihrer Denkmaleigenschaft. Arbeitspapier der Vereinigung der Landesdenkmalpfleger in der Bundesrepublik Deutschland, 2008, http://www.denkmalpflege-hessen.de/Links/links.html

18 Boesler, Dorothee: „Werte und Wertewandel in der Denkmalpflege". In: *Die Denkmalpflege* 69/2011, Heft 1, S. 5-10

19 Skalecki, Georg: „Schleichender Substanzverlust an jüngeren Baudenkmalen". In: *Die Denkmalpflege* 67/2009, H. 2, S. 144-148, hier S. 148

20 Eidgenössische Kommission für Denkmalpflege (Hg.): *Leitsätze zur Denkmalpflege in der Schweiz*. Zürich 2007, S. 13: „1.3: Denkmäler sind bestimmt durch ihre überlieferte Materie; dies macht die Authentizität der Denkmäler aus. Die Authentizität des Denkmals, d.h. die Existenz des Denkmals in seiner möglichst vollständig überlieferten Materie mit all ihren Zeitspuren, ist Voraussetzung dafür, dass heutige, aber auch spätere Generationen seine Vielschichtigkeit erkennen und interpretieren können. In solcher Erkenntnis und Interpretation liegt die Chance zu einem vertieften und stets neuen Denkmalverständnis."

21 Fürst, Thomas M.: „Das Thyssen-Haus in Düsseldorf: Die Modernisierung eines Nachkriegsmonuments". In: *Konservierung der Moderne? Conservation of modern architecture? Über den Umgang mit den Zeugnissen der Architekturgeschichte*. München 1996, S. 89 (wie Anm. 4)

22 Reimann, Uwe: „Dreischeibenhochhaus wird umgebaut". In: *Rheinische Post* 04.06.2011

23 Fürst 1996, S. 89 (wie Anm. 21)

24 *Leitbild Denkmalpflege. Zur Standortbestimmung der Denkmalpflege heute.* Hrsg. von der Vereinigung der Landesdenkmalpfleger in der Bundesrepublik Deutschland, Petersberg 2011

25 Käpplinger, Claus: „Ein Nationales Denkmal im Umbruch. Munkegaard-Schule in Gentofte/DK". In: *Deutsche Bauzeitschrift* 2010, H. 3, S. 34–41; auch: http://www.baunetzwissen.de/objektartikel/Bad-und-Sanitaer-Munkeg-rd-Schule-in-Gentofte-DK_1535049.html, 09.10.2011. Die Schule ist seit 1995 Baudenkmal.

26 Hinzuweisen wäre auf eine ähnliche Vorgehensweise zum Beispiel bei der Restaurierung des Hoffmann La Roche-Hochhauses in Wien, wo ebenfalls die Fassaden im Original erhalten bleiben. Das Gebäude wurde nach einem Entwurf von Georg Lippert 1965–67 erbaut. Vorbildhaft erscheint auch die *Modernisierung* der ehemaligen Ev. Akademie in Bad Segeberg, 1969–70 von Helmut Striffler erbaut. „Von der Evangelischen Akademie zur Jugendakademie Segeberg". In: *DenkMal!* 18/2011, S. 107

27 Kappel, Michael/Pohlmann, Alfred: „Das Hochhaus der Vereinigten Lebensversicherungs-AG (Iduna-Haus) in Münster. Ein Baudenkmal der 50er Jahre und seine Restaurierung". In: *Denkmalpflege in Westfalen-Lippe* 2/1996, H. 2, S.81–87

28 Ebd. S. 83

29 Tillmann, Christina: „Designpark mit Sonnenbrille". In: *Bauwelt* 102/2011, H. 11, S. 6–7; Mazzoni, Ira: „Das blaue Wunder von Ulm. Die Hochschule für Gestaltung hat Demokratie- und Designgeschichte geschrieben. Ihr bauliches Erbe wird derzeit bei der Renovierung wie eine Privatsache behandelt". In: *Süddeutsche Zeitung*. 15.04.2011. Siehe auch Schneider, Marie: „Legende im Wandel der Zeit. Die Hochschule für Gestaltung in Ulm". In: *Denkmalpflege in Baden-Württemberg. Nachrichtenblatt der Landesdenkmalpflege* 40/2011, H. 1, S. 29–34; siehe auch Stellungnahme des Deutschen Werkbundes (DWB) Hessen http://deutscher-werkbund.de/blog/?p=230, 09.10.2011; Rannow, Jens: Der Blick durch die blaue Brille. http://www.akbw.de/wir-ueber-uns/kammerbezirke/tbingen/kammergruppen/ulm-alb-donau-kreis/hochschule-fuer-gestaltung.html, 09.10.2011

30 Vgl. den Beitrag von Frederik Siekmann in diesem Band.

31 Brosowsky, Bettina Maria: „Kaputtsaniert. Dieter Oesterlens Braunschweiger Okerhaus". In: *Bauwelt* 101/2011, H. 33, S. 4; Das Kieler Universitätshochhaus wurde bereits vor seiner Unterschutzstellung saniert. Als städtebauliche Dominante und *Gründungsbau* der Neuen Universität wird es gleichwohl als Kulturdenkmal geführt. Im Inneren ist es gut erhalten. Siehe

Eppinger, Lena: „Das Neue Forum und seine Bauten". In: Hansen, Astrid/Meyer, Nils (Hg.): *Universität als Denkmal*. Kiel 2011, S. 89–93

32 *Denk-mal an Beton! Material, Technologie, Denkmalpflege, Restaurierung*. Hrsg. von der Vereinigung des Landesdenkmalpfleger in der Bundesrepublik Deutschland. Petersberg 2008 (=Berichte zur Forschung und Praxis der Denkmalpflege in Deutschland 16), darin weitere Texte zur Einführung in das Thema der Betonrestaurierung

33 Böker, Axel: „Das Bauwerk und seine Ausstattung". In: *Denk-mal an Beton!* 2008, S. 100–103 (wie Anm. 32); Hansen, Astrid: „Bühne frei: denkmalgerechte Instandsetzung der Beton-Fassade der Studiobühne". In: *DenkMal!* 18/2011, S. 119

34 Goege, Thomas: „Ästhetische Zumutung oder architektonische Glanzleistung?" In: *Die Denkmalpflege* 67/2009, H.1, S. 84-85 mit weiterführenden Literaturhinweisen. Zur neuesten Entwicklung siehe Kasiske, Michael: „Farbstudien in Aachen". In: *Bauwelt* 101/2010, H. 26/27, S. 13–19

35 Vgl. Interview mit F.H. Waentig, FH Köln. http://www.deutsches-kunststoff-museum.de / index.php?id=873

36 Zuletzt Blumer, Rolf Dieter u.a.: „Auch die Moderne kann in Würde altern. Das Landtagsgebäude in Stuttgart und seine Metallfassade". In: *Denkmalpflege in Baden-Württemberg. Nachrichtenblatt der Landesdenkmalpflege* 40/2011, H.1, S. 21–28

37 Capol 2010, S. 211 (wie Anm. 11)

38 *Denkmalschutzgesetze*. Bonn 2005, S. 152, (=Schriftenreihe des Deutschen Nationalkomitees für Denkmalschutz, Band 54), hier zitiert aus dem brandenburgischen Denkmalschutzgesetz. Keine Berücksichtigung finden hier die archäologischen Belange; auch sog. Denkmalbereiche, Gesamtanlagen und Ensembles sind nicht Gegenstand der folgenden Ausführungen.

39 Schyma 2010, S. 174 (wie Anm. 1)

40 In diesem Zusammenhang sei an die Dessauer Meisterhäuser erinnert, deren spätere Überformungen rückgebaut wurden.

41 Hubel, Achim: *Denkmalpflege*. Stuttgart. 2008, S. 82

42 Riegl, Alois: „Der moderne Denkmalkultus, sein Wesen, seine Entstehung". In: Ders.: *Gesammelte Aufsätze*. Berlin 1995, S. 183

43 Ebd. S. 182

44 Vgl. die Beiträge von Olaf Gisbertz und Berthold Burkhardt in diesem Band

45 Adlbert, Georg: *Der Kanzlerbungalow. Erhaltung, Instandsetzung, Neunutzung*. Stuttgart 2010, hier besonders S. 47

Fassaden der Nachkrlegsmoderne – Konstruktion und Sanierung

Bernhard Weller / Sven Jakubetz / Marc-Steffen Fahrion

Historische Entwicklung

Das von Walter Gropius und Adolf Meyer geplante und ab 1911 errichtete Fagus-Werk in Alfeld an der Leine gilt als Ursprungsbau der Moderne. Das zur Herstellung von Schuhleisten errichtete Fabrikgebäude unterliegt bis heute seiner ursprünglichen Nutzung. Ein wesentliches Vorbild war die United Shoe Machinery Corporation in Boston, deren Firmensitz einen der fortschrittlichsten Industriebauten in den USA darstellte. Das Herzstück der zwischen 1903 und 1906 in Stahlbetonskelettbauweise errichteten Fabrikanlage bestand aus einem mehrgeschossigen, weitgehend verglasten Werkstättentrakt, einer sogenannten *daylight factory*.[1] Aufbauend darauf machte Walter Gropius beim Fagus-Werk die neuen Ziele der Architektur deutlich sichtbar: Die Wände zeigen, dass sie nicht mehr Träger und Stützen des Gebäudes sind, sondern einfache Verkleidungen, die nur noch Regen, Kälte und Lärm abhalten. Der Entwurf der Fabrik ist ein direktes Resultat des wachsenden Übergewichts des Transparenten über das Feste, indem Glas zu stets größerer struktureller Bedeutung gelangt.[2]

Die Skelettbauweise machte es Ende des 19. Jahrhunderts möglich, die Funktion des Raumabschlusses von der des primären Lastabtrages zu trennen. Diese Entwicklung ist ein wesentliches Ergebnis der qualitativen und herstellungstechnischen Weiterentwicklung der Baumaterialien, vor allem Eisen und Eisenbeton, im Zuge der Industrialisierung. Durch die von Irving Colburn und Emile Fourcault zu Beginn des 20. Jahrhunderts angestoßenen Neuerungen in der Glasherstellung konnten zudem große Glastafeln wirtschaftlich produziert werden.[3] Die neuen technischen Errungenschaften bedeuteten eine Revolution für die Architektur: Erstmals konnte die Fassade frei von statischen Zwängen gestaltet und mit großformatigen Fensterflächen ausgestattet werden. Es entstanden hochtransparente Fassaden mit dahinter angeordneten, lichtdurchfluteten Räumen. Von jeder Position im Raum bestand ein direkter Bezug zur Umgebung, wodurch ein für damalige Verhältnisse unbekanntes Raumgefühl erzeugt wurde.

In Deutschland wurde diese Entwicklung mit der Machtergreifung der Nationalsozialisten unterbrochen. Ihren Durchbruch erlangten transparente Fassadenkonstruktionen in Europa erst nach dem Zweiten Weltkrieg, galten sie doch in deutlicher Abkehr vom Nationalsozialismus auch als Ausdrucksmittel einer offenen, demokratischen Gesellschaft.[4] Während es sich bei den Gebäuden der „Klassischen Moderne" weitestgehend um Prototypen handelte, entwickelten sich in den 1950er bis 1970er Jahren standardisierte und verallgemeinerbare Bauweisen.

1 Alfeld a.L.,
Fagus-Werk, Walter Gropius
1911, Zustand 2011

Bauklimatische Anforderungen

Die Fassade muss als Trennung zwischen dem Außenraum und dem konditionierten Innenraum eine Vielzahl von Funktionen erfüllen, um die Behaglichkeit und die Sicherheit der Nutzer gewährleisten zu können. Mit der Entmaterialisierung der Gebäudehülle konnten zwar Transparenz und Kontinuität zwischen Außenraum und Innenraum geschaffen werden, aber die sehr reduzierten Fassaden waren zunächst nicht in der Lage, sämtliche an sie gestellten bauklimatischen Anforderungen zu erfüllen. Insbesondere bezüglich des winterlichen und des sommerlichen Wärmeschutzes, des Schallschutzes und des Brandschutzes wiesen die leichten, oft vorgehängten Fassaden im Vergleich zu den althergebrachten Massivbauten Nachteile auf. Die Anforderungen, die bisher in der Regel durch Außenwände aus Mauerwerk mit großen Querschnitten erfüllt wurden, mussten nun häufig durch eine extrem dünne und leichte Hüllkonstruktion befriedigt werden. Dies stellte insbesondere zu Beginn der Entwicklung ein großes Problem dar, welches erst im Laufe der Zeit durch die Fortschritte in der Material- und Fassadentechnik gelöst werden konnte.

Dass bei den sehr frühen Glasfassaden der winterliche und der sommerliche Wärmeschutz nicht befriedigend waren, zeigt auch das Fagus-Werk. Im Winter bildete sich an der Glasfassade häufig Tauwasser.[5] Schon kurze Zeit nach deren Fertigstellung wurden auf der Innenseite der Einscheiben-Glasfassade Vorhänge angeordnet, um im Winter den Strahlungsaustausch zwischen den kalten Innenoberflächen der Glasscheiben und dem wärmeren Innenraum zu unterbinden. Zusätzlich sollte die Überhitzung im Sommer reduziert werden. Ende der 1920er Jahre wurden aus Gründen des sommerlichen Wärmeschutzes außenliegende Markisen nachgerüstet. Die anfänglichen Brandschutzprobleme, insbesondere der Brandüberschlag von Geschoss zu Geschoss, führten bei der Fassade am Hauptgebäude des Fagus-Werkes dazu, dass die Baupolizei 1911 für die Brüstungen aus Stahlblech eine Hintermauerung mit Backsteinen verlangte.[6]

Neben den genannten Anforderungen sind eine ausreichende Versorgung mit Tageslicht und die Sichtbeziehung zum Außenraum für die Gesundheit und das Wohlbefinden des Menschen von entscheidender Bedeutung. Durch die Nutzung des Tageslichtes kann zudem Beleuchtungsenergie eingespart werden. Bei ausreichend wärmedämmenden Verglasungen und entsprechender Orientierung kann sogar eine positive Energiebilanz erzielt werden, das heißt, infolge der Sonneneinstrahlung durch die Verglasung wird mehr Energie gewonnen, als durch Transmission verloren geht.

Nach 1945 gewann die Skelettfassade zunehmend an Bedeutung. Bei diesem Fassadentyp treten tragende Betonbauteile durch die Fassadenebene hindurch und bilden dadurch großflächige Wärmebrücken. Infolge der Materialknappheit in den ersten Nachkriegsjahren weisen die einfachen und reduzierten Bauweisen neben bauphysikalischen häufig auch eine Reihe von konstruktiven Problemen auf: Dazu zählen zu knapp bemessene Konstruktionsquerschnitte, zu geringe Betonüberdeckungen bei Bewehrungseisen, fehlende Dehnungsfugen, ungenügende Diffusionsfähigkeit und Haftschlüsse von gefliesten Fassaden sowie konstruktive Fehler bei Materialübergängen. Die anfängliche Unterdimensionierung der Fassadenkonstruktionen führte zu starken Verformungen und somit zu einer Schädigung der Bauteilfugen. Die Folgen waren Zugluft und in die Fugen eindringender Schlagregen.

Eine entscheidende Voraussetzung für die dauerhafte Erhaltung denkmalgeschützter Gebäude ist eine sinnvolle Nutzung. Deshalb müssen die Behaglichkeit der Nutzer und ein wirtschaftlicher Betrieb sichergestellt werden. Die frühen Glasfassaden mit Einscheibenverglasung sind im Vergleich zu den massiven Gebäudehüllen der vorhergehenden Epochen aus bauklimatischer Sicht benachteiligt. Erst mit der Entwicklung von Mehrscheiben-Isolierverglasungen, effektiven Sonnenschutzsystemen und Schallschutzverglasungen konnten die Fassaden sämtliche Schutzfunktionen zur Zufriedenheit erfüllen. Deshalb liegt auf zahlreichen Gebäuden des frühen 20. Jahrhunderts ein erhöhter Sanierungsdruck; aber auch die Bauten der *Nachkriegsmoderne* sind energetisch kritisch und im denkmalpflegerischen Umgang anspruchsvoll.

Baukonstruktive Anforderungen

Die Fassadenkonstruktionen der 1950er bis 70er Jahre lassen sich in Loch-
fassaden, Skelettfassaden und Vorhangfassaden unterteilen, gekennzeichnet von einer stetig zunehmenden Vergrößerung des Fensterflächenanteils
gegenüber der ursprünglichen Lochfassade. Das gesamte Tragwerk aus
Stützen, Unterzügen und Decken verlagert sich im Entwicklungsprozess
schrittweise hinter die Fassadenebene.[7]

Ein wesentlicher Unterschied zwischen den Fassaden der Nachkriegsmoderne und den heutigen Fassadenkonstruktionen besteht in der Verwendung
verschiedener Dichtungssysteme. Bei den Fassaden der 1950er und 1960er
Jahre erfolgte die Glasabdichtung mit einstufigen Dichtsystemen, nach dem
damaligen Stand der Technik überwiegend mit ausgefüllten Falzräumen. Als
zusätzlicher Schutz bei erhöhter Beanspruchung sowie einer größeren Gebäudehöhe wurde im Außenbereich eine Silikonversiegelung zwischen Falz
und Glaskante verwendet. Heute kommen hauptsächlich mehrstufige Dichtsysteme zum Einsatz. Bei diesen Systemen befindet sich hinter der schlag-
regendichten, wasserabweisenden Ebene eine zweite Ebene zur Abführung
von eindringender Feuchtigkeit. Die Falzräume bleiben dabei dichtstofffrei
und sollten so gestaltet sein, dass anfallendes Wasser durch Drainageöffnungen abfließen kann und die verbleibende Restfeuchte verdunstet.

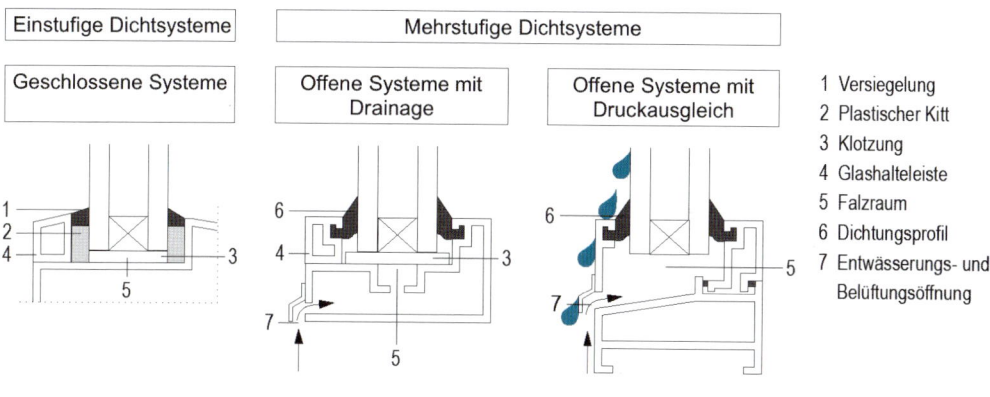

2 Einstufige und mehrstufige Dichtsysteme im Überblick

Bei heutigen Pfosten-Riegel-Konstruktionen erfolgen Entwässerung und
Belüftung der Falzräume fassadenweise oder feldweise. Auch kombinier-
te Ausführungen sind möglich. Für die häufig vorkommende fassadenweise oder geschossweise Belüftung dienen seitliche Öffnungen der unteren
und oberen Riegel-Falzräume über durchgehende Pfosten-Falzräume mit
Verbindung zur Außenluft. Durch untere Zuluft- und obere Abluftöffnungen
der Pfosten-Falzräume entsteht ein Kamineffekt. Als Voraussetzung für gute
Strömungsverhältnisse in einer Pfosten-Riegel-Fassade ist eine wirksame
Luft- und Dampfdichtigkeit zur Raumseite erforderlich. Die Verbindungen
zwischen Riegeln und Pfosten dienen auch als Drainagesystem zur Ablei-

tung von Feuchtigkeit. Bei größeren Fassadenfeldern können abhängig von der Größe der freien Pfosten-Falzräume zusätzlich Lüftungsöffnungen in den Riegeln erforderlich sein.

Die feldweise Belüftung und Entwässerung erfolgen jeweils einzeln für jedes Glasfeld durch Schlitze oder Bohrungen über die horizontalen Anpressleisten. Für die Luftzirkulation führen Öffnungen mit Verbindung zu den Glasfalzräumen durch EPDM-Dichtungsprofile und Deckleisten. Größen und Abstände der Öffnungen sind in den „Technischen Richtlinien des Glaserhandwerks" vorgegeben.[8] Die Drainageöffnungen sollten derart positioniert und ausgeführt werden, dass sie vor Schlagregen und Verschmutzung geschützt bleiben.

Weiterhin von Bedeutung ist die Luftdichtheit der Hüllkonstruktion: je dichter die Gebäudehülle, desto geringer sind die Wärmeverluste. Raumluftaustausch und Abtransport zu warmer Luft sollten ausschließlich durch gezielte Lüftung über Fensteröffnungen oder Belüftungsanlagen erfolgen.

Eine klimatrennende Glaskonstruktion muss vom Innenraum eindiffundierenden Wasserdampf nach außen weiterleiten, damit es nicht zu Kondensation kommt. Die Wand muss von innen nach außen diffusionsoffener werden. Erforderlich sind deshalb eine innere Dichtungsebene mit möglichst hohem Dampfdiffusionswiderstand und eine äußere Dichtungsebene mit möglichst geringem Dampfdiffusionswiderstand. Die Falzräume müssen zur konvektiven Abfuhr von Feuchte wie auch zur gezielten Kondensatabfuhr konstruktiv ausgebildet sein. Im Anschlussbereich zum angrenzenden Baukörper ist die Diffusionswegesteuerung zu beachten.

Die folgenden beiden Beispiele zeigen zwei unterschiedliche Sanierungsstrategien im Umgang mit den Fassaden der Nachkriegsmoderne.[9] Einerseits genügen beispielsweise bei einem guten Erhaltungszustand und einer entsprechenden Denkmalwürdigkeit konservatorische Maßnahmen, wie die Reinigung und Reparatur von einzelnen Bauelementen. Andererseits lässt sich in vielen Fällen der Austausch von Bauteilen oder der ganzen Fassade aufgrund der fortgeschrittenen Schädigung nicht abwenden. Hier ist eine Rekonstruktion beziehungsweise eine Neugestaltung der Fassade unumgänglich, auch wenn die Denkmalpflege für den größtmöglichen Erhalt originaler Bausubstanz eintritt. Beide Sanierungsprojekte wurden von den Verfassern in einer Dokumentation begleitet.[10]

Sanierungsbeispiel: Haus Hardenberg

Das Haus Hardenberg, 1955/56 errichtet nach Plänen des Architekten Paul Schwebes, zählt zu den bedeutenden Büro- und Geschäftshäusern der West-Berliner Nachkriegsmoderne. Mit seiner geschwungenen Glasfassade und einem weit ausschwingenden Flugdach passt sich der siebengeschossige Baukörper in eleganter Weise an die Straßenkreuzung an. Der Bau repräsentiert in charakteristischer Weise den frühen Wiederaufbau der Berliner City-West zwischen Bahnhof Zoo und Ernst-Reuter-Platz (bis 1953 Platz am Knie).[11] Über der Sockelzone mit Verkaufsräumen war das Gebäude

3

170

ursprünglich mit mehreren Textilfirmen belegt. Nach deren Auszug übernahmen verschiedene Institute der Technischen Universität Berlin und private Nutzer die flexibel teilbaren Obergeschosse als Büros, während das Erdgeschoss bis heute Läden und Dienstleistungsbetriebe beherbergt. Bei dem vermeintlichen Solitär handelt es sich tatsächlich um einen dreiflügeligen Bau mit unterschiedlich langen Seitenflügeln, der funktional in zwei Geschäftshäuser mit einheitlicher Gestaltung aufgeteilt ist. Die durchlaufenden Fensterbänder betonen zusammen mit Sockel- beziehungsweise Staffelgeschoss und Flugdach stark die Horizontale. Großformatige Scheiben mit dünnen Messingprofilen und schwarz-opaken Brüstungsfeldern verleihen der Fassade ihre besondere Eleganz.

In konstruktiver Hinsicht handelt es sich beim Haus Hardenberg um einen Stahlbetonskelettbau mit drei Stützenreihen und Mauerwerksausfachungen. Vom ersten bis zum fünften Obergeschoss bestehen die Decken aus

3 Berlin, Haus Hardenberg (ehem. Kiepert), Hardenbergstraße/ Ecke Knesebeck-straße, Zustand nach der Sanierung 2004

3

einer Stahlbetonrippenkonstruktion in Spannbetonbauweise. Die äußere Hülle bildet eine Skelettfassade mit horizontaler Betonung. Sie gliedert sich in Sockel-, Haupt- und Staffelgeschoss. Pro Achse sind je drei Fenster, die sich aus zwei seitlichen Lüftungsflügeln und stehender Scheibe in der Mitte nach dem Vorbild des *Chicago Window* zusammensetzen, zu einem geschosshohen Element aus Stahlfensterprofilen zusammengefasst.[12] Die Brüstungen bestehen aus schwarzem Detopakglas. Ein besonderes Merkmal bilden die weißen mit Detopakglas verkleideten Deckenscheiben, die als horizontale Bänder vor die Fassade treten. Dagegen ist das Staffelgeschoss um 1,50 Meter zurückgesetzt. Aufgrund der hohen Sonneneinstrahlung auf die exponierten West- und Ostflächen der Fassade sah der Architekt Paul Schwebes in seinem Entwurf einen außen liegenden Sonnenschutz vor. Die elementbreiten Lamellen wurden in die Deckscheiben eingelassen und damit optisch kaschiert. Im Sockelgeschoss kamen für die Schaufenster messingeloxierte Aluminiumrahmen zum Einsatz. Die Hoffassade fällt im Vergleich zur Straßenseite wesentlich schlichter aus. Die Stützen des Stahlbetonskeletts liegen an der Hofseite bündig in der glatt verputzten Lochfassade. Pro Achse befinden sich hier drei durch Pfeiler getrennte Fenster aus Stahlprofilen. Die gesamte Hoffassade ist einheitlich verputzt, innerhalb der Putzflächen sorgen lediglich drei vollverglaste, halbzylindrische Treppentürme mit Sichtbetonpfeilern für Akzente.

Während das Gebäude nach 1974 innen mehrfach verändert wurde, blieb sein Äußeres weitgehend erhalten. Diesen Charakter galt es im Rahmen der 2003/04 erfolgten Sanierung zu bewahren beziehungsweise neu herauszuarbeiten, um Architektursprache und Geist der 1950er Jahre weiterhin erlebbar zu machen. Diese Aufgabe wurde von Karl-Heinz Winkens (Winkens Architekten, Berlin) in Zusammenarbeit mit einer Fensterfabrik aus Biberach unter hohem Aufwand mit viel Feingefühl für das Detail umgesetzt.

Mit Ausnahme weniger Elemente (etwa der Treppenhausfassaden oder des Sonnenschutzes) konnte die Originalsubstanz der Gebäudehülle rekonstruiert werden. Die detailgetreue Aufarbeitung der bestehenden Vor- und Rückfassaden unter größtmöglicher Beibehaltung der Substanz und des originalen Erscheinungsbildes bestand im Wesentlichen aus folgenden Maßnahmen: Reinigung der Fassadenprofile und der Glasscheiben, Teilaustausch der Brüstungselemente, Austausch des Sonnenschutzes, Illuminierung der Straßenfassade, Ersatz der maroden Treppenhausfassaden durch thermisch getrennte Alu-Glasfassaden, Teilerneuerung der technischen Gebäudeausrüstung unter Erhalt der bestehenden Aufzugsanlagen. Die neue Fassadenillumination betont nachts effektvoll die Außenkonturen – wie bei vielen modernen Bauten seit den 1920er Jahren angewandt. Auch im Inneren, in den Treppenhäusern und Fluren, konnte an vielen Stellen die zeittypische Gestaltung der Nachkriegszeit wieder zurückgewonnen werden.

Aus energetischer und bauphysikalischer Sicht entstanden durch die Sanierung nur geringfügige Verbesserungen. Die Wärmebrücken der durchgehenden Deckscheiben blieben entsprechend dem Originalzustand erhalten. Auf eine Wärmedämmung im Außenbereich wurde vollständig verzichtet,

4

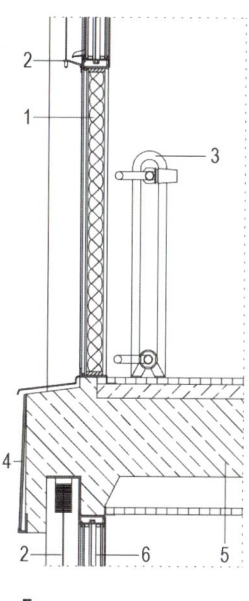

1 Fassadenpanel, alt:
   Schwarzes Detopakglas
   Dämmschicht
   Rückseitige Verkleidung
2 Sonnenschutz, außenliegend
3 Heizkörper
4 Weiße Detopakdeckglas-
   scheiben
5 Spannbetonrippendecke
6 Doppelverglasung

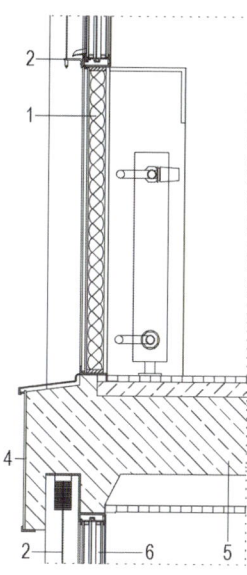

1 Fassadenpanel, neu:
   Schwarzes Detopakglas
   Dämmschicht
   Rückseitiges Blendelement
2 Erneuerter Sonnenschutz,
   außenliegend
3 Neuer Heizkörper mit
   Verkleidung
4 Weiße Detopakdeckglas-
   scheiben
5 Spannbetonrippendecke
6 Doppelverglasung mit
   erneuerten Dichtungen

5

4 Berlin, Haus Hardenberg, Fassadendetail im Vergleich vor und nach der Sanierung
2003/04

5 Berlin, Haus Hardenberg, Fassadendetail, Vertikalschnitte, Zustand vor und nach der
Sanierung 2003/04

sodass sich der Gesamtenergiebedarf kaum veränderte. Jedoch gilt diese
Sanierung, im Bereich der Denkmalpflege mehrfach mit Preisen ausgezeichnet, als vorbildhaft. Der Bauherr erhielt einen Sonderpreis im Rahmen des
Bundespreises für Handwerk in der Denkmalpflege, ebenso wie die ausführende Firma für den Glasbau eine Auszeichnung des Glaserhandwerks.

6 Berlin, Fakultätsgebäude für Bergbau- und Hüttenwesen, Ernst-Reuter-Platz, Willi Kreuer 1955–59, Zustand nach der Sanierung 2008

Sanierungsbeispiel: Fakultät Bergbau- und Hüttenwesen

Das Fakultätsgebäude für Bergbau und Hüttenwesen (1955–59) zählt zu den wenigen Stahlskelettkonstruktionen der Nachkriegsmoderne in Deutschland. Das denkmalgeschützte Gebäude am Ernst-Reuter-Platz steht für die modern-rationale Architektursprache in der Tradition des International Style.[13] Auftraggeber dieses Gebäudes war die 1945 aus der Technischen Hochschule Charlottenburg gegründete Technische Universität Berlin. Die Umsetzung folgte den Entwürfen von Willi Kreuer, der seit 1949 Assistent am Lehrstuhl für Städtebau an der Technischen Universität Berlin war und 1952 die Berufung auf den Lehrstuhl für Entwerfen und Gebäudelehre erhielt.[14]

6 Das elfgeschossige Hochhaus ist ein dreiständiger, schlanker Stahlskelettbau. Mit der Ausbildung eines Mittelgangs ist der Bau prädestiniert für die Nutzung als Lehr- und Verwaltungsgebäude. Die horizontale Aussteifung der Konstruktion erfolgt über Decken, deren Trägerroste mit Beton ausgegossen sind. Fahrstühle, Wetterschacht und senkrechte Beton-Querscheiben dienen zur vertikalen Aussteifung. Die vorhandenen Mittelstützen benötigte man während der Montage des Stahlskeletts als Gitterstützen, sie wurden nachfolgend mit einer Stahlbetonummantelung versehen. Alle weiteren in der Fassadenebene befindlichen Stahlteile wie Hauptträger, Decken- und Abschlussträger sowie Unterzüge und Binnenpfosten waren aus Gründen des Feuerschutzes mit einer etwa 2,5 Zentimeter dicken Asbestummantelung ausgestattet.

Bis auf den Erschließungskern am östlichen Ende ist das Hochhaus mit einer Vorhangfassade vollständig verglast. Die in Erscheinung tretenden schlanken Außenstützen sind über die gesamte Gebäudehöhe von 40 Metern mit einer Aluminiumblechverkleidung abgedeckt. Das Erdgeschoss liegt an zwei Straßenseiten zurückgesetzt, wobei die in der Fassadenebene liegenden und über die gesamte Höhe durchlaufenden Stützen dort frei stehen. Zwischen den Hauptstützen des Stahlskeletts und den Binnenstützen befanden sich geschosshohe, anthrazitfarbene Fassadenelemente mit eingebauten Wendeflügeln inklusive zeittypischer Thermopane-Glasscheiben. Dabei wurden die Anschlüsse an die Binnenstützen und die Geschossdecken mit hellblau

7 lackierten, gefalzten Stahlblechen versehen. Das Panel in Brüstungshöhe besteht aus dunkelblauem Durocolorglas. Rückseitig befindet sich auf dem Einscheibensicherheitsglas eine Emaillierung. Im Brüstungsdetail ist hinter einem Luftraum die 20 Zentimeter starke, innenseitige verputzte Hintermauerung mit Gasbetonsteinen erkennbar. Diese weist für damalige DIN-Vorschriften einen ausreichenden Dämmwert auf. Eingebaute Fensterbänke bestanden aus Asbestfaserplatten.

Die fensterlosen Anteile des gesamten Fakultätsgebäudes zeigen ein weiß-blaues Glasmosaik, welches in einem Mörtelbett auf eine Stahlbetonwand oder Gasbetonsteine aufgebracht wurde. Typisch für viele Gebäude aus der Nachkriegszeit sind die rückwärtigen zum TU-Campus zeigenden Fassadenabschnitte mit anthrazitfarbenem, mineralischem Spritzputz. Im Erdgeschoss finden sich in Anlehnung an die rote Farbgebung des benachbarten Sandsteingebäudes bruchraue Riemchen aus Verona-Rot-Kalkstein in einem Mörtelbett auf Gasbetonstein.

7 Berlin, Fakultätsgebäude für Bergbau- und Hüttenwesen, Ernst-Reuter-Platz, Willi Kreuer 1955–59. Fassadendetail vor und nach der Sanierung 2008

7

Rein äußerlich waren vor Beginn der Sanierungsarbeiten nur wenige Bauschäden an der Fassade des Fakultätsgebäudes feststellbar. Erst bei genauerer Untersuchung im Zuge der Sanierungsplanung traten gravierende Mängel zutage. Infolge schlechter Bauunterhaltung und mangelnder Pflege wiesen die Metallteile der Fassade deutliche Korrosionsschäden auf. Besonders betroffen waren die thermisch ungetrennten Stahlprofile der Fenster. Durch die Wirkung der Wärmebrücken bildeten sich in diesen Bereichen erhebliche Mengen Kondensat. Als Folge waren die Rahmen und Beschläge soweit korrodiert, dass die Fenster teilweise nicht mehr dicht schlossen. Dies beeinträchtigte sowohl den Wärme- als auch den Schallschutz.[15] Des Weiteren waren die tragenden Stahlprofile der Fassade mit einer gesundheitsschädli-

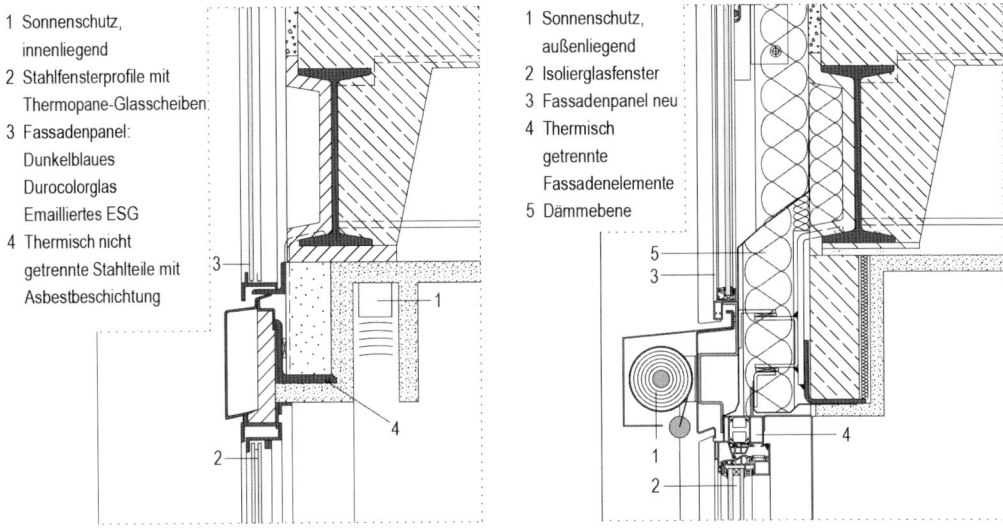

1 Sonnenschutz,
  innenliegend
2 Stahlfensterprofile mit
  Thermopane-Glasscheiben
3 Fassadenpanel:
  Dunkelblaues
  Durocolorglas
  Emailliertes ESG
4 Thermisch nicht
  getrennte Stahlteile mit
  Asbestbeschichtung

1 Sonnenschutz,
  außenliegend
2 Isolierglasfenster
3 Fassadenpanel neu
4 Thermisch
  getrennte
  Fassadenelemente
5 Dämmebene

8

8 Berlin, Fakultätsgebäude für Bergbau- und Hüttenwesen, Fassadendetail, Vertikalschnitte, Zustand vor und nach der Sanierung 2008

chen Brandschutzbeschichtung aus Asbest versehen. Im Rahmen einer Aufarbeitung der Fassade hätte diese Beschichtung in aufwendiger Detailarbeit und unter erhöhten Arbeitsschutzmaßnahmen entfernt werden müssen. Die Summe dieser Problempunkte führte, im Gegensatz zum Haus Hardenberg, zu der Entscheidung, eine komplette Fassadenrekonstruktion nach dem heutigen Stand der Technik mit Beibehaltung des ursprünglichen Erscheinungsbildes durchzuführen.

Vorbildlich an der Sanierung, die 2008 ausgeführt wurde, wirkt die Nachempfindung der Fassadenproportionen. Die Binnenstruktur weist gleich dimensionierte Pfosten auf; notwendige Stoßfugen sind in den Bereich der hellblauen Stahlbleche gelegt. Indem die Fassade vollständig ersetzt wurde, konnten sämtliche bauphysikalischen Anforderungen problemlos erfüllt werden. Von außen betrachtet wurde der Abstand zwischen den vertikalen Stützen und der dahinter liegenden Fassadenebene lediglich um wenige Zentimeter verringert, um eine Wärmedämmschicht einzufügen. Die stranggepressten Aluminium-Fassadenprofile stammen von einem Systemhersteller und sind thermisch getrennt.

Die neuen Isolierglaseinheiten erbringen verbesserte Schall- und Wärmeschutzwerte.[16] Da die ursprünglichen Fenster nur mit einem Anschlag konstruiert waren und keine Dichtung besaßen, konnte durch den Fassadenaustausch auch die Dichtheit verbessert werden. Im Hinblick auf den sommerlichen Wärmeschutz erweist sich der außen liegende Sonnenschutz als vorteilhaft. Den bauphysikalischen Vorteilen steht allerdings der Totalverlust der historischen Fassadensubstanz gegenüber. Das Sanierungsbeispiel zeigt aber, dass mit der vergleichsweise kostengünstigen Anpassung einer Systemfassade bei sorgfältiger Planung und Abstimmung mit dem Denkmalschutz eine weitestgehende Nähe zum originalen Erscheinungsbild erreicht werden kann.

Anmerkungen

1 Jaeggi, Annemarie: „Das Fagus-Werk in Alfeld an der Leine". In: Bauhaus-Archiv (Hg.): Die Moderne im Blick. Albert Renger-Patzsch fotografiert das Fagus-Werk. Berlin2011, S. 2–3

2 Giedion, Siegfried: Raum, Zeit, Architektur. Die Entstehung einer neuen Tradition. Ravensburg, 1965, S. 306–307

3 Schittich, Christian u.a. (Hg.): Glasbau Atlas. 2. Aufl. München 2006, S. 12

4 Strodthoff, Werner: „Der alte Plenarsaal. Eine zerstörte Erinnerung." In: Flagge, Ingeborg (Hg.): Architektur und Demokratie. Bauen für die Politik von der amerikanischen Revolution bis zur Gegenwart. Stuttgart 1992, S. 66–75

5 Götz, Jürgen: „Das Fagus-Werk als Pflegefall". In: Jaeggi, Annemarie (Hg.): FAGUS – Industriekultur zwischen Werkbund und Bauhaus. Berlin 1998, S. 132–141

6 Weber, Helmut: Walter Gropius und das Faguswerk. München 1961, S. 60

7 Schaal, Rolf: Vorhangwände – Typen, Konstruktionsarten, Gestaltung. München 1961, S. 8

8 Institut des Glaserhandwerks (Hg.): Technische Richtlinien des Glaserhandwerks. Nr. 17. „Verglasen mit Isolierglas". Düsseldorf 2003, S. 49

9 Weller, Bernhard/Jakubetz, Sven/May, Friedrich/Meier, Anja: „Sanierung von Vorhangfassaden der 1950er bis 1970er Jahre". In: Kuhlmann, Ulrike (Hg.): Stahlbau Kalender 2010. Berlin 2010, S. 701–763

10 Weller, Bernhard/Rexroth, Susanne/Jakubetz, Sven: „Denkmal und Energie – Technologien und Systeminnovationen zur Energieversorgung und Energieeinsparung bei Baudenkmalen". Forschungsbericht. Deutsche Bundesstiftung Umwelt, Az: 22814-25. Dresden: Institut für Baukonstruktion, 2008.

11 Dorsemagen, Dirk: Büro- und Geschäftshausfassaden der 50er Jahre. Konservatorische Probleme am Beispiel West-Berlin. Band 1-3, Diss. TU Berlin 2004, hier Teil 1, S. 12, 67–68 (http://opus.kobv.de/tuberlin/volltexte/2004/845/pdf/dorsemagen_dirk.pdf, asp, 28.09.2011)

12 Schneck, Adolf G.: Fenster aus Holz und Metall. Konstruktion und Maueranschlag. 5. Aufl. Stuttgart1953, S. 155

13 Vgl. den Beitrag von Martin Schwacke in diesem Band

14 Hillmann, Roman: „Neue Fassadentechnik, altes Erscheinungsbild. Was passiert konstruktionsästhetisch?" In: Weller, Bernhard/Jakubetz, Sven (Hg.): Denkmal und Energie 2008. Tagungsband, Technische Universität Dresden. Dresden 2008, S. 45–48

15 Dorsemagen, Dirk: „Zeichen für zukunftweisendes Bauen". In: Grünberg, Horst (Hg.): Ballast oder Chance. Berlin 2003, S. 20–21

16 Weller, Bernhard/Härth, Kristina/Tasche, Silke/Unnewehr, Stefan: DETAIL Praxis Konstruktiver Glasbau. Grundlagen, Anwendung, Beispiele. München 2008, S. 29

K I, K II: Sanierungskonzepte für die „neue Stuttgarter Schule"

Monika Horn

Die Bauten der *Nachkriegsmoderne* sind in die Jahre gekommen. Der Umgang mit ihnen bedarf einer sensiblen Analyse, um die architektonische Qualität richtig einschätzen und bewerten zu können: Wofür stand das Gebäude in seiner Entstehungszeit und wofür kann es heute noch stehen? Was gibt es seiner Umgebung und wie prägt es den Ort? Wird es den Bedürfnissen der Nutzer noch gerecht? Kann es mit hoher Akzeptanz wieder genutzt werden? Eine Kosten-Nutzen-Analyse geht Parametern wie Optimierungspotenzialen, Betriebskosten, Investitionskosten, Lebenszyklusbetrachtung und Nachhaltigkeit auf den Grund. Die Antworten entscheiden über die Maßnahme: Abriss und Neubau, Erhalt und Sanierung oder Umbau und Neuinterpretation? Jeder Eingriff verändert den Ort, bringt entweder gänzlich Neues hervor oder erlaubt die Wiederherstellung von Funktion und Ästhetik.

Pure Präsenz

In Stuttgart befindet sich ein stadtbildprägendes Ensemble auf dem Campus der Universität, das nach der innerstädtischen Zerstörung im Zweiten Weltkrieg entstanden ist. Die Zwillingsbauten Kollegiengebäude I und II wurden zwischen 1960 und 1965 errichtet, um den steigenden Studentenzahlen gerecht zu werden. Beide Hochhäuser stehen einander gegenüber, verbunden über eine gemeinsame weitläufige Treppenanlage. Gestaltet von den Architekten Rolf Gutbier, Kurt Siegel und Günter Wilhelm, ist das Ensemble mit seinem „puren Charakter" ein Hauptwerk der neuen „Stuttgarter Architekturschule 1946–70"[1] .

Wichtige Merkmale der Bauten sind die Beschränkung auf wenige Materialien und die Präsenz der sichtbaren Tragstruktur. Die Hochhäuser zeichnet eine strenge Geometrie aus: Die Längsseiten sind vertikal und horizontal gegliedert, durch das Tragwerk einerseits und die Fassadenstruktur mit den Brüstungs- und Fensterelementen andererseits. Die schmalen Seiten unterteilt ein vertikales Fensterband zur Belichtung der Treppenhäuser. Die Funktion der raumbildenden Elemente ist an ihrer Materialität abzulesen. So bestehen etwa das Tragwerk und ein Teil der Fassade aus Sichtbeton, die nichttragenden Wände aus Sichtmauerwerk und der Innenausbau aus Holz und Glas, ganz entsprechend den Vorstellungen der neuen Stuttgarter Schule: „Roh sichtbarer Beton, kein Verputz und keine Pinselstriche auf den tragenden und raumbildenden Gerippen und Wandflächen – ein raues und rohes Tun! – knappste Formen und Farben bei den wenigen zusätzlichen Teilen und Elementen wie Fensterrahmen, Türrahmen usw. […] Gebaut für das prüfende Auge von angehenden Bauingenieuren und Architekten […]"[2]

1
2

178

1

1 Stuttgart, Kollegiengebäude II (KII), 2010

2 Stuttgart, Ensemble
der Kollegiengebäude von der
Stadtseite, K I (li.), K II (re.), 2010

2

3

3 Stuttgart, KII,
Foyer 1. UG/offene Halle, 2009

4 Stuttgart, KI,
Cafeteria und Halle im Erdgeschoss, 2010

Im Inneren weisen die kompakten Hochhäuser differenziertere Räume auf, als man ihrer strengen und klaren Geometrie von außen ansieht. Je drei niedrigere Institutsgeschosse an der Südseite werden mit zwei höheren Seminargeschossen auf der Nordseite gekoppelt; so ist die Geschosszahl auf beiden Seiten verschieden: Nach Süden zeigt sich das Gebäude 16- und nach Norden elfgeschossig. Die Geschosshöhe variiert dabei von 2,90 Meter in den Büros bis zu 4,35 Meter in den Hörsälen. Dazwischen entsteht eine großzügige offene Zone mit freien Treppen und Fluren, die spannende Raumerlebnisse und Blickbeziehungen über mehrere Geschosse zulässt. Sie dient als Kommunikations- und Erschließungszone mit Aufzügen und Treppenhäusern sowie Technik- und Sanitärräumen.[3]

Minimal und effektiv

Die zeitgeschichtliche Bedeutung der beiden Kollegiengebäude K I und K II ließ nur eine Antwort auf die Frage nach dem Umgang mit ihnen zu: Das Ensemble erhalten und für heutige Bedürfnisse nutzbar machen.
Als die Bauten ein Alter von annähernd 40 Jahren erreicht hatten, wurde die Ertüchtigung nach heutigen Standards und Vorschriften zwingend erforderlich. Der erste Auftrag erfolgte 1999 für die Sanierung des K I.[4] Sechs Jahre später hat die Planung für das K II begonnen. Das Ziel dabei war, die Gestaltungsprinzipien der Gebäude möglichst wenig zu verändern und die Leitgedanken des ursprünglichen Entwurfes zu respek-

5 Stuttgart, KI, KII, Lageplan, genordet, ohne Maßstab

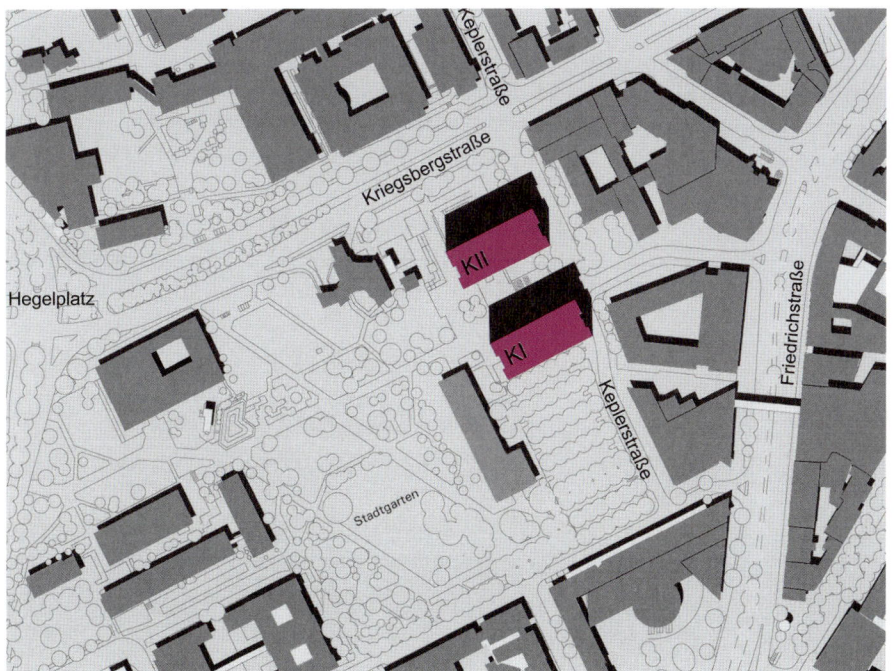

tieren und zu erhalten. Die Qualität der materialgerechten Konstruktion verpflichtete zu einem respektvollen Umgang mit ihr und mit den besonderen Raumqualitäten, die sich daraus ergeben. Sichtbeton, Sichtmauerwerk aus Hartbrandsteinen, Glas und Escheholz prägen auch heute nach **3/4/7** der Sanierung noch die Erscheinung beider Stahlbetonskelettbauten. Alle Eingriffe wurden so minimal und effektiv wie möglich gestaltet. Die neue Gebäudetechnik konnte von außen „nicht sichtbar" ergänzt werden. Teile der Konstruktion wurden instand gesetzt, gereinigt und bei Bedarf in gleicher Form ersetzt. Während sich die Arbeitsplatzqualität verbessert hat, sind Betriebskosten und Energieverbrauch geringer geworden: Der Fernwärmeverbrauch beispielsweise um rund 40 Prozent, der Gesamttransmissionswärmeverlust um 30 Prozent, der Energiebezug um 20 Prozent und der Primärenergiebedarf um fast 50 Prozent.

Die Sanierung erfolgte in einem kurzen Zeitraum, da sie außerhalb des laufenden Betriebes stattfand. Der weite öffentliche Raum, den die Gebäude prägen, blieb in seiner Wirkung erhalten. Der Außenraum zwischen dem K II und den Tiefenhörsälen wurde seiner Bedeutung entsprechend neu gestaltet und aufgewertet, sodass er auch die Verbindung zwischen **5** Stadtgarten und Kriegsbergstraße herstellt.

Der zweite Zwilling

Die Sanierung des K II fand zwischen 2007 und 2009 statt.[5] Dabei wurden das Dach und die Nordfassade energieeinsparend saniert und bestehende Brüstungen sowie Bestandteile der übrigen Fassade mit zusätzlicher Innendämmung versehen. Das ursprünglich offene obere Installationsgeschoss konnte geschlossen und gedämmt und die Aluminiumfenster isolierverglast werden. Der Sichtbeton der schmalen West- und Ostfassaden ist bestehen geblieben und die Südfassade kann heute durch einen elektrisch gesteuerten Sonnenschutz und einen Blendschutz optimal auf die Tageslichtsituation reagieren und eine Überhitzung verhindern.

Der umfangreichste Teil der Eingriffe hat sich im Inneren abgespielt. Die Gebäudestruktur erlaubte das Umwidmen von Räumen und Funktionen, die nicht mehr den Nutzerbedürfnissen entsprachen und angepasst werden mussten. Auf der Nordseite sind im Zuge der Umbauten neue großzügige **6/7** Bibliotheksräume und Hörsäle entstanden, auf der Südseite neue Raumstrukturen in den Institutsbereichen. Auch die Kernzone hat eine Optimierung erfahren: zum einen durch die Umnutzung von Schächten und zum anderen durch die Erhöhung der Aufzugskapazitäten durch Zielwahlsteuerung und **8** den Einbau eines neuen Aufzugs mit Durchladefunktion für Barrierefreiheit. In den Hörsälen wurden hochwertige Medientechnik und eine Lüftungsanlage mit Wärmerückgewinnung installiert, in den Südfluren eine gesteuerte Beleuchtung und gezielte Nachtlüftung. Alle gebäudetechnischen Ergänzungen konnten aufgrund der Systematik des Hauses mit neuer Intelligenz in die vorhandenen Strukturen integriert werden. Dies und die Sanierung der Küche mit moderner Cafeteriaausgabe hat die Qualität der Innenräume aufgewertet. Für die Erhöhung des Brandschutzes bedurfte es wie für die

6 Stuttgart,
KII, Bibliothek, 2010
7 Stuttgart,
K II, Hörsaal, 2010

7

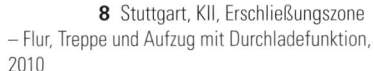

8 Stuttgart, KII, Erschließungszone
– Flur, Treppe und Aufzug mit Durchladefunktion,
2010

Durchführung der Schadstoffsanierung umfangreicher Maßnahmen.
Durch die Reduzierung des Primärenergiebedarfs um fast die Hälfte entspricht das K II nun weitgehend den heutigen Ansprüchen. Nutzerkomfort und Arbeitsplatzqualität wurden auf Neubaustandard gebracht und dabei denkmalpflegerische Belange voll berücksichtigt.

Der erste Zwilling

Das K I ist fünf Jahre älter als das K II.[6] Hier wurden die Sanierungsarbeiten bereits 2000 bis 2002 durchgeführt. Undichte Fenster der Nordfassade hatte man allerdings schon zehn Jahre zuvor ausgetauscht. Die Maßnahmen für die thermische Außenhaut beschränkten sich zunächst auf das Dach und die Südfassade, die aus Kostengründen nur überholt und neu verfugt wurde. Das Zwischengeschoss unter dem Dach ist in Kürze gedämmt. Die Erneuerung der gesamten Gebäudetechnik und die Ertüchtigung zu behindertengerechten Einrichtungen erfolgten auch hier, ebenso wie die Schaffung einer neuen Fakultätsbibliothek und die Umplanung eines Teils der Institutsbereiche.

184

Da sich die ursprüngliche Studentenzahl von zunächst 800 auf über 2000 erhöht hatte, war auch hier ein Ausbau der Aufzugkapazitäten zwingend erforderlich. Dies wurde gelöst, indem, ergänzend zu einer Optimierung der Fahrten durch Zielwahlsteuerung, der weltweit erste „Twin"-Aufzug zum Einsatz kam. Das System von Thyssen ermöglicht die zeitgleiche Nutzung zweier Kabinen, die unabhängig voneinander in einem Schacht fahren. Im Gegensatz zu den umfangreichen Brandschutzmaßnahmen verlangte die Schadstoffsanierung geringere Eingriffe als beim K II. Hier wurden ursprünglich weniger Schadstoffe verbaut, verschiedene Materialien wie die Deliflexbodenbeläge konnten großflächig belassen werden, da sie noch in einem guten Zustand waren. Die Heizungs- und Kälteanlagen wurden entsprechend der gültigen Normen gedämmt und neue Heizkörper vor den Brüstungen eingebaut. Bei der räumlichen Umplanung und der Ausstattung der studentischen Arbeitsbereiche, Hörsäle und Seminarräume mit neuer Möblierung wurde die räumliche Transparenz – ein Leitgedanke des Entwurfs – beibehalten. Im Jahr 2002 konnte der Betrieb wieder aufgenommen werden.

In die Gegenwart geholt

Die Investition in die Sanierung hat – neben den Aspekten der Nachhaltigkeit und der Ressourcenschonung – einen eindeutigen wirtschaftlichen Vorteil, denn sie ist deutlich günstiger als Abriss und Neubau. Heute profitieren die Fakultät Architektur im K I und die Institute der Philosophisch-Historischen Fakultät sowie der Wirtschafts- und Sozialwissenschaften im K II von der denkmalgerechten Maßnahme. Die Maxime, den Leitgedanken des Entwurfes zu erhalten und Materialien nur dort zu ersetzen, wo es nötig war, hat den funktional-ästhetischen Charakter der Gebäude gewürdigt. Ohne eine Beeinträchtigung der architektonischen Qualität wurde das Ensemble aufgerüstet. Mit einem Gebäudestandard, der dem eines Neubaus nahezu entspricht, können die heutigen Nutzerbedürfnisse voll erfüllt werden.
Die Erhaltung architektonischer Zeugnisse der Nachkriegsmoderne lohnt sich nicht nur in ökologischer und wirtschaftlicher Hinsicht. Ihre Existenz ist für den kritischen Dialog, die geschichtliche Auseinandersetzung und das Verständnis vergangener Architekturauffassungen von großer Bedeutung.

Anmerkungen

1 Gutbier, Rolf: „Die Stuttgarter Architekturschule 1946–70." In: *Wechselwirkungen.* 1986, S. 38–44
2 Günter Wilhelm zit. nach Kroner, Walter/Schwarz, Jürgen/Sulzer, Peter: *Günter Wilhelm. Ein illustriertes Werkverzeichnis zum 75. Geburtstag.* Stuttgart 1983, S. 23
3 Vgl. mit zahlreichen zeitgenössischen Aufnahmen vom K I: Technische Universität Stuttgart (Hg.): *Das Hochhaus der Fakultät für Bauwesen.* Stuttgart 1961

4 Heinle, Wischer und Partner/Stuttgart (Projektleitung: Monika Horn, betreuender Partner: Winfried Schmidbauer/Stuttgart)
5 Heinle, Wischer und Partner/Stuttgart (Projektleitung: Monika Horn, betreuender Partner: Winfried Schmidbauer/Stuttgart)
6 Szymczyk-Eggert, Elisabeth: „Das Kollegiengebäude I der Universität Stuttgart." In: *Architektenblatt Baden-Württemberg.* 23/1991, S. 187–191

Die Gebäude verstehen – Denkmal- und Klimaschutz mit transdisziplinären Konzepten vereinen

Oskar Spital-Frenking

In Trier steht ein „Strohhaus". Die Sohlplatte und die Wände bestehen aus Strohballen, die Decke aus Holzbalken und Stroh, es ist mit Lehm verputzt. Der Energieverbrauch bei der Herstellung der Baustoffe ist minimal, die Konstruktion verblüffend und, gemessen an unserer heutigen Bautechnik, erschreckend einfach. Die Wärmedämmeigenschaften sind konkurrenzlos gut, das Material ist konkurrenzlos preiswert. Wenn es nicht mehr gebraucht wird, kann es ein Agrarökonom wieder dem Kreislauf der Bearbeitung landwirtschaftlichen Nutzbodens zuführen. 2004 sollte das Haus auf Wunsch der Bauaufsicht abgerissen werden, stattdessen wurde es 2006 Bundessieger im „Bundeswettbewerb Energiesparmeister" und wird noch immer bewohnt.

Heute stehen viele Bauten der *Nachkriegsmoderne* vor dem Abriss[1] oder werden so saniert, dass sie ihren eigenen Charakter völlig verlieren. Ein Beispiel hierfür ist das Haus der Glasindustrie, nach Plänen von Bernhard Pfau 1949–51 in Düsseldorf erbaut, das nach einer Fassadensanierung nicht mehr wiederzuerkennen war.[2] Durch die energetische Ertüchtigung von Bestandsgebäuden – meist Dämm- und Dichtmaßnahmen, resultierend aus einseitigem „Wollmützendenken"[3] – hat sich das Bild unserer Städte und Dörfer in den letzten Jahren stark verändert. Neben dem bekannten Imageproblem der Epoche und einer altersgemäßen Abnutzung sind Klimaschutz und Energieeffizienz die gängigsten Motive für diese rigorose Vorgehensweise. Den heute gültigen Normen zur Energieeinsparung und zum Brandschutz können die Gebäude nicht mehr genügen. Dass sich die Gesetzeslage hier permanent ändert, macht die Rahmenbedingungen für Bauherren und Architekten, die das baukünstlerische Erbe erhalten wollen, nicht einfacher. Die Nachkriegsarchitektur entspricht zwar nicht den heutigen Normen, jedoch werden die Normen dieser besonderen Epoche auch nicht gerecht. Viele der Gebäude sind in funktionaler Sicht noch nahezu fehlerfrei.

Bilden der Wunsch nach Erhaltung der Baudenkmale und der Schutz des Klimas ein Gegensatzpaar, das sich nicht versöhnen lässt? Die Regelwerke erlauben eine individuell konzeptionierte, von der Norm abweichende, gleichwohl gut begründete Vorgehensweise wie beim Strohhaus auch beim Denkmal. Diese Möglichkeit allerdings wird beim Umgang mit historischer Bausubstanz, die ein Teil unserer Identität ist, häufig nicht genutzt. In diesem Aufsatz wird die These aufgestellt, dass sich der scheinbare Widerspruch durch transdisziplinäre, ganzheitliche Konzepte lösen lässt. Dazu nun zwei konkrete Beispiele aus unserem Büro.

Die erste Volkshochschule in Deutschland: das Adolf-Grimme-Institut in Marl

1 Das Adolf-Grimme-Institut in Marl vergibt jährlich den renommierten Grimme-Preis. Das Gebäude wurde 1954/55 von dem Architekten Günther Marschall geplant und errichtet. Es trug früher den schönen Namen „Die Insel" und beherbergte die erste Volkshochschule in Deutschland. Die besonderen Qualitäten dieses Gebäudes liegen in der lichten Architektur, die sich um

2 einen Innenhof entwickelt und starke Bezüge zu den Außenräumen sucht.

2

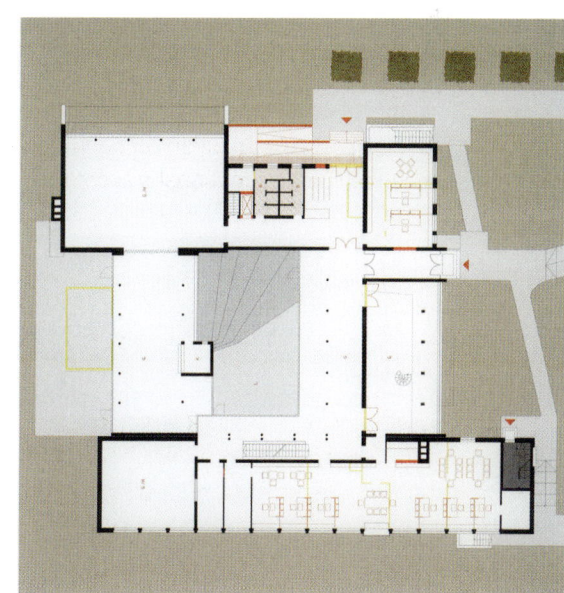

1 Marl, Adolf-Grimme-Institut, Eingangsfront der „Insel", Günther Marschall 1955

2 Marl, Adolf-Grimme-Institut, Grundriss EG

Die schlanke Konstruktion der großen Glaselemente ist für die Architektur von grundlegender Bedeutung. Zum Zeitpunkt der Auftragsvergabe, der Bestandsanalyse und der Bewertung des Status Quo war das ursprüngliche Konzept des Architekten allerdings nicht mehr erkennbar: Die Glasfassaden waren verbaut oder mit Vorhängen versehen worden.

Das Gebäude wurde aus massivem Sichtmauerwerk gebaut, die Wände sind nicht gedämmt. Große Teile der Fassade bestehen aus einer nicht thermisch getrennten Pfosten-Riegel-Konstruktion aus Stahl. Der Bauherr berichtete uns, dass die Räume im Sommer völlig überhitzt seien. Zudem gab es Rostschäden an den Stahlkonstruktionen in Folge von Kondensatbildung. Es waren jedoch keine Schadstoffe und Kontaminationen am Denkmal festzustellen.

Die Qualitäten der Architektur wieder erlebbar machen

In Abstimmung mit dem Bauherrn entwickelten wir die primäre denkmalpflegerische Zielsetzung, die ursprünglichen Qualitäten der Architektur wieder erlebbar zu machen. Zwar sollten die bestehenden Probleme gelöst und die Dämmeigenschaften des Hauses verbessert werden, gleichzeitig aber

3 Marl, Adolf-Grimme-Institut, Tagesräume, Zustand: 2005

3

der eigene Charakter des Gebäudes, die historischen Konstruktionen und Baumaterialien so weit wie möglich erhalten bleiben. Statt starker Einschnitte in die Bausubstanz sollten daher Maßnahmen gewählt werden, die das dem Gebäude immanente Potenzial optimal nutzen. Auf Basis dieser Überlegungen und Vorgaben begannen wir mit der Entwicklung des Entwurfskonzepts und der Detaillierung.

Die Wärmedämmeigenschaften entsprechen zwar nicht der aktuell gültigen Energiesparverordnung, wurden aber in der Gesamtbetrachtung und -berechnung als vertretbar bewertet. Unsere Untersuchungen zeigten, dass es sich um einen monolithischen massiven Klinkersteinaufbau mit Sichtmauerwerk außen handelte, der eine sehr gute Wärmespeicherfähigkeit aufwies. Daher entschlossen wir uns bei den energetischen Sanierungsmaßnahmen für einen „sanften" Weg. Die Außenwände dämmten wir nicht zusätzlich, dafür wurde am Dach eine weitere Dämmebene aufgebracht. Auf die Detaillierung der Dachrandausbildung legten wir besonderes Augenmerk, um eine gröber wirkende Attikaansicht zu vermeiden: Nach drei Beprobungen war ein akzeptables Ergebnis erreicht. Wo Fenster aus der Bauzeit noch existent waren, blieben sie erhalten. Neuere Fenster ersetzten wir durch Fenster mit heutigem Standard. Die großen Stahl-Glas-Fassaden besaßen noch die bauzeitliche Stahlkonstruktion. Die Gläser selbst waren allerdings bereits einmal ausgetauscht worden. Diese wurden ersetzt durch neue Gläser mit heutigen Wärmedämmeigenschaften. Die thermisch getrennte Pfosten-Riegel-Konstruktion wurde dabei aber beibehalten. Durch eine Temperierung, bei der dünne, Warmwasser führende Stahlrohre innenseitig auf die Stahlkonstruktion aufgelegt wurden, ertüchtigten wir sie thermisch gegen Kondensatbildung. Diese Temperierung funktioniert sehr gut und macht im Foyer sogar die bisherigen Radiatoren überflüssig.

3

Statt Klimaanlage Sonnenschutz

Auf eine Klimatisierung oder Kühlung der Räume verzichteten wir. Eine Klimaanlage hätte einen erheblichen technischen Aufwand bedeutet – eine komplizierte Kanalführung für die Luftströme eingeschlossen, die in einem Denkmal selten problemlos geleistet werden kann. Die einfachere und in den Betriebs- und Unterhaltungskosten wesentlich günstigere Lösung waren neu angebrachte, außen liegende Sonnenschutzeinrichtungen, die problemlos in die Gebäudefigur integriert werden konnten. Bereits existierende Lüftungsanlagen verbesserten wir entsprechend den Möglichkeiten der heutigen Technik.

Im Spannungsfeld zwischen maximaler energetischer Ertüchtigung einerseits und dem Erhalt des kulturellen Erbes andererseits haben wir uns hier für den Mittelweg entschieden. Aus funktionaler Sicht konnten alle bestehenden Probleme beseitigt werden. Die energetische Bilanz wurde durch Maßnahmen verbessert, welche die architektonischen Qualitäten des Adolf-Grimme-Instituts nicht zerstörten. Es hat seinen einzigartigen lichten „Inselcharakter" behalten. Das Gebäude wird weiter täglich genutzt, das Raumklima ist angenehm, die Menschen fühlen sich darin wohl. Für die Sanierung hat das Gebäude eine BDA-Auszeichnung sowie den Denkmal-Preis 2009 des Landes Nordrhein-Westfalen erhalten.

Die Geschwister-Scholl-Gesamtschule in Lünen von Hans Scharoun

Ein weiteres Beispiel für den möglichen Umgang mit den Besonderheiten der Nachkriegsmoderne ist die Geschwister-Scholl-Gesamtschule in Lünen, die unser Büro derzeit instand setzt. Der Bau wurde in der Zeit von 1956 bis 1962 nach Plänen von Hans Scharoun als Gymnasium für Mädchen errichtet. Die gegenwärtige Sanierung, die im Rahmen eines Investitionspakts durch den Bund, das Land Nordrhein-Westfalen und die Stadt Lünen sowie durch die Wüstenrot Stiftung unterstützt wird, zielt auf Maßnahmen zur energetischen Gebäudeertüchtigung. Bei der Planung und Umsetzung sind daher nicht nur denkmalpflegerische Wünsche zu beachten. Es muss auch geklärt werden, wie das Gebäude unter energetischen Aspekten saniert werden kann.

Architektonisch meisterhaft, energetisch ein Fiasko

Viele Menschen reisen nach Lünen, um den einzigartigen Scharoun-Bau zu sehen und sind schon auf den ersten Blick begeistert. Noch heute wird er als Schulgebäude genutzt, das Konzept des Architekten wird von Schülern wie Lehrern gelobt und angenommen. Es besteht aus räumlich sehr differenziert ausgebildeten Klassen: „Die Grundlage dieser Schule ist die ‚Schulwohnung', in der die Klasse gewissermaßen die zweite Familie bildet, um so das Wesen der ‚sozialen' Familie, neben der biologischen Familie des Elternhauses zu erfahren"[4], so erklärte Hans Scharoun 1960 bei einem Vortrag in Mailand sein Konzept. Diese in der Regel eingeschossigen, in der Höhe gestaffelten Gebilde sind jeweils mit einem eigenen Außenraum, dem Klassengarten, versehen. Die Verbindungen zwischen den Klassenwohnungen bilden spannungsvolle Verkehrswege, die vielfältig wie Straßen in einer Stadt angelegt sind und eine Vielzahl an räumlichen Erlebnisangeboten bieten. Für die Nutzung als Schule ist diese Architektur beispielhaft.

4/5

Nach energetischen Maßstäben bewertet, handelt es sich allerdings um ein Fiasko. Das Gebäude mit seinen unzähligen Ecken und Verwinkelungen, mit den Überschneidungen von Baukörpern, mit seiner Weitläufigkeit hat ein äußerst ungünstiges Verhältnis von Hüllfläche zum Raumvolumen. Die Bauteile sind schlecht bis gar nicht gedämmt, die Fenster haben keine Isolierverglasungen. Ist es energetisch überhaupt zu verantworten, die Scharoun-Schule weiter zu betreiben? Hier ist nun ein anderer Aspekt zu beachten, der über die singuläre Betrachtung des Einzelgebäudes hinausgeht. Die Scharoun-Schule ist an das Fernwärmenetz der Stadt Lünen angeschlossen. Diese Energieversorgung ist so fortschrittlich konzipiert, dass sie mit dem Primärenergiefaktor 0,17 zu bewerten ist, der sonst nur bei Verwendung von Blockheizkraftwerken in Kombination mit regenerativen Energien oder

4

4 Lünen, Geschwister-Scholl-Gymnasium, Hans Scharoun 1958–1962, Ansicht

5 Lünen, Geschwister-Scholl-Gymnasium, Hans Scharoun 1958–1962, Grundriss Erdgeschoss

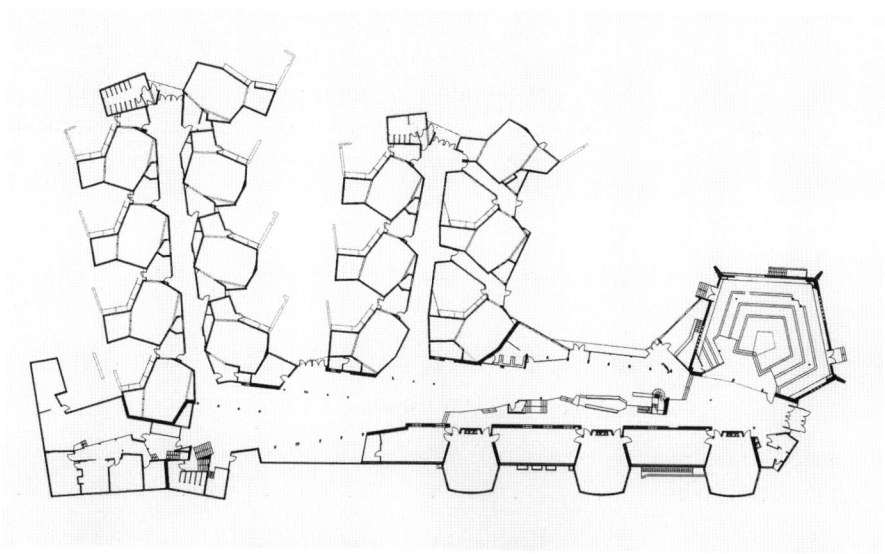

5

Müllverbrennungsanlagen erreicht werden kann. Der Primärfaktor bei der Verwendung von fossilen Brennstoffen liegt bei 1,0. Durch dieses intelligente Konzept der Energieerzeugung liegt der Primärenergieverbrauch auch bei der Scharoun-Schule unter den geforderten Werten. Für unser Büro galt es, die bescheidene Energiebilanz des Gebäudes zu verbessern.

Analyse: trotz schlechten Pflegezustands kaum Schäden

Es war sehr schnell offensichtlich, dass eine Dämmung der Außenwände, ob außen- oder innenseitig eingebaut, bei diesem Gebäude nicht der richtige Weg sein kann. Zum einen würden dadurch die für diese Architektur so wichtigen Gestaltungsdetails verloren gehen. In Abstimmung mit den Bauherren und Förderern des Projekts sollte dieses Architekturjuwel keinesfalls zur Unkenntlichkeit saniert werden, um Spitzenwerte in der Energieeinsparung zu erreichen. Zum anderen wäre eine solche Maßnahme infolge der komplexen Geometrie des Gebäudes und seines großen Hüllflächenanteils wirtschaftlich nicht vertretbar und auch nicht nötig. Eine aufwendige Dämmung des Gebäudes ergibt also auch unter dem Aspekt der Primärenergieeinsparung keinen großen Sinn.

Bei der Suche nach der richtigen Lösung haben wir uns nicht einseitig an Normwerten orientiert. Wir wollten zunächst verstehen, wie das Gebäude funktioniert und wo es seine persönlichen Problempunkte hat. Wie wichtig hier der Faktor Zeit ist, beschreibt Norbert Huse: „Beim ersten Besuch kann die Lünener Schule unübersichtlich wirken […]. Ihr innerer Zusammenhang entfaltet sich zu wesentlichen Teilen erst in der Zeit, wobei Scharouns Archi-

6

6 Lünen, Geschwister-Scholl-Gymnasium, Hans Scharoun 1958–62, Grundriss Klassenwohnung mit Darstellung der Lüftungskanäle im Boden

tektur mit ganz unterschiedlichen Zeiträumen rechnet: mit der Adoleszenz im Ganzen bei der Unterscheidung der Klassenwohnungen, mit dem Wechsel der Jahreszeiten bei der engen Verbindung von Innen- und Außenraum, mit den Tageszeiten bei der zweiseitigen Beleuchtung der Klassenräume."[5] Erstaunlicherweise befand sich das Gebäude bei unserer Bestandsaufnahme zwar in einem schlechten Pflegezustand, es waren aber fast keine Schäden festzustellen. Lediglich in den Klassenwohnungen gab es Tauwasserbildungen in Teilbereichen der Außenwände mit entsprechenden Schadensbildern.

Fortschrittliche Klimatechnik

Schon bei der Bestandsaufnahme stellte sich heraus, dass Scharoun ein für seine Zeit sehr fortschrittliches Heizsystem für die Klassenwohnungen geplant und ausgeführt hatte. Jede Klassenwohnung besaß einen eigenen Technikraum. In diesem Raum war ein gasbetriebenes Lüftungsgerät installiert, das über ein im Boden verlegtes Rohrleitungssystem erwärmte Luft zu den stark verglasten Fensterwänden und Außenwänden führte. Diese Luft strich an den Fenstern und Außenwänden vorbei und sorgte neben einem kontinuierlichen Luftaustausch im Klassenraum dafür, dass sich an bauphysikalisch schwachen Bauteilen kein Kondensat bilden konnte. Das gleiche System der Luftheizungen fand sich auch in den naturwissenschaftlichen Räumen, den Atelierräumen im Obergeschoss und in der Aula. Die übrigen Räume der Schule, wie zum Beispiel die Halle und die Flure, wurden über eine Vielzahl von Gasöfen beheizt.

Im Laufe der Zeit wurde die Schule, wie bereits erwähnt, an das Fernwärmenetz der Stadt Lünen angeschlossen. Während dieser Umstellung wurden die Gasöfen durch Heizkörper ersetzt, die Lüftungsanlagen auf Fernwärme umgestellt. In den 90er Jahren entfernte man die Lüftungsgeräte in den Klassenwohnungen und ersetzte sie ebenfalls durch Heizkörper. Dadurch konnten ein kontinuierlicher Luftaustausch sowie die Regelung der Luftfeuchtigkeit nicht mehr stattfinden. Genau in diesen Räumen gibt es heute Schäden durch Kondensatbildung. Diese Schäden sind somit nicht auf das ursprüngliche Bau- und Klimakonzept aus der Erbauungszeit des Gebäudes zurückzuführen.

Die Räume der Klassenwohnungen sind stark befenstert, im Bereich des hohen Klassenraumes sogar mit einem umlaufenden Oberlichtband. Die Verglasung war von Scharoun besonders konzipiert und auf die Bedürfnisse des Klassenbetriebes abgestimmt worden. Im Sichtbereich wurde einfaches Klarglas verwendet, ab einer bestimmten Höhe sowie im gesamten Oberlichtbereich aber eine Zweischeibenverglasung mit gesandstrahltem Glas auf der Außenseite und Pyramidialglas auf der Innenseite. Dadurch wurde eine Blendung und zu große Erhitzung durch direkte Sonneneinstrahlung verhindert und gleichzeitig ein hervorragend belichteter Unterrichtsraum erzeugt.

Ein ganzheitliches, an der Nutzung orientiertes Konzept

Was ist bei diesem Gebäude zu tun? Was ist möglich und was ist sinnvoll? Unsere Aufgabe sollte es sein, das gut funktionierende Gebäude mit Respekt vor der architektonischen Qualität so zu erhalten, dass es mit vertretbarem Aufwand beheizt und betrieben werden kann.

Wo also sind bei der Scharoun-Schule Energieeinsparungen möglich? Schnell wurde klar, dass das größte Potenzial in Räumen liegt, in denen unterrichtet wird. Also dort, wo sich Schüler und Lehrer am längsten aufhalten. Die größten Energieverluste in einer Schule entstehen in der Regel beim unkontrollierten Lüften der Unterrichtsräume. Auf einen Austausch der verbrauchten Luft kann aber keinesfalls verzichtet werden. Die Abhängigkeit von Raumlufthygiene und Aufnahme- und Leistungsfähigkeit der Schüler ist eindeutig belegt. Man ahnt, wie sich die Luft in einer Klasse nach einer Stunde verhält, wenn nicht gelüftet wird. Das meiste Einsparpotenzial liegt also hier bei der Regelung der Luftzufuhr – und nicht im Dämmen!

So betrachtet ist das Scharounsche Luftheizungskonzept gerade für unsere heutige Zeit sehr aktuell. In der Planung für die energetische Ertüchtigung des Gebäudes, die wir zusammen mit dem Ingenieurbüro Kahlert aus Haltern und dem Ingenieurbüro e2-Energieberatung aus Essen entwickelt haben, greifen wir es deshalb auf und verbessern es entsprechend unseren heutigen Möglichkeiten. Diese ganzheitliche Vorgehensweise orientiert sich – wie jene von Scharoun – stark an der Nutzung des Gebäudes.

Die Technikräume der Klassenwohnungen werden wieder mit einem Lüftungsgerät pro Klasse ausgestattet. Diese Geräte verfügen nun aber über eine Wärmerückgewinnung mit einem Wirkungsgrad von über 90 Prozent. Die Steuerung erfolgt neben der Temperatur und der Luftfeuchtigkeit über den CO_2-Gehalt der Luft und gewährleistet so neben der Energieeinsparung eine optimale Raumlufthygiene für den Unterrichtsbetrieb.

Der Austausch der historischen Bauteile – nicht immer sinnvoll

Begleitend zu der Neuinstallation der Luftheizungsanlagen werden Bauteile dort, wo es möglich ist, bauphysikalisch ertüchtigt. So werden die zweischeibigen Oberlichtverglasungen, bei denen ein Großteil der Gläser bereits in jüngerer Zeit ausgetauscht worden war, durch Isolierverglasungen ersetzt, die aus baugleichen Gläsern hergestellt werden. Dort, wo die bauzeitliche Verglasung noch anzutreffen ist, bleibt diese allerdings erhalten. Im Sichtbereich waren die bauzeitlichen Gläser bereits durch Sicherheitsverglasungen in Form von Einfachverglasungen ausgetauscht worden. Diese werden nun durch dünne Isolierverglasungen unter Erhalt der bauzeitlichen Fensterrahmen ersetzt.

Auch Teile der Flachdächer müssen erneuert werden. Im Zuge dieser Maßnahmen wird eine hochwertige neue Dämmung eingebaut, unter Beibehaltung der Aufbaustärke des Dachaufbaus. Die Anschlusspunkte zum Beispiel an den Oberlichtverglasungen erlauben keine stärkere Dämmung, da diese

7

194

7

7 Lünen, Geschwister-Scholl-
Gymnasium, Hans Scharoun 1958–62, Klassenwohnung nach Probeinstandsetzung, 2010

Oberlichter einen wesentlichen, unverzichtbaren Bestandteil der Architektur bilden.

Andere Bauteile, wie die wellenförmigen Oberlichtverglasungen aus Skobalit in der Halle und den Fluren, erfahren keine Ertüchtigung. Warum tauschen wir dieses offensichtlich bauphysikalisch schwache Bauteil nicht aus? Zum einen gibt es gerade in diesen Bereichen keinerlei Bauschäden. Also scheint das Gebäude in seiner Materialität damit gut zu funktionieren. Zudem wird die zukünftige Nutzung keine andere sein als die bisherige – Verkehrsfläche und Pausenraum für die Schüler bei schlechtem Wetter. Es ist also auch in Zukunft kaum damit zu rechnen, dass sich Bauschäden einstellen werden, zumal die Skobalit-Elemente nicht luftdicht eingebaut wurden. Der so erzeugte kontinuierliche Luftaustausch trägt dazu bei, den Luftfeuchtigkeitshaushalt auf einem unschädlichen Niveau zu halten. Wir haben berechnen und simulieren lassen, was beim Einsatz von bauphysikalisch hochwertigen Materialien bzw. Verglasungen entsprechend unserer heutigen technischen Möglichkeiten passieren würde. Die Konsequenz wären erhebliche Probleme in den angrenzenden Bauteilen, die dann als die bauphysikalisch schwächsten Bereiche wirksam würden. Es könnten daher nur weniger gut dämmende Ersatzbaustoffe eingesetzt werden. Die berechneten Energieeinsparungen würden in dem Fall weniger als 2000 Euro pro Jahr betragen – bei einem Aufwand, der für den Einbau der neuen Elemente einschließlich der damit notwendigen Umrüstung der Anschlussdetails bei einer knapp sechsstelligen Summe liegen dürfte. Aufwand und Einsparpotenzial lägen somit in keinem sinnhaften Verhältnis.

Zeit für die Sanierungsplanung

Der Versuch, ein Denkmal den Anforderungen von Gegenwart und Zukunft anzupassen, ist eine schwierige Aufgabe. Energieeinsparung, die Umsetzung moderner Erkenntnisse auf dem Gebiet des Brandschutzes, veränderte oder neue Nutzungen bedingen den Eingriff in die historische Bausubstanz. Doch ein Denkmal ist vor allem anderen ein befragbarer, aussagekräftiger Beleg unserer Geschichte. Dies gilt auch – und in der Architektur vielleicht sogar in besonderem Maße – für seine künstlerischen Merkmale. Bei der energetischen Sanierung von denkmalgeschützten Gebäuden können und dürfen die Möglichkeiten des Energieeinsparens nicht die einzige Prämisse des Handelns sein. Die baukünstlerischen Qualitäten eines Denkmals sind mindestens gleichwertig, wenn nicht sogar vorrangig zu beachten und zu respektieren. Ihre Vorzüge offenbaren viele Gebäude, die im Laufe der Zeit einen gewissen Abnutzungsgrad erreicht haben, erst „auf den zweiten Blick". Daher sollte den einzelnen Denkmälern zunächst mit Respekt und Offenheit begegnet werden. Es sollte versucht werden, unterschiedliche Qualitätsansätze und Sichtweisen auf die handwerkliche Bauweise, Nutzbarkeit oder Ästhetik zuzulassen. Um die Intention des Architekten, das Gebäude und sein Potenzial wirklich zu verstehen, sollten sich Sanierungsplaner für den Einzelfall Zeit nehmen.

Durch transdisziplinäre Konzepte, welche die Authentizität der Gebäude berücksichtigen und versuchen, die ursprüngliche Intention des Architekten zu verstehen, sind individuelle Lösungen möglich. Nur so sind Nachhaltigkeit, Denkmalschutz und Energieeffizienz vereinbar.

Anmerkungen

1 Buttlar, Adrian von: „Gefährdete Nachkriegsmoderne – Eine Forschungs- und Vermittlungsaufgabe". In: Ders./Heuter, Christoph (Hg.): *denkmal!Moderne. Architektur der 60er Jahre – Wiederentdeckung einer Epoche.* Berlin 2007, S. 12–27

2 Durth, Werner/Gutschow, Niels: *Architektur und Städtebau der fünfziger Jahre.* Hg. Deutsches Nationalkomitee für Denkmalschutz. Bonn 1987, S. 19 (= Schriftenreihe des Deutschen Nationalkomitees für Denkmalschutz, Bd. 33)

3 Pfeifer, Günter: „Das Klima als Raum". In: *Der Architekt.* 4/2010, S. 25

4 Pfankuch, Peter (Hg.): *Scharoun, Hans, Bauten, Entwürfe, Texte.* Berlin 1993, S. 252 (= Schriftenreihe der Akademie der Künste Band 10)

5 Huse, Norbert: „[Scharoun] In der Bundesrepublik". In: Hoh-Slodczyk, Christine u.a. (Hg.): *Hans Scharoun – Architekt in Deutschland, 1893–1972.* München 1992, S. 84f.

Danksagung

Die Organisation zweier Tagungen und die Herausgabe einer nachfolgenden Publikation sind nur im Zusammenspiel vieler Mitwirkender möglich. Vor allem richtet sich der Dank an die Fakultät Architektur, Bauingenieurwesen und Umweltwissenschaften der Technischen Universität Braunschweig und an einzelne ihr angeschlossene Institute für die große Unterstützung: Institut für Baukonstruktion, Institut für Bauwerkserhaltung und Tragwerk, Institut für Mediales Entwerfen, Institut für Bau- und Stadtbaugeschichte, Institut für Städtebau und Landschaftsplanung, Institut für Tragwerksplanung. Auch ohne die Geschäftsführerin der Fakultät, Ina Müller, die zwischen den administrativen Ebenen koordinierte, hätte das Buchprojekt nicht realisiert werden können.

Besonders zu danken ist der Wüstenrot Stiftung, die durch eine großzügige Zuwendung die Finanzierung von Tagungen und Publikation sicherstellte. Darüber hinaus gilt der Dank Prof. Michael Szyszkowitz und Bernd Ax für die Aufnahme der Abendvorträge in die „Architekturpositionen", eine vom Institut für Gebäudelehre und Entwerfen organisierten Vortragsreihe zu aktuellen Architekturthemen. Dank richtet sich auch an den Braunschweiger Alumni-Verein „Cloud Club" für seine Kooperationsbereitschaft, ebenso an Henri Greil, der die Fäden der Öffentlichkeitsarbeit seitens des Departments Architektur in den Händen hielt. Schließlich sind es die studentischen Hilfskräfte einzelner Institute, die als fleißige Helfer im Hintergrund agierten, hier sind allen voran Kim Rosebrock und Luisa Held zu nennen.

Gedankt sei auch den vielen, teilweise von weither angereisten Tagungsgästen aus dem In- und Ausland, welche die Diskussion ungemein befördert haben. Ebenso den Moderatoren der Tagung, namentlich Falk Jaeger und Jürgen Tietz für die Podiumsdiskussionen sowie Ulrich Knufinke, Gunnar Schulz und Sebastian Hoyer für die Themensektionen. Letzterer betreute textbegleitend zudem die Bildbeiträge, übernahm – dort wo erforderlich – die digitale Bearbeitung und ergänzte das Buch durch zahlreiche eigene Bildvorlagen. Auch dem Institut Heidersberger, vertreten durch Bernd Rodrian, ist für großzügige Unterstützung hinsichtlich des Bildmaterials zu danken.

Nicht zuletzt richtet sich der Dank auch an Marika Schmidt: Die Idee zur Diskussion, zu Tagungen und Buch „Nachkriegsmoderne kontrovers" entwickelte der Herausgeber in einem gemeinsamen Gespräch während einer Zugfahrt zwischen Berlin und Braunschweig.

Zum Schluss dankt der Herausgeber dem Verleger Jochen Visscher, in dessen Verlag das vorliegende Buch erscheinen konnte, und seinem Team. Natürlich sei auch den Autoren, die an dem vorliegenden Werk mitgewirkt haben, an dieser Stelle besonders gedankt.

Viele weitere Personen und Institutionen haben mit ihrem Engagement ganz wesentlich zum Gelingen von Tagungen und Buchprojekt beigetragen: Natalja Ansmann (TU Braunschweig), Christian Behnke (TU Braunschweig), Bernhard Binder (Berlin), Prof. Uwe Brederlau (TU Braunschweig), Prof. Dr. Adrian von Buttlar (TU Berlin), Dr.-Ing. Mark Escherich (Bauhaus-Universität Weimar), Jens Giesecke (Karsten K. Krebs Architekten, Hannover), Steffen Hirsch (Stuttgart), Prof. Matthias Karch (TU Braunschweig), Kai Kühmichel (Gelsenkirchen), Regina Eckhoff, (TU Braunschweig), Dr.-Ing. Klaus Graupner (Dresden), Dr. Markus Hundemer (BLfD, München), Prof. Werner Kaag (TU Braunschweig), Dr. Gerhard Kabierske (SAAI, Karlsruhe), Christa Kopp (LDA Baden-Württemberg, Tübingen), Christina Krafczyk (TU Braunschweig), Prof. Lore Kramer (Frankfurt a. M.), Prof. Dr. Karl Bernhard Kruse (TU Braunschweig), Renate Müller-Steinweg (Staatliches Baumanagement, Braunschweig), Klaus Oberdiek (Universitätsarchiv, TU Braunschweig), Rainer Ottinger (O.M. Architekten, Braunschweig), Annerose Schnürch (BLfD, München), Gergana Stefanova (Archiv O.M. Ungers, Köln), Dr. Michael Ruhland (LDA Baden-Württemberg, Tübingen), Sebastian Tokarz (KSP – Jürgen Engel Architekten, Braunschweig – Frankfurt), Gerhard Tjarks (Tjarks+Wiethüchter Architekten, Braunschweig), Prof. Gerhard Wagner (TU Braunschweig/Köln), Burkhard Warnecke (TU Braunschweig), Claudia Wohlhüter (Augsburg), Michael Wrehde (Universitätsarchiv, TU Braunschweig) sowie den Mitwirkenden am Netzwerk Braunschweiger Schule, u.v.a.

Autorenverzeichnis

Berthold Burkhardt, *1941 in Stuttgart, Architektur- und Ingenieurstudium in Stuttgart und Berlin, Professur für Tragwerksplanung Technische Universität Braunschweig, Forschungsschwerpunkte: Leichtbau, Natur und Technik, Geschichte der Leichtkonstruktionen, Konstruktionen des 20. Jahrhunderts, Büro mit Martin Schumacher in Braunschweig mit den Schwerpunkten Denkmalpflege und Leichtbau, Mitglied bei ICOMOS, docomomo, Koldewey Gesellschaft, Europa Nostra; Publikationen: *Scharoun, Haus Schminke, Die Geschichte einer Instandsetzung.* Stuttgart/Zürich 2002 (Herausgeberschaft); „Das ehem. Arbeitsamt von Walter Gropius, 1928–29 und weitere Instandsetzungen". In: Graf, Franz/Albani, Francesca (Hg.): *Glass in the 20th Century Architecture: Preservation and Restoration.* Mendrisio 2011.

Astrid Bornheim, Dipl.-Ing. Architektin, *1969, Architekturstudium an der TU Braunschweig bei Berthold Penkhues, an der TU Wien bei Peter Cook und in der Meisterklasse von Wolf D. Prix an der Hochschule für Angewandte Kunst in Wien, Stipendiatin der Akademie Schloss Solitude, der Jürgen Ponto Stiftung und der Stadt Padua. Astrid Bornheim Architektur 2001 in Berlin als multidisziplinär arbeitende Werkstatt für Architektur, Landschaft und Innenraum gegründet, mehrfach mit internationalen Preisen ausgezeichnet. Ausstellungen u.a. im *DAZ* Berlin, auf der *Art Zürich*, in der *Architektur Galerie Berlin* und der *Weißenhofgalerie Stuttgart*. Astrid Bornheim unterrichtet Entwurf und Theorie des experimentellen Entwerfens an der TU Braunschweig und an der Nottingham School of Architecture in London. Zahlreiche Wettbewerbserfolge, darunter der Archäologiepark in Erftstadt und das Bibliotheksmuseum der Staatsbibliothek Unter den Linden in Berlin.

Jürgen Engel, Dipl.-Ing. SM Arch./MIT Architekt BDA, *1954 in Düsseldorf, 1974–80 Studium an der TU Braunschweig, ETH Zürich, RWTH Aachen, 1980–82 Massachusetts Institute of Technology MIT, Cambridge (USA), 1982–86 Erich Schneider-Wessling Architekten, Köln, 1986–89 Niederlassungsleitung O. M. Ungers, Frankfurt, seit 1990 Geschäftsführung KSP Architekten, seit 1998 gemeinsames Büro mit Michael Zimmermann, seit 2009 alleiniger geschäftsführender Gesellschafter. Das Spektrum der Arbeiten von KSP Jürgen Engel Architekten reicht vom Städtebau über alle Aufgaben- und Themenbereiche des Hochbaus bis zum Produktdesign sowie immobilienspezifische Dienstleistungen wie Consulting, Generalplanungen, Studien und Gutachten.

Olaf Gisbertz, Dr. phil., M.A., *1965 in Münster/W., Studium der Kunstgeschichte, Volkskunde, Städtebau in Marburg a.d.L. und Bonn, 1993 Magister Artium, 1997 Promotion mit einer Arbeit zu „Bruno Taut und Johannes Göderitz in Magdeburg", 1998–2005 Ausbildung zum PR-Referenten, Berater in namhaften Berliner Werbeagenturen, außerdem wissenschaftlicher Angestellter/freier Mitarbeiter der RWTH Aachen und Deutschen Stiftung Denkmalschutz, seit 2005 wissenschaftlicher Mitarbeiter am Institut für Bau- und Stadtbaugeschichte, Fachgebiet „Geschichte + Theorie der Architektur und Stadt" (gtas) bzw. Baugeschichte der TU Braunschweig, Mitkurator der Ausstellung „Gesetz und Freiheit. Der Architekt Friedrich Wilhelm Kraemer" mit Stationen in Braunschweig, Berlin, Düsseldorf und Hannover, Gründungsvorsitz Netzwerk Braunschweiger Schule e.V., zahlreiche Publikationen, 1994–96 Stipendiat der Graduiertenförderung Nordrhein-Westfalen, 2002 Theodor-Fischer-Preis (ZI, München).

Astrid Hansen, Dr. phil., *1965 in Darmstadt, Studium der Kunstgeschichte, Klassischen und Christlichen Archäologie in Frankfurt, Bonn und Marburg a.d.L. 1997 Promotion in Marburg mit einer Arbeit über Ferdinand Kramers Universitätsbauten in Frankfurt am Main, seit 1998 in der Denkmalpflege tätig, Oberkonservatorin im Landesamt für Denkmalpflege Schleswig-Holstein, Lehrtätigkeit an den Universitäten u.a. in Marburg und Kiel, Mitglied des Deutschen Werkbundes Hessen e.V. und der Deutschen Akademie für Städtebau und Landesplanung, zahlreiche Aufsätze zur Architektur des 20. Jahrhunderts, gemeinsam mit Nils Meyer: *Universität als Denkmal. Der Campus der Christian-Albrechts-Universität zu Kiel*. Kiel 2011.

Monika Horn, Dipl.-Ing. Innenarchitektin BDIA, *1957 in Aalen, Studium an der Staatlichen Akademie der bildenden Künste Stuttgart und der Universität Stuttgart, Diplom 1981, Architektin bei Heinle Wischer und Partner, Schwerpunkte Projektleitung, Entwurf, Ausführungsplanung, Bauleitung, tätig in den Bereichen Neubau und Sanierung, Krankenhaus- und Verwaltungsbau, Bauten für Forschung und Lehre (national und international), 1993 Hugo- Häring-Preis Landratsamt Pforzheim, 2005 BDA-Preis Wohnhaus Engels Ulm, Lehrtätigkeiten an der Staatlichen Akademie der bildenden Künste und der Hochschule für Technik Stuttgart.

Ira Diana Mazzoni, M.A., *1960 in Wiesbaden, Studium der Germanistik, Kunstgeschichte und Theaterwissenschaften an der Johannes-Gutenberg-Universität Mainz und an der Ludwig-Maximilian-Universität München. Freie Journalistin mit Spezialisierung auf baukulturelle Themen (Architektur, Denkmalpflege, Landschaftsplanung und Städtebau) u.a. im Feuilleton der *Süddeutschen Zeitung* sowie in Architektur-Fachzeitschriften wie der *Deutschen Bauzeitung*. Ausgezeichnet mit dem Deutschen Preis für Denkmalschutz (Journalistenpreis) 2004 und dem Literaturpreis des DAI (Verband Deutscher Architekten- und Ingenieurvereine e.V.) 2011. Zahlreiche Publikationen, zuletzt u.a.: „Geschichtsvergessen und bildbesessen. Rekonstruktionen und die Krise der Denkmalpflege". In: Meier, Hans-Rudolf/Scheurmann, Ingrid (Hg.): *DenkmalWerte. Beiträge zur Theorie und Aktualität der Denkmalpflege.* München 2010, S. 101–107.

Andreas Oevermann, Dipl.-Ing. Architekt, *1961, 1982–1991 Architekturstudium TU Braunschweig/AA London, 1991–1992 Architekt bei Schweitzer & Partner, Braunschweig, 1992–1996 Architekt bei Maedebach & Redeleit, Berlin, 1994–1999 Wissenschaftlicher Mitarbeiter am Institut für Grundlagen des Entwerfens, Prof. G. Auer, Fachbereich Architektur der TU Braunschweig, 1996–2010 Partner dko architekten, Berlin, seit 2002 Professor (Verw.) für Entwerfen und Darstellen, Jade Hochschule Oldenburg, 2011 Bürogründung architectureRelated+, zahlreiche Bauten und Projekte, unter anderem mit Astrid Bornheim Architektur, Aufsätze, Vorträge und Publikationen in verschiedenen Medien, zuletzt Herausgeber des Buches *1zu1 Bauworkshops SS04-10*. Oldenburg 2011.

Wolfgang Pehnt, Prof. Dr.,*1931 in Kassel, Studium an den Universitäten Marburg, München, Frankfurt am Main, 1957–63 Lektor im Verlag Gerd Hatje, Stuttgart, 1963–95 Redakteur und Leiter der Abteilung Kunst und Literatur im Deutschlandfunk, Köln, 1995–2009 Architekturhistoriker an der Ruhr-Universität Bochum, Mitglied Akademie der Künste, Berlin, Bayerische Akademie der Schönen Künste, München, Nordrhein-Westfälische Akademie der Wissenschaften und Künste, Düsseldorf, zahlreiche Auszeichnungen, zuletzt 2009 Deutscher Preis für Denkmalschutz (Karl-Friedrich-Schinkel-Ring). Publikationen u.a.: *Die Architektur des Expressionismus* (3. Aufl. 1998), *Deutsche Architektur seit 1900* (2005, 2006), Monografien über Karljosef Schattner, Rudolf Schwarz, Gottfried Böhm, Hans Poelzig (mit Matthias Schirren); Co-Kurator internationaler Ausstellungen über Rudolf Schwarz (1997–2000) und Hans Poelzig (2007–11).

Martin Schwacke, Dipl.-Ing., Architekt, *1960, 1980–1987 Architekturstudium an der Technischen Universität Braunschweig, 1987 Mitarbeit im Architekturbüro Kersten und Martinoff, Braunschweig, 1988–1992 Projektleiter in BSP Architekten, seit 1996 Gutachter- und Beratungstätigkeit, 1992–2000 Partner in BSP Baesler, Schmidt, Schwacke Architekten, 1999 Lehrbeauftragter der Fachhochschule Stralsund, 2000–2003 Dipl.-Ing. Architekt Martin Schwacke, 2003–2007 Referatsleiter Bauplanung, Flächenmanagement der Freien Universität Berlin, 2008–2010 Leiter der Abteilung Bau-, Anlagen- und Flächenmanagement der Charité Berlin; seit 2010 Leiter der Abteilung Gebäude- und Dienstemanagement der Technischen Universität Berlin.

Frederik Siekmann, Dipl.-Ing., Architekt, *1980, eigenes Büro in Schleswig-Holstein und seit 2007 wissenschaftlicher Mitarbeiter an der Technischen Universität Braunschweig im Lehrgebiet Baukonstruktion, Gründungsmitglied des Netzwerks Braunschweiger Schule, arbeitet an einer Gebäudemonografie über das „Hochhaus der Technischen Hochschule Braunschweig von Dieter Oesterlen".

Oskar Spital-Frenking, Prof. Dipl.-Ing., Architekt und Stadtplaner BDA, *1960 in Dortmund, Architekturstudium an der Universität Dortmund, Abteilung Bauwesen, Diplom bei Prof. J. P. Kleihues, seit 1994 eigenes Büro, seit 1998 in Partnerschaft mit Michael Schwarz, seit 1996 Professor an der FH Trier, FB Architektur. Zahlreiche Architekturauszeichnungen und Preise. Mitglied bei ICOMOS. Publikationen: *Architektur und Denkmal; Der Umgang mit bestehender Substanz; Entwicklungen, Positionen, Projekte.* Leinfelden-Echterdingen 2000.

Bernhard Weller, Prof. Dr.-Ing., * 1952, Studium Bauingenieurwesen in Aachen, Direktor des Instituts für Baukonstruktion an der Technischen Universität Dresden. Sven Jakubetz, Dipl.-Ing., *1978, Studium Bauingenieurwesen in Dresden, und Marc-Steffen Fahrion, Dipl.-Ing., *1984, Studium Bauingenieurwesen in Stuttgart, beide wissenschaftliche Mitarbeiter am Institut für Baukonstruktion. Forschungsschwerpunkte sind Bemessung, Konstruktion und Nachhaltigkeit von Glasfassaden. Zahlreiche Publikationen, zuletzt: Weller, Bernhard/Fahrion, Marc-Steffen/Jakubetz, Sven: *Denkmal und Energie*. Wiesbaden 2011.

Karin Wilhelm, Prof. Dr. phil. Mag. Art., *1947, Studium Kunstgeschichte, Philosophie und Soziologie in Heidelberg, München, Berlin und Marburg a.d.L., 1991–2001 Professorin für Kunstgeschichte, TU Graz, seit 2001 Professorin für Geschichte und Theorie der Architektur und Stadt, TU Braunschweig, 1994–1999 Mitglied des wissenschaftlichen Beirats Stiftung Bauhaus Dessau, seit 1999 Redaktionsbeirat der Zeitschrift *Der Architekt*, 2001–2010 Kuratoriumsmitglied „Internationale Bauausstellung Stadtumbau Sachsen-Anhalt 2010", 2011 Ernennung zum Mitglied der Braunschweigischen Wissenschaftlichen Gesellschaft. Zahlreiche Publikationen, u.a: *Walter Gropius – Industriearchitekt*. Wiesbaden/Braunschweig 1983; *Portrait Frei Otto. Architekten heute*. Berlin 1985; *Formationen der Stadt. Camillo Sitte weitergelesen*. Hg. mit D. Jessen-Klingenberg. Basel/Gütersloh/Berlin 2006 (= Bauwelt-Fundamente 132); *Gesetz und Freiheit. Der Architekt Friedrich Wilhelm Kraemer 1907–1990*. Hg. mit O. Gisbertz, D. Jessen-Klingenberg, A. Schmedding. Berlin 2007.

Carl Zillich, Dipl.-Ing. Architekt, *1972 in Darmstadt, aufgewachsen in Oldenburg (i. O.), Studium der Architektur und Stadtplanung an der Universität Kassel und der Columbia University New York, 2002–08 wissenschaftlicher Mitarbeiter am Institut für Geschichte und Theorie der Architektur an der Leibniz Universität Hannover, seit 2008 wissenschaftlicher Mitarbeiter der Bundesstiftung Baukultur in Potsdam, seit 2004 Realisierung eigener Architekturprojekte, seit 2006 Gastkritiken und Vorträge an Universitäten im In- und Ausland, Publikationen zu den Schnittstellen von Architektur und Kunst, zur Transparenz in der Architektur sowie zur zeitgenössischen Baukultur.

Bildnachweis

ADK Berlin: 191, Abb. 4
Adolf-Grimme-Institut, Marl (Archiv): 187, Abb. 1
Albrecht, Jürgen (Hg.): *Die Technische Hochschule Carolo-Wilhelmina zu Braunschweig: Festschrift zur Einweihung des Hochhauses*. Braunschweig 1956, S. 12: 91
Architekturbüro Spital-Frenking und Schwarz, Lüdinghausen: 187, Abb. 2; 191, Abb. 5; 192
Archiv Kramer, Frankfurt/M.: 62; Foto: Grieshaber: 63, Abb. 6
Archiv O. M. Ungers, Köln: 31, Abb. 8
Augustin und Frank Architekten, Berlin: 114, Abb. 5

Baukunst und Werkform, Heft 9, 1958, S. 492: 88
Bauhaus- Archiv Berlin/Foto: Atelier Bauer: Inv.-Nr. 6734/24: 13
Bayerisches Landesamt für Denkmalpflege (BLfD), München (Bildarchiv): 57, 59
Birtel, Pia (Lüdinghausen): 147, Abb. 6
Bolk, Florian (Berlin): 105
Braum, Michael/Welzbacher, Christian (Hg.): *Nachkriegsmoderne in Deutschland. Eine Epoche weiterdenken*. Basel/Boston/Berlin 2009, S. 106: Future Documentation/EO: 113
Bundespressearchiv (BPA): B 145 Bild-00013464/ Foto: Georg Munker: 23, Abb. 3; B 145 Bild-00076080/Foto: Georg Munker: 25
Burkhardt, Berthold (Braunschweig): 144, 145, Abb. 2; 146, 147, Abb. 5; 148, 149

Courtesy of OMA: 111, Abb. 2; Foto: Hans Werlemann: 111, Abb. 1

Franck, David/Eternit AG: 121, 123, 125, 126, Abb. 6 + 7

Gisbertz, Olaf (Braunschweig): 60, 61, 63, Abb. 7; 107, 156
González, Brigida (Stuttgart): 179, Abb. 1 + 2; 180, Abb. 4; 183, Abb. 6 + 7; 184
Günschel, Günter: *Architektonische Denkspiele*. Ausst.-Kat. Wenzel-Hablik-Museum, Itzehoe, 11.6.-25.7.1999, S. 19: 47

Hansen, Astrid (Kiel): 158, 160, 162,
Heinle, Wischer und Partner (Stuttgart): 181
Herbote, Arne (Braunschweig): 82
Hild, Jogi (Holzgerlingen): 180, Abb. 3
Hoyer, Sebastian (Braunschweig): 16

Institut für Baukonstruktion, Technische Universität Dresden: 169, 173, Abb. 5; 176
Institut Heidersberger, Wolfsburg / Foto: Heinrich Heidersberger: Umschlagvorderseite, 34, Abb. 10; 76, 79, 80, 81, Abb. 8; 86, 89, 93 (www.heidersberger.de)

Kremser, Engelbert (Potsdam): 46
KSP Jürgen Engel Architekten (Braunschweig, Frankfurt): 15, Abb. 3; 139

Landesamt für Denkmalpflege Schleswig-Holstein, Kiel: 159
LDA Baden-Württemberg, Referat 26 – Denkmalpflege/Fotoarchiv, Tübingen; 65, Abb. 9

Neumann, Sabine (Berlin): 104

May, Friedrich (Dresden): 173, Abb. 4; 174, 175,
Müller, Stefan (Berlin): 171

Partizipation. Alibi oder Grundlage demokratischer Planung. Ausst.-Kat. Bund Deutscher Architekten (BDA), Bonn 1971; S. 6: 45
Pehnt, Wolfgang (Köln): 50, 52,
Privatbesitz, Augsburg: 29
Privatbesitz, Berlin: 71
Profitopolis oder Der Mensch braucht eine andere Stadt. Ausst.-Kat. 29.11.-13.2.1972, Die Neue Sammlung. München 1971, S. 2: 42; S. 29. 55

Reipka, Dominik (Hamburg): 114, Abb. 4
Reiss, Mike (Alfeld a. L.): 167
Rübartsch, Carl-Otto/Eternit AG: 119, Abb. 1
Rübartsch, Carl-Otto/ Franck, David /Eternit AG: 119, Abb. 2

saai | Südwestdeutsches Archiv für Architektur und Ingenieurbau Karlsruhe: 145, Abb. 3; Werkarchiv Rolf Gutbrod/Foto: Bernhard Binder (Berlin): 65, Abb. 8
Schneider, Wolfgang (Hg.): *Die Technische Hochschule Braunschweig*. Berlin/Basel 1963, S. 100: 15, Abb. 4; S. 110: 77, Abb. 5
Schulze-Fielitz, Eckhard: *Stadtbausysteme I/II*, Stuttgart 1971/1973: 49
Schwarz, Eva (Dortmund): 188, 195
Siegel, Curt: *Strukturformen moderner Architektur*. München 1960, S. 39: 31, Abb. 9
Siekmann, Frederik (Braunschweig): 10
Der Spiegel (Hamburg): 23, Abb. 2; 26
Steinhausen, Friedemann (Potsdam): 129, 130
Der Stern (Hamburg): 31, Abb. 7

TU Berlin: 99
TU Braunschweig, Institut für Städtebau und Landschaftsplanung: 21

Universitätsarchiv der Technischen Universität Braunschweig (UniA BS): 77; Foto: Koehler: 87

Valentin, Jean Luc (Frankfurt): 136, Abb. 5 + 6
VG Bildkunst, Bonn / Foto: Merlin Bauer: 66
Vollmar, Bernd (München): 153, 154
Voss, Jürgen (Hannover): 132, 133

Weiß, Elke (TU Berlin): 100, 101, 102, Abb. 4 + 5

Zillich, Carl (Berlin): 116

Mit freundlicher Unterstützung von

Fakultät Architektur, Bauingenieurwesen und Umweltwissenschaften

© 2012 by jovis Verlag GmbH
Das Copyright für die Texte liegt bei den Autoren.
Das Copyright für die Abbildungen liegt bei den Fotografen/Inhabern der
Bildrechte.

Alle Rechte vorbehalten.

Umschlagabbildung: Braunschweig, Hochschulforum der TH,
Rektoratsgebäude, Friedrich Wilhelm Kraemer 1958–60: Im Hintergrund
Okerhochhaus der TH, Dieter Oesterlen, 1954–56

Gestaltung und Satz: Susanne Rösler, Berlin
Umschlaggestaltung: Smaragda Voutsa, Berlin
Lithografie: Bild1Druck GmbH, Berlin
Druck und Bindung: GCC Grafisches Centrum Cuno, Calbe

Bibliografische Information der Deutschen Nationalbibliothek
Die Deutsche Nationalbibliothek verzeichnet diese Publikation in der
Deutschen Nationalbibliografie; detaillierte bibliografische Daten sind im
Internet über http://dnb.d-nb.de abrufbar.

jovis Verlag GmbH
Kurfürstenstraße 15/16
10785 Berlin

www.jovis.de

ISBN 978-3-86859-122-4